常见（第3版）

实用文体写作

CHANGJIAN SHIYONG WENTI XIEZUO

■主编 张世轩　　■副主编　戴　兮　吴雄娟
　　　吴　扬　　　　　　　黄侃丽　张　梅

重庆大学出版社

内容提要

　　本书将实用文体按告知、信函、事务、管理、经济、会务、礼仪、司法、新闻、学术类,分为10种类型,共42种,安排了11讲内容;每种文体的写作又按"例文、点评、正文、实训"展开,较详细地讲解了每种文体的使用范围、结构与写法、写作要求、与其他文体的区别。结合社会的发展,针对市场经济特点和司法类事务的需求,本书在经济类文体中新增了经济合同、市场调查报告、招标书、投标书,在司法类文体中新增了起诉状、答辩状、上诉状、申诉状等文体的例文介绍及写作要求。

　　全书例文规范,文种概念清晰,写作要求具体,指导性较强。实用文体的介绍全面、实用,有现实特色。

　　本书不仅适用于高等职业院校各专业应用写作教学,也适用于各类中、高级文员自学和培训。

图书在版编目(CIP)数据

常见实用文体写作/张世轩,吴扬主编.--3版.
--重庆:重庆大学出版社,2017.8(2019.12重印)
ISBN 978-7-5689-0712-5

Ⅰ.①常…　Ⅱ.①张…②吴…　Ⅲ.①汉语—应用文
—写作　Ⅳ.①H152.3

中国版本图书馆 CIP 数据核字(2017)第 184709 号

常见实用文体写作

(第3版)

主　编　张世轩　吴　扬
副主编　戴　兮　吴雄娟
　　　　黄侃丽　张　梅
策划编辑:贾　曼

责任编辑:向文平　　版式设计:贾　曼
责任校对:贾　梅　　责任印制:张　策

*

重庆大学出版社出版发行
出版人:饶帮华
社址:重庆市沙坪坝区大学城西路 21 号
邮编:401331
电话:(023) 88617190　88617185(中小学)
传真:(023) 88617186　88617166
网址:http://www.cqup.com.cn
邮箱:fxk@cqup.com.cn(营销中心)
全国新华书店经销
重庆市国丰印务有限责任公司印刷

*

开本:720mm×960mm　1/16　印张:18.5　字数:313 千
2017 年 8 月第 3 版　　2019 年 12 月第 16 次印刷
ISBN 978-7-5689-0712-5　定价:42.00 元

修订说明

本书在教学实践中已使用了七年,得到了师生的一些中肯评价和指正。本着更好地教与学的原则,按惯例对本书进行必要的修订,使之日臻完善。经编者认真讨论,拟定从以下几方面对本书进行修订:(一)辙换一些例文,选择时代感强,更经典,更能让学生领悟和模仿的范文;(二)根据最新的规定对文体的认知和写作要求做修改和调整,力求表述更加清楚、准确;(三)勘误。

参加本书修订的教师和主要负责的内容如下:由和丽芬老师具体负责"告知类文件"的修订;由黄侃丽老师、苏键老师具体负责"信函类文体"的修订;由黄侃丽老师具体负责"事务类文体"的修订;由赵鸿蓉老师具体负责"管理类文体"的修订;由戴兮老师、吴雄娟老师具体负责"经济类文体"的修订;由张梅老师、伍玉静老师具体负责"会务类文体""礼仪类文体"的修订;由戴琼媛老师具体负责"司法类文体"的修订;由杨萍老师具体负责"新闻类文体"的修订;由吴扬老师具体负责"学术类文体"的修订。全书由吴扬老师负责统稿,张世轩老师终审。

在修订过程中,得到同仁的大力支持和帮助,在此深表谢意。

编　者

二〇一七年六月

前言

　　当今世界已进入信息快速传播的时代，人们为了提高工作、学习效率，彼此需要传递信息，进行沟通、联系和交流。而应用文作为信息传递的主要载体和工具，普遍受到人们的关注，特别是高等职业教育，强调应用型人才的培养。随着课程教学改革的深入，《应用文写作》课程，在基础教育中越来越受重视，人们希望通过提高自身的实用写作表达能力，来提升今后工作、学习、生活的品质。然而，在实际教学中，众多的实用文体和相对有限的教学课时成了一对相互制约的矛盾，也一直是应用文教和学面临的难题。如何破解这个难题？人们不断从课程模式、教学方法、教材编写、实训模拟等方面进行了有益的探索、尝试和改革，以期让教与学能达到预期的效果。

　　基于上述认识，结合高职院校学生及其所学专业的特点，本着"够用为度"的原则，本书以如下四方面作为编写的指导思想：一是以工作和生活中的常见文体为编写对象，不求大贪全，只求精而实用，并辐射到其他文体；二是尽量把相关联的文体编在一起，尽力做到让学生对文体能触类旁通、举一反三，在对比和联系中去学习和掌握；三是陈述力求通俗易懂，可读性强，让阅读者易于接受；四是编写从感知到认知,尽量符合人们的认知过程,所选例文规范性、模仿性强。也就是说,尝试通过打破传统的编排体例,找到某些文体之间的相互关联和差异,最大限度地理解、掌握和使用不同文种,真正达到学以致用的目的。

本书适用于高职类公共基础课教学,用时40课时左右。

在编写本书的过程中,参阅了一些同仁编著的应用写作教程,选用了部分报刊上发表的讲话和党政机关文件及个人文章作为范例,因涉及内容繁缛,不能作一一说明,书后列有主要参考书目,以表谢意。

本书编写者如下:第一讲,应用文写作概论,由张世轩编写;第二讲,告知类文体:通知、通报、通告、启事,由和丽芬编写;第三讲,信函类文体:书信、求职信、个人简历,由黄侃丽编写,申请书、建议书、函,由苏键编写;第四讲,事务类文体:计划、总结,由黄侃丽编写;第五讲,管理类文体:请示、批复、报告、调查报告、实习报告,由赵鸿蓉编写;第六讲,经济类文体:广告文案、经济合同,由吴雄娟编写,市场调查报告、市场预测报告,由戴兮编写,招标书、投标书、产品说明书,由张梅编写;第七讲,会务类文体:演讲稿、开幕词、闭幕词,由伍玉静编写;第八讲,礼仪类文体:欢迎词、欢送词、答谢词、请柬、邀请函,由伍玉静编写;第九讲,司法类文体:起诉状、答辩状、上诉状、申诉状,由戴兮编写;第十讲,新闻类文体:新闻报道(消息)、特写、简报,由杨萍编写;第十一讲,学术类文体:申论、论文、课程设计说明书,由吴扬编写。

限于编者自身认知水平,加之时间仓促,本书难免存在不足之处,恳切希望专家、同仁和读者批评指正,编者不胜感谢。

编　者

二〇一七年五月

目录

第一讲　应用文写作概论

一、应用文写作的含义和特点

(一)应用文写作的含义

应用文写作又称实用写作,是写作学科的一个分支,它强调的是实用性。作为一种表达工具,应用文写作自古有之,源远流长。什么是"实用写作"呢? 顾名思义,它是人们在日常工作、生产、学习、生活中相互联系、沟通、交流时所使用的表达方式。具体地说,是人们为了一定的目的而写成的具有特定格式的文字材料。其目的是传递信息(信息是由信息实体和信息载体构成的统一体),其作用是满足人们相互联系、沟通和交流的需要,所以人们也叫它"文书写作"。可以说,它是高职院校学生提高自身实用写作表达能力,为毕业后更好地工作、生活打好基础的一门写作课程。

(二)应用文写作的特点

应用文写作不同于一般文章的表达,有它自身的写作规律和特点,譬如说,它有工具性、实用性、时效性、程式性等特点。在这里我们不一一阐述,同学们可从本书具体文体写作的学习中深入理解这些特点。为了能更直观、更切身地感受应用文写作的特点,我们换个角度,不妨拿同学们从小学到中学一直学习的"语文"中的文章、平时写的作文和应用文写作相对比区别,或许从中能感悟到一些应用文写作的特点,对应用文写作有更深的体会和认识。

与一般文章的表达和作文写作相比,应用文写作和前者相比,有以下几方面的差异。

1. 表达的目的不同　自古以来,人们强调"文以载道",这个"道"指的是作者的思想感情或观点。也就是说,任何文章(尤其是文学作品),表达的都是作者对自然、社会、人生的感悟和理解,其中融入了作者的思想和情怀,其目的是以此来感染读者，引起共鸣，让读者在阅读和欣赏中陶冶情操、培养人文精神、审美情趣。比如说，范仲淹的散文《岳阳楼记》，作者借修葺之事，驭悲喜之景，借题发挥，抒发出"不以物喜、不以己悲"的人生感悟和"先天下之忧而忧、后天下之乐而乐"的崇高情怀。我们读罢，无不为之感染，肃然起敬。我们从文章中得到的是什么？是心灵的净化、情感的陶冶，是人文精神的汲取。再比如柳宗元写的《始得西山宴游记》，读完以后，难道我们仅仅停留在了解作者游览西山的经过和描写的美景之中？显然不够。作者在文章中把西山当成一个"意象"来表达，让读者从西山的挺立中去感悟作者特立独行的高尚人格和"天人合一"的人生境界，明白人活着是要讲点"精神"的，尤其是在困境中。总而言之，我们从这些文章中，得到的是精神和情感的领悟和升华。

　　而应用文写作就不同了。应用文在表达什么内容？一句话：传递信息。其目的是为了工作和生活上的沟通、联系和交流。这是我们认识应用文写作的根本所在。简单地说，部门或单位之间、上级与下级之间、个人与单位之间、个人与个人之间，为了把工作或者生活做好，彼此之间需要进行联系、沟通、交流。而联系、沟通、交流的形式有两种：一种是用语言，口头上的；一种是用文字，书面上的。后者就是我们要写的应用文。举例说，上下级之间，如果上级有事要告知下级，需要下发"通知"，对上级而言，是在向下级传递信息；对下级而言，是在接受信息，按信息内容去遵守或执行。如果下级有事要告知上级，需要打"报告"或写"请示"来传递信息，让上级及时了解或批复。换句话说，应用文就是用文字传递信息，是"信息"的载体而已，别无他用。面对"招聘启事"或"通知"之类的应用文时，有谁看见别人是在用欣赏、陶醉的眼光在阅读？只不过是通过文字获取其中的信息罢了。由此我们可以得出一个基本结论：判断一篇应用文写得好与不好，衡量的基本尺度是，看其是否把相关信息简洁而又准确无误地传递出来。

　　简而言之，应用文与一般文章的目的不同，直接决定了二者性质上的区别。

　　2. 思维方式不同　　人类大脑的思维有两种基本方式：一种是形象思维，一种是逻辑思维。所谓形象思维，就是大脑在活动时在进行想象或联想，出现在大脑里的是活生生的形象。所谓逻辑思维，就是人们按事物的内在联系进行思维。当我们在写文章或读作品的时候，我们的大脑主要在干什么？在联想、想象，浮现的是一幅幅栩栩如生的画面，仿佛身临其境。这就是在形象思维。否则，就无法进入作品所营造的境界，去感悟、去体味。比如，当我们读到《荷塘月色》中"曲曲折折的荷塘上面,弥望的是田田的叶子。叶子出水很高,像婷婷的舞女的裙……"的句子时,我们每个人不都在按各自的阅历尽力去想象荷塘景象吗?所以说,没有联想和想象,要读懂或写好文章,是不可思议的事。

绝大多数应用文在写作表达的时候,恰恰不需要形象思维,而是逻辑思维。如果有谁写出来的应用文需要别人在阅读时加入联想和想象,恐怕是一篇糟糕的应用文。为什么?正如前面所提到的,因为应用文写作表达的目的是"传递信息",对方是在获取信息,岂能让对方随意去联想和想象相关信息内容。因此,要学好应用文写作,一定要摒弃我们中学作文时惯用的形象思维方式,因为我们写应用文,不是搞创作,不需要虚构,也不需要"借题发挥",而是老老实实地陈述事实,就事论事,把相关信息准确地传递出去。要做到这一点,就要加强我们的逻辑思维训练,多去思考事物的内在联系、因果关系,事情的来龙去脉,学会用归纳法和演绎法来揭示事物的规律和本质。不然的话,我们就没法学会写出逻辑严密、事实清晰、信息准确的应用文来。比方说,某下级要向上级写"情况报告",汇报火灾事故。怎样把事故汇报清楚,在写作之前,需要认真思考,理清思路。只有按"什么时间、地点、发生了什么事、后果是什么、原因是什么、下级目前在做什么"这样的先后次序进行一一陈述,才能写出一份把事情说清楚、合乎逻辑的情况报告,这样写,就是逻辑思维的结果。

同样,没有严密的逻辑思维,要写好应用文,也是匪夷所思的事。

3.结构方法不同　对一般文章,古人云:文无定法。这句话的意思是说,写文章没有固定的方法。这是因为每个人都有自己的个性,自己的风格,自己的表达方式,所以不同的人写的文章会形式多样、别具一格,不断创新,才形成百花齐放、争妍斗奇的局面,所以我们才把它叫作"创作",写得漂亮,新颖别致,叫"有才气"。反过来说,如果大家写文章都按某个模式来表达,千篇一律,像过去的"八股文"一样,文章就毫无生气,没有生命力,有谁还会去阅读和欣赏呢?中学作文时,同学们应该还记得语文老师不提倡大家模仿别人的东西,要独立完成,最好独辟蹊径,不落窠臼,就是这个道理。有一句俗话说得好:第一人这样写是天才,第二个人这样写是庸才,第三个人这样写是蠢材。

而应用文写作不需要创新,也不是"创作",不需要"才气"。相反,每种文体基本上都有自己相对固定的结构方法或模式,需要的是规范,中规中矩。为什么?说到底,这是由应用文的性质所决定的。它是一种工具,用来传递信息；它是实用的，用来联系、沟通和交流。基于这样的认识，人们在书写和阅读应用文时最关注的是信息的传递与沟通。为了便捷、准确地传递、获取信息，达到最有效的联系、沟通和交流，每种应用文文体的写作，人们都习惯用大家熟悉的结构模式来组织材料，进行表达。这种"结构模式"就是我们常说的"格式"或者"程式"。这些"格式"是人们在长期的实践中，逐渐约定俗成的、行之有效的"套路"，让写的人轻松，接受的人轻松。要知道，人们主要关注的是应用文所表达的内容，并不太注重应用文是如何表达的，用什么独特的方式表达的。如果有人要标新立异，不按常理行文，反而让人接受起来觉得别扭，妨碍了信息的传递和彼此之间的沟通。显而易见，只会弄巧成拙。

因此，要写好应用文，就要按"规矩"办事，不可别出心裁、自行其是。

4. 情感有无的不同　一篇文章写得好，人们往往用"情文并茂""以情动人""情真意切""文贵情真"等词语来褒奖。既然文章是用来表达作者的思想情感的，作者就必然要将自己真挚的喜、怒、哀、乐融入文章，去打动、感染读者，尤其是文学作品。没有哪个作者说自己在写作表达时不带任何感情色彩，要么褒，要么贬，要么表达得强烈、直白，要么表达得委婉、深沉，感情不可能不露痕迹。不知同学们在以前写作文时有没有这样的体验：当自己有激情或有真实感受时，喷薄欲出，下笔是如此顺畅，更有甚者，有一气呵成之感。由此可见，写好文章和作者真实的情感流露是分不开的。

应用文写作就不是这么回事了，有谁看见有人面对应用文时被感动得"泪流满面"？它不需要以情动人，它需要的是理性表达：客观、冷静（个别文体例外，如"书信"等）。究其原因，说到底还是和应用文的性质、用途分不开。因此，我们用应用文传递信息、进行沟通、交流和联系时，不论是写给上级还是下级，或者是平行的、不相隶属的相关单位，也不论是有求于对方或对方有求于你，都不应该把个人的情感带进文体中，应本着公事公办、就事论事的心态和原则，做到礼貌用语、不卑不亢就行了。

记住：应用文的表达没有抒情，只有客观的陈述、议论、说明。千万不要抱着用情感去打动、感染对方的想法，要用"信息"本身说话，以理服人。比如，向上级写"请示"请求审批，没有必要用恳求、乞求或低三下四的语气；向下级出"通知"，霸气十足，正文一来就是告知事项，没有前言说明通知的缘由或目的，写成"霸王通知"，结尾用"后果自负"相恫吓，这都是对下级的不尊重。

写好应用文，把握好"分寸"，控制住情感，是十分必要的。

5. 语言表达不同　正如每个人都有自己的个性一样,写文章时,每个人所表达的语言也打上了个性的烙印,千差万别,各具特点,形成自己的文风,所以才有"文如其人"之说。一般来说,准确、简洁是语言表达的基本要求。而文章语言的表达,要求更高。为了达到语言的表达效果,往往辅之一些修辞手法(如比喻、排比、对偶、夸张、借代、反问等),使文章的语言形象生动、富有情感,以增强其感染力、说服力。这种情况表现在文学作品上尤为突出,要么婉约,言有尽而意无穷;要么豪放,激情奔放,淋漓尽致;要么优美动人;要么铿锵有力……诸如此类,无不表现出语言的绚丽多彩,个性十足。

相比之下,应用文写作的语言就显得单调多了。它要求语言要端庄、严肃,四平八稳,表述时一定要准确、简洁、平实、庄重(个别文体例外,如广告文等)。应用文的语言不需要形象生动,措辞不允许让人去联想、想象,去听弦外之音,不允许幽默、诙谐和夸张的词语出现,要按表述的信息实体,一是一、二是二地陈述。在语言形式上,要用书面语言,不要用口语、方言。在语言表达方式上,要用陈述、说明和议论,不要用描述和抒情。值得注意的是,有些同学在平时学习和阅读中积累了很多词汇,尤其是一些文学性词语和特定成语、典故,在应用文写作时是派不上用场的,千万不要觉得可惜。

一句话,撰写应用文时,思路要清晰,逻辑要严密,语气要稳重。

二、应用文写作的地位和作用

(一)地位

在高等教育中,尤其是在高等职业教育中,"应用文写作"作为一门课程教学,也只是近一二十年的事。

其实,实用写作,可以说历来有之,它在人们日常工作、生活中广泛应用,只要我们稍加注意,处处都可见它的身影。以前人们只重视"文章"的写作,相信它才是"经国之大业,不朽之盛事"。对实用文体的写作,认为是依葫芦画瓢的事,是写作中的"小儿科",是雕虫小技,只要有一定的语文基础和写作表达能力,就能无师自通,没有必要登大雅之堂,专门讲解和学习。因此,在教与学上,长时间并没有引起足够重视。站在一定高度来说,我们承认这种"认识"有它一定的道理。但往往在实际操作中,在具体写作各种文体的时候,事实并非那么简单,也并非完全如此。因为应用文写作有它自身的写作规律、特点、要求,它不仅仅是个"知其然"的"模仿"的问题,也是需要"知其所以然"的问题。不然的话,就不能写出规范的文体,就不能运用自如地使用不同文体进行沟通、交流、联系,还可能出现"画虎不成反类犬"。

随着我国从 20 世纪 70 年代末实行改革开放,以经济建设为工作重心以来,政治、经济、文化、生活在变革中迅猛发展,人们在各行各业中广泛开展沟通、交流和联系,以适应我们面临的千变万化、日新月异的社会生活。实用写作这种技能、这种工具在实际工作、生活的交往中越来越受到关注,成了一个人的基本素质、基本能力的组成部分。为了适应社会对人才的需求,高等教育在模式和教学内容上也随之发生变化,特别是高等职业教育,强调应用型人才的培养,素质与技能并举。应用写作作为人才的一种基本素质和实用的写作表达技能,逐渐成为高等职业学院普遍开设的一门基础课程,受到重视,应用文写作不再是雕虫小技,而是实实在在的工作技能、人才素养。

"工欲善其事,必先利其器"。我们不能忽视这个用于沟通、交流的有力工具。

(二)作用

我们所处的时代,是一个信息时代。信息的准确迅速传播,是现代社会的特征之一。应用文作为信息传递的载体,作用越来越大,在我们的工作、生产、学习、生活中,理所当然地起着不可或缺的作用。

1. 提高工作、生产、学习的效率　工作、生产、学习是我们人类三大实践活动。其中有很多信息需要我们去接受和传递,有很多事情需要我们去沟通、联系和交流。应用文作为信息的载体和联络的工具,恰好起到了联络事务、传递信息的纽带作用。根据不同的情况,通过撰写应用文,既可以及时、准确地传达贯彻上级精神,又可以请示和答复问题,指导、布置和商洽工作,也可以报告情况、交流经验等。正是这些行之有效的沟通、交流、联系,才使我们的工作、学习井然有序、环环相扣、有章可循地开展,无形提高了我们实践活动的效率。比如,我们干任何事情,不能盲目或随意地做,总得先考虑一下,甚至需要策划,这就需要制订"计划"来明确目标、措施、步骤。一旦确定了这些,我们的行为就有了方向,先做什么后做什么以及怎么做,心里就有了底,避免了盲目性、随意性。同时,有了"计划",我们还可以合理分配自己的人力、物力、财力,最终提高办事效率。

2. 培养观察、分析、解决问题的能力　随着社会日益发展,人们的实践活动相互联系、相互依存越来越紧密和频繁。要把事情做好,大家需要团结合作、需要协调沟通,提倡团队精神。靠单打独斗是行不通的;只顾埋头苦干而不讲巧干就会事倍功半。要做到巧干,必然需要进行有效的协调、沟通、管理,对事情、问题进行分析研究,达成共识,有助于事物朝更好的方向发展、有助于问题妥善解决。正因为如此,社会需要的人才必须具备协调能力、沟通能力和管理能力。在协调、沟通、管理的时候,除了口头表达外,书面形式的应用文在其中担当了更为重要的角色,毕竟有些事是口说无凭,不如白纸黑字的书面表达来得庄重严肃、准确透彻。而要使用好应用文来沟通、交流、管理,就必然要有事先对事情、问题的内容进行整理归纳、分析研究甚至得出结论的过程,这样才能写好应用文。正是在这个过程中,人们在了解问题、分析问题、解决问题同时,不断地培养和提高自身的观察、分析、解决问题的能力和素养。例如写"总结",这是每个人或单位都会遇到的事。在写作表达之前,人们必须对前一阶段已完成的实践活动(工作、学习)进行回顾检查、分析研究,寻找规律性的认识,以指导今后的实践活动。显而易见,只要做到经常性、阶级性地认真总结,就能逐步提高我们分析问题、解决问题的能力,不然的话,你就不会真正明白为什么"吃一堑长一智"、为什么"失败乃成功之母"的道理了。

总而言之,大学生学好应用文写作,不是锦上添花,而是如虎添翼。

三、学好应用文写作的几点建议

要掌握应用文写作,提升自身的实用表达能力,除了要懂得一定的实用文体知识外,"实训"是关键,从根本上说,没有什么"捷径"或"速成"可言。但我们知道,认知来源于实践,又反过来指导实践。只要学习的方法得当,对学好应用文写作,就能起到提高效率、事半功倍的作用。

(一)学会触类旁通、对比认知

应用文的各种文体有很多,各自有各自的特点、用途和作用,看似互不相干,相对独立。其实仔细加以对比分析,我们会发现,有些文体是既有区别又有联系。只要抓住彼此之间的特点,在区别和联系中去学习,做到触类旁通、对比认知,就能最大限度地理解和掌握好各种文体,提高学习效率,活学活用,避免死记硬背。

比如,在"告知性"文体中,"通知"和"通告"这两种文体,它们既有相同之处,又有本质区别。虽然同样都是"告知",前者是行政或单位内部向下级告知,或是用于不相隶属的平行机关单位之间,且告知对象非常明确;但后者的告知对象不明确,往往是在一定范围内向社会告知。因此,有了这样基本的认识区别,就清楚什么时候该用哪种文体,知道在写"通告"时是不能写告知对象的。

"通报"和"通知"又有何区别呢?虽然都是行政或单位内部向下级告知,但前者有特定用途,它告知的内容仅局限于一些典型的、有教育意义的事件、经验教训,所以工作中才有"通报批评"或"通报表扬"之说。基于这样的认识区别,就明白了"通报"的用途,就明白了在写作"通报"时它和"通知"不同的特点:还需加上级告知的目的、意义这部分内容。

"通告"和"启事"又有何区别呢?虽然都是告知对象不明确,都是在一定范围内向社会告知,但后者告知的内容需要被告知者参与、协助、支持才能完成,因此,在书写"启事"时需有"诚恳"之意,有联系的方式方法。这样,四个告知性文体,就不会张冠李戴、混淆不清。

同样,当我们明白了一般"报告"的特点和写法,就不难弄清楚"调查报告""实习报告""述职报告"的写法;明白了"一般书信"的规范写法,就容易搞清楚"函""求职信""申请书"等这些专用信函的写法。只要我们对比认识,分清共性与个性、区别与联系,就能触类旁通、举一反三。

我们再举一例,"计划"和"总结"这对看似各不相同的文体,其实它们也有关联,并且关系十分密切:互为依据。我们从"总结"的角度看,"总结"是"计划"执行的结果,是检查"计划"执行的情况、准确的程度,因此,写"总结"必须以"计划"为依据,不然你总结什么呢?我们从"计划"的角度看,"计划"是"总结"的前提,没有全面、系统的"计划",就不会有实际成效的工作过程和效果,也就无法写出有价值、对下一阶段有借鉴指导作用的总结。理解了这层关系,我们不就加深了对各自文体的进一步认知,写作起来不就更清楚明白、得心应手了吗?

所以,要学好应用文写作,不可机械地生搬硬套,不可孤立、片面地学习。

(二)了解各种文体的基本格式

前面已经提到,应用文的写作不提倡创新,大家习惯按一些固定的"套路"来表达,无论是信息传递者还是信息接收者,彼此都有"轻车熟路"之感,彼此间的沟通、交流就更快捷、方便。毕竟人们关注的是应用文里的信息实体。何况这些基本格式是人们在长期的实践过程中约定俗成、行之有效的"定式",也符合人们的思维习惯和表达方式,大家已习以为常。因此,要学好和正确使用应用文体,就应当熟悉和掌握一些常见文体的基本格式,这样既规范又省时省事,千万不可随心所欲、想当然地去表述。比如写"请示",正文开头不能一来就向上级提出下级的请求事项,这叫"霸王请示",而应先陈述下级为什么要请示,即请示的缘由、理由、依据等,然后才提出请求事项让上级审批。再比如写"综合总结",人们都习惯用"总—分—总"的结构方法来写,既方便又实用。

基于这一点,形象地说,应用文写作好比"用旧瓶装新酒"。

（三）做到观点和材料的统一

第一,我们要认识到:任何一个观点不会凭空而出,它是从客观实际中来的。具体来说,人们研究任何一个问题,都必须从客观存在的事物出发,详细地占有材料,运用科学的方法进行分析研究,然后形成理性的判断、认识,最后得出正确的观点。因此,是先有事实、材料、数据,后有看法、观点,也就是说观点源于材料,是从具体材料中引出的正确结论。第二,当我们在写一些应用文(如论文、总结、报告)来传递某种观点时,必然离不开材料,必须要用事实、材料、数据进行论证、佐证,不然的话,就成了空洞的观点,是教条,毫无科学性和说服力。因此,在写作表达时,一定要做到观点和材料的统一:用观点来统率、取舍材料;用材料来服务、论证观点。这样写出来的应用文才科学、严密、具有说服力。如果只有材料而无观点,那不是写应用文,那是"堆砌"材料,没有生命,如同缺了灵魂的行尸走肉一般;如果观点和材料相脱节,材料是材料,观点是观点,彼此游离,如同水和油不能融为一体一样,这都是不行的。

好的应用文,是二者有机的统一,是"水乳交融"。

（四）根据应用文的语言表达特点,进行训练和培养

从以往多年教学的情况来看,语言表达往往成了同学们学好应用文写作的一大障碍,语言表述问题较多,如语言欠准确规范、不简洁严密、少端庄老练等。究其原因,主要有以下几方面:一是生活阅历浅,缺乏社会经验,语言表达显得很不成熟干练,"学生腔"太重;二是逻辑思维不够严密,在措辞时显得啰唆,拖泥带水,确切度、简洁度、严谨度不够;三是平时接触应用文不多,缺少一定的经验和积累,无意中用口语代替书面语言。当然,这类客观问题,不是一朝一夕能解决好的,需要时间,需要平日培养和训练。只要找到了原因,明确了方向,加强实践,语言障碍就一定能克服。要解决以上提及的毛病,平时应从下面两方面多去训练和培养。

1.加强逻辑思维严密性的训练　逻辑思维作为人的一种基本思维方

式,它关注的是事物的本质规律、内存联系。人们在认知事物时,不仅仅停留在对事物的直观感应上,更多的时候需要理顺事物的来龙去脉、前因后果,找出内在关系,进而对事物做分析、判断和推理,从而得出规律性认识。这个过程就离不开严密的逻辑思维。而应用文写作就是用语言把逻辑思维的过程表述出来。因此,写好应用文的前提是,表述者思维一定要严密、思路一定要清晰,这样写出来的文体才不会枝蔓混淆,才不会出现问题和漏洞,才会显得严谨和富有逻辑性。可以说,没有严密的逻辑思维,是写不好应用文的。怎样才能把自己的逻辑思维变得严密起来呢? 这就需要我们平时多去锻炼、训练思维,多去思考事物间的内在关系,理清彼此之间的内在联系(如因果关系、制约关系、依赖关系等),这样思维就一定会清晰,把握事物就一定会准确,表述起来就不会出现东拉西扯、杂乱无章、主次不分的现象。比如,制订一份"计划",既然我们已经清楚地认识到:它是人们在未来一段时间里,为了完成某项任务或实现某个目标而事先做的安排,那么我们在思考时,就一定要想清楚在未来一段时间里,我们"做什么"(目标、任务)—"怎么做"(措施、步骤),这样,我们的思路就清晰了,就自然会围绕着"为什么做—做什么—怎么做"的框架来制订一份规范而具体的"计划"。再比如,写告知性的"通知"。写作者思路一定要清晰:"通知谁—为什么通知—通知什么—通知要求",这样思索后,写出来的"通知"就不会有什么大问题了。

　　2. 注重应用文语感的培养　　语言是我们人类进行思维活动和表达、沟通的工具,是传递信息的最基本载体,是构成一切表达的基本要素。显然,要真正学会应用文的写作表达,是一定要过语言这一"关"的。既然语言已成为初学者学好应用文写作的一大"障碍",那么,怎样才能克服它呢? 最好的办法就是努力把应用文语言的"语感"培养出来。有了一定的语感,在行文措辞时,语言自然而然地显得确切、简练、平实;语气自然而然显得庄重、得体。如何培养"语感"呢? 只有一个老老实实的"笨"方法,那就是"多读",在生活、学习、工作中多接触、勤训练。俗话说,见多识广、熟能生巧。只要平时广泛地阅读各种实用文体,对其措辞多留心、多琢磨、多积累,潜移默化,就一定能够从量变上升到质的飞跃,就一定能够运用自如地驾驭应用文语言,一定会有得心应手、轻车熟路之感。比如说,通过大量阅读,就能知道一些习惯用语,如开端用语"根据、为了、由于、近查、遵照、随着、兹……",过渡用语"为此、综上所述、总而言之、鉴此……",结束用语"为荷、为盼、希、希望、敬希、敬请、恳请、特此报告、谨致谢忱……";明白第一人称用"本"、第二人称用"贵"、第三人称用"该"等,使表述语言简洁、规范。再比如说,有了语感,就能自觉使用书面语言,克服口语毛病,将"越快越好"用"从速"代替,把"妥当不妥当"用"当否"取代……就能自觉使用行文语气,知道上行文要诚恳、恭敬、谦和,既不阿谀奉承,又不傲慢犯上,平行文要得体、有分寸,平等商洽、谦逊友好,下行文要庄重严肃、平易自然,不能盛气凌人……诸如此类,这些点滴的日积月累,最终培养起自己对应用文语言的直觉。

只要端正态度,平时多下点功夫,学好应用文写作就指日可待。

第二讲 告知类文体

任务 2.1 通 知

一、阅读

[例文1]

财政部、教育部关于印发《国家公派出国教师生活待遇管理规定》的通知

各省、自治区、直辖市、计划单列市财政厅(局)、教育厅(教委、教育局),新疆生产建设兵团财务局、教育局,各中央直属学校,驻外使、领馆教育(文化)处(组):

为适应国内外情况的发展变化,结合国家公派出国教师工作实际,我们制定了《国家公派出国教师生活待遇管理规定》,现印发你们,从 2011 年 7 月 1 日起执行,以前有关国家公派出国教师待遇方面的规定同时废止。

附件:《国家公派出国教师生活待遇管理规定》

财政部(印章)

教育部(印章)

2011 年 6 月 24 日

[点评] 这是一份发布性通知,发布性通知的正文一般都很简短。全文只有一段,共两个层次,一是发布什么法规性文件;二是废止什么法规性文件,实施与废止的时间明确。

[例文 2]

××省公路开发投资有限责任公司

关于召开公司企业文化建设项目二阶段工作会议的通知

公司机关各处室、各子公司、各管理处、各指挥部：

根据公司企业文化建设项目二阶段工作计划,为抓好相关工作的衔接,全面推进公司企业文化理念体系的梳理和提炼,为下一步工作奠定基础。经研究,决定召开××省公路开发投资有限公司企业文化建设项目二阶段工作会议,现将有关事项通知如下：

一、会议时间

2016 年 11 月 9 日(星期一)9:00—18:00

二、会议地点

××管理处六楼会议室

三、参会人员

(一)公司领导。

(二)机关各处室副处以上干部 1 人。

(三)各子公司:党委书记(董事长)、党委副书记、党群工作部部长。

(四)各管理处:党委书记(副书记)、工会主席、党群工作部部长。

(五)各指挥部党总支书记、党办主任。

四、会议主要内容

(一)专题培训:企业文化理念基本知识和如何进行企业文化理念体系的提炼。(11 月 9 日 9:00—11:50)

(二)分组讨论:对公司使命、愿景、核心价值观和精神进行分组讨论;不同业务性质的还需讨论与本业务相关的理念。(11 月 9 日 14:00—18:00)

五、相关要求

(一)请各单位将参会人员名单于 11 月 6 日 12:00 前报公司党群工作部,传真:×××××××(或发至党群工作联络 QQ 群邮箱×××××××)。

(二)请各参会人员于 11 月 8 日 17:00—18:00 到×××管理处招待所报到。

(三)食宿由公司统一安排。

(四)请参会人员注意途中安全。

附件:参会回执单

(印章)

2016 年 11 月 4 日

[点评] 这是一则会议通知,在日常工作中经常使用。文中将会议时间、参会人员、会议内容、日程安排及相关事项逐一列出,并将参会回执单以附件形式一并发出,便于组织者和参会单位及人员做好相关准备。

[例文3]

国务院办公厅关于 2010 年部分节假日

安排的通知

各省、自治区、直辖市人民政府,国务院各部委、各直属机构:

根据《国务院关于修改〈全国年节及纪念日放假办法〉的决定》,为便于各地区、各部门及早合理安排节假日旅游、交通运输、生产经营等有关工作,经国务院批准,现将 2010 年元旦、春节、清明节、劳动节、端午节、中秋节和国庆节放假调休日期的具体安排通知如下:

一、元旦 1 月 1 日至 3 日放假公休,共 3 天。

二、春节 2 月 13 日至 19 日放假调休,共 7 天;2 月 20 日(星期六)、21 日(星期日)上班。

三、清明节 4 月 3 日至 5 日放假公休,共 3 天。

四、劳动节 5 月 1 日至 3 日放假公休,共 3 天。

五、端午节 6 月 14 日至 16 日放假调休,共 3 天;6 月 12 日(星期六)、13 日(星期日)上班。

六、中秋节 9 月 22 日至 24 日放假调休,共 3 天;9 月 19 日(星期日)、25 日(星期六)上班。

七、国庆节 10 月 1 日至 7 日放假调休,共 7 天;9 月 26 日(星期日)、10 月 9 日(星期六)上班。

节假日期间,各地区、各部门要妥善安排好值班和安全、保卫等工作,遇有重大突发事件发生,要按规定及时报告并妥善处置,确保人民群众祥和平安度过节日假期。

(印章)

2009 年 12 月 7 日

[点评] 这是一则指示性通知,将 2010 年节假日放假时间明确列出,通知内容清楚、明确。

二、认知

根据《党政机关公文处理工作条例》规定："通知。适用于发布、传达要求下级机关执行和有关单位周知或者执行的事项,批转、转发公文。"

(一)特点

1.适用范围的广泛性　通知的使用范围广泛,不受发文机关级别的限制,上至党中央国务院,下至基层单位都可以用通知行文。通知的内容涉及面也很广,可以是国家事务安排,可以是具体的工作事项。通知的作用也很广泛,既可以发布文件,传达指示,又可以批转或转发有关机关的公文,还可以告晓具体事项,任免人员。

2.发布形式的灵活性　通知既可以用文件的形式发布,又可以在报纸、广播、电视等媒体上发布,发布的形式多样而灵活。

3.行文的时效性　通知的时效性比较强,有些通知如果过了时限,就会失去作用。

(二)分类

从内容性质上分可分为发布性通知、指示性通知、传达性通知、转发和批转性通知、会议通知、任免通知等。

【注意】

一般情况下,发布文件、转发文件和批转文件的通知,需要在正文之后带有附件。这个附件就是被发布、转发、批转的文件。这三种通知(发布性通知、转发性通知、批转性通知)的正文通常都较为简洁,它们的重点在于它的附件而非正文。因此,这三种通知的正文就一定要全面、准确地写出被发布、转发、批转的文件名称,至于其他内容则应尽量求简。除此之外,有些指示性的通知也有附件。如果发文者认为下级有必要结合有关文件来深入理解通知中发出的指示,而这些文件下级机关没有接到过,那就要把这些有关文件作为附件列于文尾。如果缺少了附件,下级对此类通知的理解就有可能出现偏差,不利于很好地完成工作。

三、结构与写法

通知一般由标题、主送机关、正文、落款和日期构成。

1.标题　通知标题一般由发文机关、事由和文种三部分组成,有的要根据具体情况写明"联合通知""紧急通知""重要通知""补充通知"等。非正式文件处理的一般性通知,标题可直接标出文种。

2. 主送机关　在标题下、正文前顶格写受文的单位。

3. 正文　通知正文包括通知的缘由、通知事项、通知要求等三部分,不同种类的通知其正文的写法有所不同。

(1) 发布性通知。法规性文件经有关部门制定以后,需要用通知的形式予以发布。这类通知的正文一般包括四个方面的内容:一是文件的由来;二是文件名称;三是希望和要求;四是附件。

(2) 指示性通知。上级单位向下级单位对某一项工作的布置、要求、意见等往往用通知的形式传达。这种通知带有指令性,必须有根据、有目的、有任务、有要求。

(3) 传达性通知。这种通知带有指示性、规定性,多用于上下级之间及职能部门与有关部门之间。对通知中的有关精神,必须遵照办理、贯彻执行。在写法上,一般是先交代问题的来龙去脉,再讲有关指示、意见、规定等,最后提希望或要求。

(4) 转发和批转性通知。上级或同级的来文要传达到下属单位贯彻执行,需要用通知的形式,这种通知叫转发性通知。其写法一般有两种:其一是照转照发;其二是除转发文件以外,再根据本地区、本部门的具体情况,提出一些具体要求和希望。上级领导部门转发下属单位的来文,如报告、请示、意见等所用的通知称为批转性通知,有的照批照转,有的加些指示性的意见。

(5) 会议通知。正文要具体全面。要求以极其简短的文字,写明会议名称、目的、内容(日期、时间、地点、出席对象以及对出席者的要求等)。会议通知要求适当地提前发文,以便出席人员做好准备。

(6) 任免通知。即上级机关对于所任免的人员需要用通知行文告知任免和聘用事项。有的行政机关负责人的任免,除向规定范围发通知外还要向社会公布。其正文比较简单,只要写清楚决定任免的时间、机关、会议或依据的文件以及任免人员具体职务就可以了。

4. 落款和日期　签署发文机关名称,并注明发文时间、加盖印章。

[实例]　由于供电公司电路维修,学校受此影响将要停电一天,具体时间是上午7:30到下午7:30,学校后勤产业处需将此情况通知全校教职工。请根据以上材料拟一则通知。

任务 2.2 通 报

一、阅读

[例文1]

国务院关于表扬全国"两基"工作先进地区的通报

各省、自治区、直辖市人民政府,国务院各部委、各直属机构:

在党中央、国务院正确领导下,经过各地区、各部门和全国人民的共同努力,2011 年我国全面实现九年义务教育,青壮年文盲率下降到 1.08%。这是我国教育改革发展的重大成就。在实施"两基"(基本普及九年义务教育、基本扫除青壮年文盲)巩固提高和"两基"攻坚过程中,各地党委政府认真贯彻落实教育法律法规和方针政策,坚持教育优先发展,突出"两基"重中之重地位,加强组织领导,广泛宣传动员,上下一心,扎实工作,许多地区成绩显著,经验丰富。为表扬先进,激励和动员全社会进一步重视、关心、支持教育事业,推动义务教育工作迈上新的台阶,国务院决定,对北京市顺义区等 80个"两基"工作先进地区予以通报表扬。

希望受到表扬的先进地区再接再厉,开拓进取,改革创新,把本地区的义务教育提升到一个新水平,开创教育改革发展新局面。各地区要向受到表扬的先进地区学习,坚持以科学发展观统领教育事业全局,坚持把义务教育摆在重中之重的位置,深入贯彻落实《国家中长期教育改革和发展规划纲要(2010—2020 年)》,努力办好人民满意的教育,推动教育事业在新的历史起点上科学发展,为全面建设小康社会和中华民族伟大复兴作出新的更大贡献。

附件:全国"两基"工作先进地区名单

(印章)

2012 年 9 月 5 日

[点评] 这是一则表彰性通报,通报正文分两个段落,第一段叙述"两基"工作的成绩和国务院的表彰决定;第二段提出希望和要求,体现了表彰先进、弘扬正气的积极作用。

[例文2]

环境保护部关于2009年国家重点监控企业及污水处理厂主要污染物全年排放超标情况的通报

各省、自治区、直辖市环境保护厅(局),新疆生产建设兵团环境保护局,各环境保护督查中心:

按照《国务院批转节能减排统计监测及考核实施方案和办法的通知》(国发〔2007〕36号)中的《主要污染物总量减排监测办法》的规定,我部组织各省(区、市)完成了2009年国家重点监控企业(以下简称"国控企业")污染源监督性监测工作。现将国控企业及污水处理厂主要污染物监督性监测结果予以通报。

2009年全国共监测了3 486家废水国控企业,平均排放达标率为78%。其中,全年监测全部达标的企业占监测企业总数的64%,部分测次超标的占24%,全部超标的占12%;对废水国控企业监测中,化学需氧量全年排放超标有74家,76个排放口,黑龙江、广西、湖南等省(区)排放超标企业较多。

全国共监测了3 557家废气国控企业,平均排放达标率为73%。其中,全年监测全部达标的企业占监测企业总数的59%,部分测次超标的占26%,全部超标的占15%;对废气国控企业监测中,二氧化硫全年排放超标有57家,89个排放口,湖南、湖北、山西等省排放超标企业较多。

全国共监测了1 587家国控城镇污水处理厂,平均排放达标率为70%,全年监测全部达标的污水处理厂占监测污水处理厂总数的53%,部分测次超标的占31%,全部超标的占16%;对城镇污水处理厂监测中,化学需氧量全年排放超标有19家,新疆、江苏、内蒙古等省(区)排放超标企业较多。

各级环保部门应切实加强对污染物排放超标企业的监管,督促企业及时整改并依法实施清洁生产审核,确保污染治理设施正常运转、污染物达标排放,对整改不到位或逾期未完成整改任务的,应依法予以处罚。各环境保护督查中心应做好督促检查工作,帮助和配合地方环保部门做好环境执法工作。

附件:

1.2009年国家重点监控企业及污水处理厂全年监测超标汇总表

2.2009年国家重点监控企业及污水处理厂全年监测超标企业名单

(印章)

2010年3月22日

〔点评〕 这是一则情况通报。因监测超标情况汇总表和超标企业名单皆以附件形式随通报发出,故正文部分只对超标情况和超标企业作统计和分析,指出了存在的问题,并提出了希望和要求。

〔例文3〕

××公司关于货运员×××向货主勒索钱物的通报

公司下属各车队、机关各处室:

×××车队货运员×××,自今年3月4日至13日,利用职权,采取不发货、不点数、不放行的手段,明目张胆地向提货的货主进行勒索,引起货主的强烈不满,经查实共勒索钱物折合人民币××××元。

×××的勒索行为性质恶劣,给公司的货运工作造成了极大的损失,严重影响了公司的商业信誉。为严肃纪律,维护公司利益,经公司研究,决定给予×××开除公职留用察看一年的处分,责令其将勒索的钱物退回货主,向货主赔礼道歉,并对自己的错误行为做出深刻检查。

为杜绝此类事件的发生,各单位要结合本单位实际,进一步加强职工的职业道德教育,严肃行业纪律,建立健全各项规章制度。对违反纪律、以权谋私、损害公司利益的人和事,严惩不贷,绝不姑息迁就。

(印章)

2016年4月12日

〔点评〕 这是一份批评性通报。正文部分概述了被通报对象所犯的错误、处理的结果,最后提出了从被通报对象身上吸取教训和各单位工作上水平的要求。

二、认知

根据《党政机关公文处理工作条例》规定:"通报。适用于表彰先进、批评错误、传达重要精神和告知重要情况。"

(一)使用范围

根据通报的概念,适用于在一定范围内表扬好人好事,批评错误纠正不良倾向;向有关方面知照应该掌握和了解的情况、动态,供工作时参考。

（二）特点

1. 内容的真实性　通报的情况一定要完全真实,与事实不能有丝毫出入,否则,会造成干部、群众的不满,引起不必要的矛盾,起到相反的效果。

2. 通报的及时性　通报的事情,一般都是在近期发生的事情。如果通报错过了时机,就不能起到互通情报、激励、警戒的作用。

3. 事件的典型性　通报不宜发得过多过滥,选择的人物、事件要有代表性。通报的事件越典型,就越有教育意义。

（三）作用

与其他行政文书相比,通报有自身显著的特征。重在叙述事实,让事实说话,寓理于文,以事明论,并通过具体的已发生的正或反两个方面事实的陈述,对下属起到示范、指导、教育和警戒作用。这种功用是其他文书所不能替代的。

（四）分类

（1）表彰先进的通报。

（2）批评错误的通报。

（3）情况通报。

【注意】

（1）注意典型的真实性。不管是哪种通报,其材料必须真实、典型、可靠,不得弄虚作假。

（2）要注意文种的区别。在公文中,用于奖惩的,除通报外,还有命令与决定。这三种公文在用于奖惩时是有区别的,命令中的嘉奖令,一般用于嘉奖功劳突出的人员,含奖惩事项的决定比通报的分量要重一些。

三、结构与写法

1. 标题　通报的标题,一般由发文单位、事由、文种三部分组成。

2. 通报的正文　不同种类通报写法有所不同。

（1）表彰先进的通报。第一,正文要写表彰的缘由,用概述的手法,介绍被表彰单位或个人的先进模范事迹。第二,正文要写表彰的决定,即表彰的具体内容。第三,要写希望、号召。

（2）批评错误的通报。正文的开头,要概述被批评事件的情况,然后对问题(错误)进行分析,再提出处理意见,最后提出希望或要求。

（3）情况通报。正文先要做情况概述,如是通报突发事件,要将事件发生的时间、地点、过程以及结果等交代清楚。在情况概述的基础上,还应对所通报的情况进行分析,明确表明发布机关的观点、态度、主张。

［实例］ 电子工程系张力同学在宿舍私自接电烧水后,长时间离开,致使水被烧干,电线短路起火,烧毁桌椅书籍。

请根据以上材料,并学习有关宿舍管理的规定及学生违纪处罚条例,以学校学生处的名义写一则通报。

任务2.3 通 告

一、阅读

［例文1］

中国民用航空总局、中华人民共和国公安部

关于民航安全的通告

为维护民用航空治安秩序,保障飞机和旅客的安全,遵照国务院《关于保障民用航空安全的通告》,依据国家有关法律、规定,特通告如下。

一、严禁旅客将枪支(含各种仿真玩具枪、枪型打火机及其他各种类型的带有攻击性的武器)、弹药、军械、警械、管制刀具、爆炸物品、易燃易爆物品、剧毒物品、放射性物品、腐蚀性物品、危险溶液及国家规定的其他禁运物品带上飞机或夹在行李、货物中托运。凡携带或夹带上述危险品的,一经查出,即交公安机关依法处理。

二、旅客乘坐飞机时,管制刀具以外的利器、钝器(如菜刀、水果刀、餐刀、工艺品刀、手术刀、剪刀等各类刀具,以及钢锉、铁锥、斧子、短棍、锤子等)一律放入行李中托运,不得随身携带。对故意隐匿的,一经查出,即交公安机关处理,误机损失由旅客自行负责。

三、除国家规定的免检人员外,所有乘坐民航飞机的旅客必须接受安全检查。民航工作人员,驻机场检查、检验单位工作人员进入旅客隔离区,必须持有民航总局或机场公安机关统一制发的隔离区通行证。上述工作人员乘坐飞机时,必须视为普通旅客接受安全检查。

四、旅客乘坐国内航班时,必须经过指定的安检通道接受安全检查。

五、旅客乘坐国内航班必须按规定时间提前到达机场,凭客票及本人身份证件办理乘机手续。头等舱旅客可随身携带两件手提行李,普通舱旅客只准随身携带一件手提行李。体积不超过20×40×55厘米,重量不得超过5公斤,超过上述件数、体积、重量的,按规定作为行李或货物办理托运。拒绝托运的,机场、航空公司有关工作人员有权拒绝其登机。

六、严禁伪造身份证件或冒用他人身份证件购票、登机。

七、严禁乘机旅客利用机票为他人交运行李物品,严禁为素不相识的人捎带物品。

八、严禁以任何理由干扰机组工作,破坏机舱内正常秩序,危害飞行安全。飞行中全体旅客必须服从机组管理。

九、任何人不得以任何借口妨碍民航安检、公安和其他工作人员执行公务。

对于违反通告规定的,由公安机关根据《中华人民共和国治安管理处罚条例》和中国民用航空总局发布的有关民用航空安全的规章查处;构成犯罪的,依法追究刑事责任。

中国民用航空总局(印章)

中华人民共和国公安部(印章)

2009 年 12 月 6 日

[点评]　此则通告由中国民用航空总局和中华人民共和国公安部联合发布,通告中的规定围绕确保民用航空的运输安全而制定,乘客应在特定范围内严格遵守执行,体现了强制性通告的特点。

[例文2]

××铁路新客站工程指挥部通告

因××铁路新客站工程建设需要,大统路人行旱桥接长工程于2017年5月30日至9月30日施工。经市公安局批准,上述时间内,老旱桥临时封闭,请过路行人绕道行走。

(印章)

2017 年 5 月 26 日

［点评］ 这是一则事项性通告,其告知的缘由和内容简明扼要。

二、认知

根据《党政行政机关公文处理条例》规定:"通告。适用于在一定范围内公布应当遵守或者周知的事项。"

(一)特点

1. 告知的公开性 通告告知的内容是公开的,目的是要让社会公众或有关单位和人员知晓。

2. 发布的灵活性 通告可以在媒体上发布,可以张贴,也可以用文件的形式下达,其发布的方式非常灵活。

3. 内容的约束性 往往是针对某个具体内容发布的,就某些事项作出规定、限制,或宣布某些必须遵守的事项,对一定范围内的公众具有法规约束力。

(二)作用

通告的内容事项除个别属于全局性重大事项,具有约束力外,一般都属于局部的业务性质的问题,语气和缓,带有要求协助执行的意思。

(三)分类

根据通告的内容和性质,大致可将其划分为事项性通告和强制性通告两类。

(1)事项性通告。用于向一定范围内的单位或个人发布应当遵守或周知的事项。

(2)强制性通告。用来向机关单位和个人公布应该在特定范围严格遵守执行的规定和要求。这类通告中的规定和要求大多是围绕着保证某个问题的解决或某一事项和活动的正常进行而制订的。

【注意】

1. 正确使用文种 在使用通知和通告两种文种中经常发生混淆。二者的主要区别在于,通知有下行文的性质,在发文机关和受文者之间一般存在领导与被领导的关系;通告为职能分管关系,在发文机关和受文者之间一般不存在领导与被领导的关系。因此,如果某一机关和社会受文人员不存在行政统管关系,那么,它发布有关的事项,就应使用通告,如某大学为庆祝建校多少年,向海内外有关机构和人员发通知,就会有指挥他人或让他人非做什么事之嫌,如改用通告,就会显得恰当得多。

2.符合国家法规政策　通告的写作,适用于中低层机关,但必须以国家有关的法规、政策为基础,尤其是带有规定事项的通告不能以"土政策"行事,如单位通告门卫人员有权对进出人员进行人身搜查一项,从法律的角度上说,显然不恰当。

三、结构与写法

通告一般由标题、正文、落款和日期构成。通告的受文对象具有广泛性,所以不写受文单位名称和个人的姓名。

1.标题　通告的标题有四种写法:一是由发文机关、事由和文种三部分构成;二是由事由和文种构成;三是由发文机关和文种构成;四是直接标出文种,这种通告一般用于张贴。

2.正文　通告正文由通告缘由、通告事项、通告要求三部分组成。通告缘由主要阐明发布通告的目的、意义,法规性通告还要写明法律依据,接着用"特作如下通告"或"现通告如下"引起下文。通告事项是正文的主体,要写明在一定范围内应遵守或周知的事项。事项较多,一般分条列项来写。结尾一般根据通告内容而提出要求,带有强调的性质,既可以作为通告事项的条文,也可以分开单列一段。有的通告结尾还指明执行的时间、范围和有效期,或者对群众提出号召和希望。

3.落款和日期　发文机关和日期一般标于正文后右下方。如果标题中已标有发文机关,正文后就只签署日期,也有的通告将日期写在标题下的括号内。

[实例]　2006年5月30日,腾讯公司打算对用户的QQ密码修改方式进行变更,即由原在QQ个人设置里进行的密码修改操作,变更为到网站http://password.qq.com页面上进行,如有疑问,请联系腾讯客服中心(http://service.qq.com,热线电话:0755-83765566)。

请你以腾讯公司的名义拟写一则通告。

任务2.4　启　事

一、阅读

[例文1]

北京立新工程技术有限公司招聘启事

北京立新工程技术有限公司主营房屋建筑施工、基础设施建设。在工业与民用建筑、市政工程等方面具有丰富的工程经验,可承接项目规划、可行性研究、工程设计、施工管理和工程监理项目。现公司因业务发展,诚聘负责建筑施工的项目经理2名。

一、招聘岗位:项目经理2名

二、职位要求:

1.建筑工程或相关专业大专以上学历。

2.具有工程师职称或二级及以上建造师资格。

3.有三年以上现场施工经验及相关工作经验。

4.有事业心和责任感,具有吃苦耐劳的精神。

5.身体健康,30～45岁,男性。

三、职位待遇

1.提供良好的发展平台与空间。

2.办理五险一金。

3.工资面议。

四、应聘要求:

1.将个人应聘资料发往联系人E-mail。

2.个人应聘资料:

(1)个人简历。

(2)本人身份证复印件、学历证书复印件。

(3)专业技术资格证书复印件及相关获奖证明。

五、联系方式

联系人:杨××

通讯地址:北京市海淀区××路 3 号

邮政编码:100038

电 话:010-53462888   E-mail:lixin@163.com

北京立新工程技术有限公司

2015 年 7 月 12 日

[点评]　这是一则招聘启事,具有招聘启事的一般特征:详细写出了招聘单位名称、单位介绍,招聘职位要求以及应聘要求,最后是联系人和联系方法。

[例文 2]

寻人启事

吴小雪,女,18 岁,身高 1.6 米,瓜子脸,肤白,大眼睛,身穿浅红色连衣裙,白色皮凉鞋。于 7 月 14 日离家,至今未归。本人若见到此启事,请尽快同家人联系。有知其下落者,请与××市×××大学××系吴家俊联系,联系电话:×××××××或请与××市×××路派出所联系。

联系人:赵小强

电话:×××××××,定重谢。

2016 年 9 月 17 日

[点评]　这则寻人启事语言精练,篇幅短小,格式规范。首先交代走失者的身份特征,如姓名、性别、年龄、外貌、衣着装束等,便于知情者据此进行判断,以便及时联系其家人。其次是交代失踪人于何时何地走失或出走的。最后详细交代寻找人的通讯地址或联系方式,以备发现人及时同寻找人联系。另外还有酬谢之类的话语。

二、认知

启事是机关单位、社会团体、企事业或公民个人公开申明某件事情,希望有关人员参与或者协助办理而使用的告知性应用文。

(一)使用范围

下列情况可以使用启事:单位和个人,在有事需要公开向大家说明,或者希望大家能共同协助把事情办理好时,就可以把有关事情扼要地写出来,张贴在公共场所或刊登在报纸杂志上。

（二）特点

1. 内容的广泛性　它可以用于公务中的招生、招聘、开业、庆典、单位成立、商标的使用与更换等多种事宜,也可以用于个人如寻找失物、寻人、寻友、租房等事务。

2. 告知的回应性　启事不同于只是向社会"告知"的声明,它要求通过告知得到社会上广泛的回应,以解决自己的某件公务或私人事宜。

3. 参与的自主性　启事不具有强制性和约束力,启事的对象有参与的自主性,可以参与或不参与。

4. 传播的新闻性　启事通过张贴、登报、广播、电视等各种新闻媒体公开传播消息,对社会公众来说,是广告性消息,具有新闻性质。

（三）作用

写启事的作用在于向大家说明有关情况后,得到大家的协助,解决有关问题,促进人们互助,达到社会文明的目的。

（四）分类

常见的启事大致可归纳为以下种类。

1. 寻访类　如寻物启事、寻人启事等。

2. 招领类　拾遗者发启事寻找物（或人）的失主。

3. 征求类　如征稿启事、征物启事、征求某种人才的启事、征婚启事等。

4. 征询类　征询对某物的产权、对某件事情的结论有无异议。

5. 通知类　邀集亲友、校友、会友、社会同仁举行某种活动,由于被告知者居住分散或不确定,往往发启事广泛告知。

6. 声明类　遗失证件、支票,发启事告知社会有关方面,同时声明遗失物件的功效作废。

7. 道歉类　社会活动中发生侵权行为,经有关方面调解,有时以公开道歉为和解条件,可用启事公开道歉。

8. 鸣谢类　受别人祝贺、援助、恩惠之后,往往要表示谢意,用启事公开道谢,也兼有表彰之意。

9. 辞行类　多用于个人或团体离开某地时向社会各界或亲友公开道别。

10. 陈情类　对某事情或某一方针政策有异议,可用启事形式向社会公开陈述意见,以征求支持者,或请求主持公道。

11.**喜庆类** 生活中遇有喜庆之事(如订婚、结婚、寿诞、荣膺、开幕、奠基等),公开告白亲友或邀集举行庆祝活动,均可以启事形式告白。

12.**祭丧类** 在操办丧事,举行追悼、祭奠活动时,除用丧帖告知亲友外,也往往同时发启事,以便对社会亲友广泛告白。

13.**迁移类** 厂家、店铺、机关团体的办公地址、个人住址等迁移新址时,如认为有必要向社会公开告白,也常采用发表启事的方式。

14.**更改类** 对已公布出的事项文字错误做更改通知或勘误说明。

15.**其他类** 书刊出版发行的预告、预订,公开的警告或悬赏,公开推荐人才或出租出售物品,开业或停业的通知等,都可用启事形式告白大众。

【注意】

(1)内容要真实。

(2)标题要能揭示内容、简短醒目、吸引公众。

(3)内容单一,一事一启,以便公众迅速理解和记忆。

三、结构与写法

1.**标题** 在第一行中间写启事的标题,如"招领启事""寻物启事""寻人启事"等,字体要稍大一点,十分醒目为好。

2.**内容** 书写启事的内容应另起一行,开头空两格。启事内容要具体,语言要简明扼要,使人一读就懂。例如"寻物启事"要写清楚丢失物件的时间、地点、数量、颜色和形状的特征。而招领启事,只要写明拣到物品的时间地点就可以,不必写出数量和其他特征,让失主前来认领时自己说出来,以防别人冒领。

3.**结尾** 在正文的右下方,写启事人的姓名或单位名称以及启事的日期。有时为了方便别人与自己联系,还要在末尾写上联系地址和电话号码。

[**实例**] 根据以下材料拟写一则招领启事。

某同学在学校足球场边捡到一个书包,包内物品有:校园卡一张,课本若干本(大学语文等),文具盒一个,钱包一个(内有人民币若干)。

第三讲　信函类文体

任务 3.1　书　信

一、阅读

[例文1]

傅雷家书

聪：

　　亲爱的孩子！

　　早预算新年中必可接到你的信，我们都当作等待什么礼物一般地等着。果然昨天早上收到你来信，而且是多少可喜的消息。孩子！要是我们在会场上，一定会禁不住涕泗横流的。世界上最高贵的、最纯洁的欢乐，莫过于欣赏艺术，更莫过于欣赏自己的孩子的手和心传达出来的艺术！其次，我们也因为你替祖国增光而快乐！更因为你能借音乐而使多少人欢笑而快乐！想到你将来一定有更大的成就，没有止境的进步，为更多的人、更广大的群众服务，鼓舞他们的心情，抚慰他们的创痛，我们真是心都要跳出来了！能够把不朽的大师的不朽的作品发扬光大，传布到地球上每一个角落去，真是多神圣，多光荣的使命！孩子，你太幸福了，天待你太厚了。我更高兴的、更安慰的是：多少过分的谀词与夸奖，都没有使你丧失自知之明，众人的掌声、拥抱，名流的赞美，都没有减少你对艺术的谦卑！总算我的教育没有白费，你二十年的折磨没有白受！你能坚强（不为胜利冲昏了头脑是坚强的最好的证据），只要你能坚强，我就一辈子放了心！成就的大小、高低，是不在我们掌握之内的,一半靠人力,一半靠天赋,但只要坚强,就不怕失败,不怕挫折,不怕打击——不管是人事上的,生活上的,技术上的,学习上的——打击;从此以后你可以孤军奋斗了。何况事实上有多少良师益友在周围帮助你,扶掖你。还加上古今的名著,时时刻刻给你精神上的养料!孩子,从今以后,你永远不会孤独的了,即使孤独也不怕的了!

赤子之心这句话,我也一直记住的。赤子便是不知道孤独的。赤子孤独了,会创造一个世界,创造许多心灵的朋友!永远保持赤子之心,到老也不会落伍,永远能够与普天下的赤子之心相接相契相抱!你那位朋友说得不错,艺术表现的动人,一定是从心灵的纯洁来的!不是纯洁到像明镜一般,怎能体会到前人的心灵?怎能打动听众的心灵?

音乐院长说你的演奏像流水、像河,更令我想到克利斯朵夫的象征。天舅舅说你小时候常以克利斯朵夫自命,而你的个性居然和罗曼·罗兰的理想有些相像了。河,莱茵,江声浩荡……钟声复起,天已黎明……中国正到了"复旦"的黎明时期,但愿你做中国的——新中国的——钟声,响遍世界,响遍每个人的心!滔滔不竭的流水,流到每个人的心坎里去,把大家都带着,跟你一块到无边无岸的音响的海洋中去吧!名闻世界的扬子江与黄河,比莱茵的气势还要大呢!……黄河之水天上来,奔流到海不复回!……无边落木萧萧下,不尽长江滚滚来!……有这种诗人灵魂的传统的民族,应该有气吞牛斗的表现才对。

你说常在矛盾与快乐之中,但我相信艺术家没有矛盾不会进步,不会演变,不会深入。有矛盾正是生机蓬勃的明证。眼前你感到的还不过是技巧与理想的矛盾,将来你还有反复不已更大的矛盾呢:形式与内容的枘凿,自己内心的许许多多不可预料的矛盾,都在前途等着你。别担心,解决一个矛盾,便是前进一步!矛盾是解决不完的,所以艺术没有止境,没有 perfect[完美,十全十美]的一天,人生也没有 perfect 的一天!唯其如此,才需要我们夜以继日,终生的追求、苦练;要不然大家做了羲皇上人,垂手而天下治,做人也太腻了!

父亲

1955 年 1 月 26 日

[点评] 这是一封家书,作者傅雷是一个睿智、博学、正直的学者,信的主题是如何对待成功,字里行间充溢着人间亲情。"聪"这样温情简洁的

称呼,给遥远的傅聪带去父母的爱。在信的开头,傅雷把儿子的信比喻成新年中的"礼物",表现了傅雷夫妇对儿子的信的盼望和接到信后的喜悦。儿子的成功更让傅雷激动不已,毫不矜持地直抒胸臆,表达对儿子成功的喜悦之情,但他并没有只停留在这种喜悦之情中。他还称赞了傅聪面对掌声、赞美的冷静。真可谓"父爱如山"。此文作为书信,格式规范,语言优美,感情真挚,堪称典范。

[例文2]

给燕妮的一封信

我的亲爱的:

我又给你写信了,因为我孤独,因为我感到难过,我经常在心里和你交谈,但你根本不知道,既听不到也不能回答我。你的照片纵然照得不高明,但对我却极有用……你好像真的在我的面前,我衷心珍爱你,自顶至踵地吻你,跪倒在你的眼前,叹息着说:"我爱你,夫人!"……

暂时的别离是有益的,因为经常的接触会显得单调,从而使事物间的差别消失。甚至宝塔在近处也显得不那么高,而日常生活琐事若接触密了就会过度地胀大。热情也是如此。日常的习惯由于亲近会完全吸引住一个人而表现为热情。只要它的直接对象在视野中消失,它也就不再存在。深挚的热情同于它的对象的亲近会表现为日常的习惯,而在别离的魔术般的影响下会壮大起来并重新具有它固有的力量。我的爱情就是如此。只要我们一为空间所分隔,我就立即明白,时间之于我的爱情正如阳光雨露之于植物——使其滋长。我对你的爱情,只要你远离我身边,就会显出它的本来面目,像巨人一样的面目。在这爱情上集中了我的所有精力和全部感情。我又一次感到自己是一个真正的人,因为我感到了一种强烈的热情……

你会微笑,我的亲爱的,你会问。为什么我突然这样滔滔不绝?不过,我如能把你那温柔而纯洁的心紧贴在自己的心上,我就会默默无言,不作一声。我不能以唇吻你,只得求助于文字,以文字来传达亲吻……

诚然,世间有许多女人,而且有些非常美丽。但是哪里还能找到一副容颜,它的每一个线条,甚至每一处皱纹,能引起我的生命中的最强烈而美好的回忆?甚至我的无限的悲痛,我的无可挽回的损失,我都能从你的可爱的容颜中看出,而当我遍吻你那亲爱的面庞的时候,我也就能克制这种悲痛。"在她的拥抱中埋葬,因她的亲吻而复活",这正是你的拥抱和亲吻。我既不需要婆罗门和毕达哥拉斯的转生学说,也不需要基督教的复活学说。

……

再见,我的亲爱的,千万次地吻你和孩子们。

你的卡尔
1856 年 6 月 21 日

[点评] 卡尔·马克思与燕妮的爱情早已脍炙人口。这封情书是马克思在英国曼彻斯特与恩格斯一同工作时写给燕妮的,原文较长,有删改。这位写过《资本论》并把毕生精力都献给了无产阶级革命事业的伟人再忙也忘不了用他的生花妙笔向燕妮表达他的爱情,而且写得如此缠绵、热烈而细腻。而此刻捧读这位伟人给夫人写的这封情书,更让人觉得伟人的伟大正在于他有一个完整而健全的人格,在于他不仅是个哲学家、思想家、工人运动的领袖,而且还是个情感丰富的抒情诗人。马克思对夫人燕妮的爱是执着的,这不仅在于燕妮的美丽,更在于马克思认为她的容颜、每一个线条,甚至每一处皱纹,都可以引起他生命中最强烈而美好的回忆。这封信语言通俗流畅,感情浓烈真挚,一直深受读者喜爱。

二、认知

有人戏言:"当今是一个'言而无信'的时代。"较之写信,年轻人更倾向于短信、微信联系、网上聊天和视频通话。"有事短信联系","加我微信、QQ,我们上网聊"成为了青年们的时髦语,这就造成了不少青年不会写信的尴尬局面。古往今来,许许多多平凡的家书,无不寄寓着写信人丰富的感情世界,字里行间充溢着亲情、乡情、友情、爱情、民情和民俗,同时也寄托着父母长辈的殷切希望和思念,或是游子对父母养育之恩的一腔深情,或是一段时代文化的反映,或是一个历史事件的凭证。因此,但凡一封好的书信,它往往集文学、书法、美学、伦理、礼仪、邮政、装帧、纸张等于一体,极具文化价值。我国的书信文化,在世代传承中已形成独特的格式、敬语和文风。

(一)概念与分类

书信是人们用来互通情况、交流思想、商量事情的一种应用文。书信经过千百年来的应用,已经成为一种实用文体,有固定的格式、专用的词汇、洗练的文风等。从内容来看,书信可分成一般书信和专用书信两种,我们主要学习一般书信。

1. 一般书信　一般书信是指亲友之间来往的私人书信。这种书信可写的内容是非常广泛的。跟别人说情况,谈看法,抒发感情,请别人代办事情等,都可以作为写信的内容。另外,别人给你写信,你要写回信,答复或说明别人在来信中提到的问题或事情。

2. 专用书信　专用书信就是具有专门用途的书信。专用书信,一般内容单一,格式固定。专用书信种类较多,从内容角度分,可以分为表扬感谢类、祝贺慰问类、请托邀约类、聘请辞却类、推荐介绍类、事务往来类、联络汇报类,其他常见的还有求职信、感谢信、咨询信、推荐信、邀请信等。

（二）作用

（1）书信是人们日常生活、工作中交流思想的重要工具之一。有什么话要说,就可以直截了当地写出来,寄给对方。它迅速、灵活、方便。远隔两地的人,都可以用邮寄书信的方法对话、谈心、商量事情。

（2）书信是人们在学习、工作、生活以及社会交往中广泛使用的应用文书。书信不仅仅传达着国与国的文化交流,同时也传递着人们思想的情怀,并且还起到了报平安的作用。在信息化社会,信息往来的渠道越来越多样化,其应用成本越来越低廉,传统书信文化的固有地位正面临威胁。但是,由于书信所寄托的人类情感,永远不可能被其他任何通信方式替代,所以,书信文化也必将伴随人类社会走向未来。

（3）书信文化,千百年延续至今,早已成为维系人际关系的血脉,也为人类文明积聚了宝贵的精神财富,是值得继承与发扬的传统文化之一。

（三）特点

一般书信有多种,比如家书、情书等,其特点是交流性和口语化,要求语言通俗流畅,内容丰富准确,用词恰当,切忌冗长、啰唆。

三、结构与写法

书信由信笺文及信封文两部分构成。

（一）信笺文

信笺文即写在信笺上的文字,也就是寄信人对收信人的招呼、问候、对话、祝颂等。信笺文是书信内容的主体,书信的繁简、俗雅及其他方面的风格特征,几乎都由其决定。

一般书信的信笺文可分为称呼、正文、结尾、署名、日期五个部分,每个部分都有一定的格式。

1. 称呼 根据自己和收信人的关系,平时怎么称呼,在信中就怎么写。如给爸爸写信,称呼就写"亲爱的爸爸"等;写给老师的信,称呼就写"敬爱的老师"等。称呼要从第一行顶格写起。称呼后面要加冒号,表示下面有话要说。

2. 正文 这是信的主要部分。写信人要说的话都写在这里。正文的开头空两格,通常先写问候的话。如果是回信,先要写明来信收到,并对来信中提及的问题或要求办理的事情作出回答。如果写的事情较多,可以分段写,一件事情写一段。每段起行空两格,转行顶格。

3. 结尾 结尾可根据写信人与收信人的关系和具体情况,写上表示祝愿、勉励或敬意的祝颂语。如"此致敬礼""祝你健康"等。祝愿语一般分两行写。以"此致敬礼"为例,"此致"可以紧接正文之后写,也可以另起一行空两格写,"敬礼"则一定要另起一行顶格写。

4. 署名 在结尾的再下一行的后半行写自己的名字,名字的前面也可以根据写信人与收信人的关系写上相应的称呼,如"儿""弟""学生"等。

5. 日期 写在署名下一行的后半行。最好写清年月日,以便查考。

此外,如果信已经写完,又发现内容有遗漏,或某件事叙述不够全面时,在信的后面还可以补写。但是在补写的话前面要加上"还有""另外""再",或在后面加上"又及"等字样。

(二)信封文

信写好了,要寄出去,还必须要有信封文。信封文即写在信封上的文字,也就是收信人的地址、姓名和寄信人的地址、姓名等。信封文是写给邮递人员看的,使邮递人员知道信从哪里来,寄往哪里去;万一投递找不到收信人,还能将信退给寄信人。完整的书信应该是信笺文、信封文俱全,并且将信笺文装入写好信封文的信封内,然后将口封好寄出。现在的标准信封是横写的。

一般书信的信封文由收信人的邮政编码、地址、姓名及寄信人的地址、姓名和邮政编码构成。

横式信封文:收信人的邮政编码要填写在信封左上方的方格内,收信人的地址要写在信封上方靠左的地方,要写得详细无误,字迹工整清晰。收信人的姓名应写在信封的中间,字体要略大一些,后加"收、启、鉴"等字。寄信人地址、姓名要写在信封下方靠右的地方,并尽量写得详细周全一些,最后填写好寄信人的邮政编码,如下图所示。

```
┌─────────────────────────────────────────────┐
│  ┌─┬─┬─┬─┬─┬─┐                                │
│  │1│0│0│8│7│1│                                │
│  └─┴─┴─┴─┴─┴─┘                                │
│                                               │
│     北京市北京大学勺园3号楼103房间              │
│                                               │
│                                               │
│         何麦克  收                             │
│                                               │
│                                               │
│           上海市复旦大学中文系   何婕          │
│                          ┌─┬─┬─┬─┬─┬─┐        │
│                          │2│0│0│4│3│3│        │
│                          └─┴─┴─┴─┴─┴─┘        │
└─────────────────────────────────────────────┘
```

四、写作要求

(一)内容清楚明白

写信时,不管目的是什么,都必须把话写得清楚明白。因为,收信人不在你的身边,你不把话写得一清二楚,人家看了就会不明不白,甚至发生误会。因此,写信时必须考虑好要写哪几件事情,先写什么,后写什么,用简洁的语言把你要写的内容叙述得清清楚楚。

(二)感情真挚

写信就是和收信人交谈,只是交谈时,收信人不在面前,而是通过书面语言把要说的话写出来。说话要有感情,写信同样要有感情。母子之间、师生之间、朋友之间,写信时都要表示自己的一番真情。

(三)语言得体

写信时要注意写信人和收信人的关系。关系不同,用语要有所不同。给长辈写信,要用敬语;给同辈或晚辈写信,也要讲礼貌。

(四)必须合乎礼仪规范

书信虽然是一种个性化很强的应用文,写法上也比较灵活,但书信还是应该遵循一定的要求,即必须合乎礼仪规范。书信写作规范突出地表现为两个方面:一是书写格式的规范;二是书信语言的礼仪规范。这两种规范都必须严格遵守。

[实例] 1.请代"例文1"的儿子给其父回一封信。

2.××大学附近有一家化工厂。工厂天天向外排放有毒的气体和废水。

广大师生和附近居民长期处在被污染的环境中,身体健康受到损害,工作学习受到影响。几年来,学校多次向工厂提出意见,要求妥善解决污染问题。但厂方以生产任务繁重、技术力量薄弱和经费开支太大等为理由,一再拖延,至今未能解决。

试就上述问题,以"××大学学生会"的名义,给《光明日报》编辑部写一封信,反映情况,申述理由,呼吁尽快解决。

任务 3.2　求职信

一、阅读

[例文1]

应聘推销员的求职信

尊敬的李经理:

您好!

我是云南大学市场营销专业的大四学生王海,今年7月即将毕业。在job51的网站上,我看到了贵公司5月10号发布的招聘推销员的信息。贵公司作为同行业的佼佼者,其成功的营销案例曾入选我们《市场营销学》的教材。我和许多同学一样,很希望自己能成为贵公司的一员。

推销员是我很喜欢的职业。作为一名市场营销专业的大学生,我专业科目的成绩均为优良以上。我很喜欢和人打交道,善于沟通,不怕吃苦。在去年的实习中,我领导一个5人的推销小组,为一个180人的乡镇饮料厂搞推销。我们3个月开发了2个大客户、5个中小客户。我们组的销售额占总销售额的19.2%。实习结束后,我们还为饮料厂制订了一套推销对策及操作细则,使工厂经理喜出望外。

非常希望能有和您面谈的机会。

我的联系地址是:昆明市××区××路××号　邮编:650000

电话:0871-835××××

电子邮箱:wah@sina.com

此致

敬礼

王海

2016 年 6 月 5 日

[点评] 这是一篇应聘信。写明了应聘信息来源,求职意向明确,在介绍自己的条件优势时有针对性,具体、典型,语言简洁、诚恳。

[例文 2]

求职信

尊敬的人事处负责人:

您好!

感谢您能从百忙之中抽出时间阅读我的自荐材料。

我是昆明理工大学计算机信息学院信息管理专业 2012 级本科生,经过四年的学习,我掌握了相应的专业技能,将于 2016 年 7 月毕业。

能到贵校担任一名计算机教师是我一直以来的愿望。

大学四年期间,我刻苦钻研,勤勉求学,系统地学习了信息管理方面的专业知识,在省级和校级专业期刊上发表论文三篇;在扎实学习计算机系统知识的基础上,我加强了数据库及网络方面的知识积累及应用能力培养,因而具备了较强的计算机应用能力与编程能力;英语方面,顺利通过国家 CET4 考试,除具备一定的听说读写能力外,我还能熟练阅读专业外文资料。因表现突出,我连续两年被评为"优秀学生"。

我出生于教师家庭,从小在父母的熏陶下,对教师充满了崇拜和向往。从大二开始我就利用课余时间做家教,在帮助他人的同时也提高了自己的教学素养。实习期间,我在××中学担任计算机课程的教学工作,这更让我领略到作为教师的责任感和荣誉感。坦率地说,我喜欢教学,并且我认为自己适合教学。经过多次的教学实践,老师和同学对我的评价是"板书漂亮,吐字清楚"。我是一个扎实肯干的人,极强的责任心驱使我尽可能地将工作完成得尽善尽美。因此,我相信,只要您给我这个机会,我会矢志不渝地致力于本职工作。

为了不干扰您的日常工作,也为了让您对我有个初步了解,我首先向您寄来这封信。未尽事宜可面谈或来电来函联系。热切盼望您的回音。

我的联系地址：云南省昆明市五华区学府路××号

邮编：650033

联系电话：13885693266

祝

工作顺利！

张晓丽

2016 年 5 月 16 日

[点评]这是一篇自荐信。求职意向明确，内容具体完整，在介绍自己的条件优势的同时表达了对所求职位的感情，语言诚恳、得体。

二、认知

求职信是求职者向用人单位表明求职意向，介绍和推荐自己，以谋求职位的一种专用书信。求职者可以是大中专毕业生、研究生，以及在岗或待岗的职工。

1. 求职信的作用　求职信在市场经济时代应用十分广泛，是向特定的用人单位谋职而写的，要求集中突出个人的特征与求职意向，让用人单位相信自己适合担任某项工作或从事某种活动，因此求职信有如下两个基本作用。

（1）为求职者谋求理想职业寻找机遇。

（2）为用人单位遴选人才提供信息。

2. 求职信的特点

（1）针对性。在求职者众多、竞争激烈的情况下为了达到求职的目的，求职者要认真研究求职过程中可能遇到的各种情况和问题，有针对性地突出自己的优势。要充分认识用人单位的特点、岗位职责的要求和自身的能力、特长，选择适合自己的职位，有的放矢，突出重点。

（2）自荐性。要让用人单位了解自己、认识自己、欣赏自己、录用自己，就要求求职者有较高的自荐水平。求职者要把自己的兴趣、爱好、能力、特长，客观清楚地表达出来，恰当地"推销"自己，既不自夸，也不谦虚，以自己的实力打动用人单位，给用人单位留下良好的印象。

（3）竞争性。求职也是竞争，要想在竞争中取胜，必定要出类拔萃，不同一般,这一点要在求职信中充分体现。求职者要对自己充满信心,尽最大努力去竞争,力求取胜。在众多的求职者中,要想吸引用人单位的注意力,求职信的内容和形式就必须具有独特的个性。

3.求职信的分类

(1)根据诉求目标,可以分为应聘信(如例文1)和自荐信(如例文2)。

(2)根据投递方式的不同,可以分为广泛性求职信和专递性求职信。

三、结构与写法

求职信一般由标题、称谓和问候语、正文、落款等几个部分组成。

1.**标题** 标题是求职信的眉目,居中写明"求职信"即可。

2.**称谓和问候语** 求职信是专用书信,称谓不可少。要根据不同的情况,顶格写对收信人的称谓。最好具体到招聘者的姓名和职位,不明确的也可以写泛称,可称"尊敬的××公司负责同志""尊敬的××厂厂长""尊敬的××经理"等。称谓之后另起一行,写上问候语。常用"您好""冒昧打扰"等。

3.**正文** 求职信的正文部分一般由开头、中间、结尾三部分组成。

(1)开头。写求职信,开头要交代清楚自己的一些基本情况,诸如身份、年龄、学历等情况,给用人单位一个初步的完整的印象。如果是有明确目标的求职信,还可先谈谈自己从何处看到了该单位的征召信息,以及意欲应聘某一职位的愿望。

(2)中间。求职信的中间部分要展开。主要是针对用人单位的征召信息或者根据自己了解到的用人单位的要求,具体地介绍自己,这其中要把自己的专业特长、业务技能、外语水平及其他潜在的能力和优点有针对性表现出来,使用人单位意识到你正是他们招聘的最佳人选。这一部分是求职信的关键,要多了解用人单位信息,要着重说明你能为招聘单位做些什么事。

(3)结尾。求职信的结尾要再次强调自己的求职愿望,恳请用人单位给自己一次表现才干的机会,写上如:"热切盼望贵公司肯定的答复""希望给予面试的机会"等;再写上表示祝愿或敬意的话,如:"此致、敬礼""顺祝公司兴旺发达"等祝颂语。

4.**落款** 求职信的落款包括署名、日期。最好另起一行附上求职者的联系电话、地址、邮政编码、电子邮箱等通信方式。

随信附上附件,附件一般包括个人简历,所学专业课程成绩一览表,各类证书,有关证件,发表的论文、论著或其用稿通知,学校有关部门的推荐意见以及教授、专家的推荐信等。附件一般采用复印件的形式。

四、写作要求

1. 目标明确 求职目标明确,要根据用人单位的需求选择陈述内容,不要没有重点地泛泛而谈,缺乏针对性,如"本人爱好广泛,能胜任各种工作"之类。要注意突出技术专长,根据用人单位的选拔条件,抓住重点,有的放矢,否则会弄巧成拙。

2. 真实具体 写求职信必须实事求是,不能夸大其词,更不可虚构材料,编造历史。介绍自己要真实、具体,所有学历、成果、能力、水平有案可查,力求具体、翔实,避免空谈,比如说自己"在校期间各门课程成绩优异"不如说"每门课程考试不低于 85 分"或"班级排名保持在前五名";说自己"有一定社会经验"不如说"曾参加过××社会实践活动,并取得了××成绩"。

3. 不卑不亢 希望被录用,渴望能解决就业问题是写求职信的初衷,求职者热切诚恳是必要的,但乞求同情则大可不必,要自信自强,保持人格尊严;求职者充满自信地推销自己是必要的,但要注意态度谦和、言辞恳切、不卑不亢、情真意切。实践证明,只有那些既有真才实学,又言词得体的求职者才受人欢迎,易被录用。

五、写求职信应注意的问题

1. 用语委婉,措辞得当 用语委婉而不隐晦,恭敬而不拍马,自信而不自大。

2. 着眼现实,有针对性 动笔之前最好对单位有所了解,以免说外行话。

3. 实事求是,言之有物 自己的优点要突出,用事实说话。

4. 富有个性,不落俗套 如果能谈谈行业前景展望,市场分析或建设性意见都会收到好的效果。这方面没有什么成规,需要自己开动脑筋创新。

5. 言简意赅,文面美观 语言表述要直截了当,言简意赅,直奔主题,给人朴实无华、一目了然的感觉,切忌冗长拖沓。无论电子文件、打印文稿还是手写文稿,都要布局匀称、版面美观,给人以和谐得体的优美感受。

求职信字迹要清楚、工整,不允许出现语法错误、错别字等。当今更多的人喜欢用电脑打印求职信,但如果求职者能够写一手漂亮的钢笔字,不妨用钢笔来写求职信,这本身就是独特的,更易获得用人单位的好感。

[**实例**]　1.下面的求职信被认为是"真诚感人,朴实自然"的典范,仔细阅读,说说为什么?

尊敬的莱文先生:

　　爱迪思·温特丝小姐告诉我贵公司缺一位秘书,我想申请这个职位。我知道您需要一位速写很快,又能处理大量信件的秘书。我毕业于××××专科学校,专学速写。毕业后先后在一家干货零售公司、一家保险公司做过秘书。

　　我的书写速度每分钟 145 个字。在我现在的工作中,我每天要处理 40~60 封信件。不论是在××××专科学校求学时,还是在现在的工作中,我都注重训练自己独立处理日常信件的能力。

　　我在现在的西南人寿保险公司的工作也干得不错,但我最近刚拿了学位,想干一份有挑战性的收入不菲的工作。

　　爱迪思·温特丝小姐对工作的热情更让我确信我会喜欢这份工作。内附的简历有助您做决定。

　　如果您方便,每天下午我都有时间来洛杉矶会面,愿我有机会与您面谈!

真诚的劳拉·爱德蒙

××××年××月××日

2.假设你即将毕业,根据自己所学专业,为自己写一封求职信。

任务3.3　个人简历

一、阅读

[**例文 1**]

个人简历

1.申请职位:

销售类

2.个人信息：

姓　　名：王　海　　　　　　　性　　别：男
出生年月：1990 年 6 月　　　　　政治面貌：党　员
学　　历：大学本科　　　　　　　专　　业：市场营销
联系地址：西北大学工商管理学院市场营销专业 32 号信箱
联系电话：13698755923　　　　　邮　　箱：wh231@ yahoo. cn

3.教育背景：

2008 年 9 月—2012 年 7 月　西北大学工商管理学院　市场营销专业
管理学学士

2009 年 3—9 月　西北大学工商管理学院职业培训班通过外销员考试

2010 年 1—3 月　西北大学工商管理学院职业培训班通过报关员考试

4.主要经历：

2011 年 9—12 月　在一个 180 人的乡镇饮料厂实习，领导的 5 人推销小组所创的销售额占总销售额的 19.2%，被该厂授予"特殊贡献奖"。被学校评为"优秀实习生"。

2010 年 3—12 月　任校学生会公关部部长，曾成功策划校级比赛"青春风采"活动。

2009—2012 年　任班级生活委员，被评为院级"优秀班干部"。

5.其他信息：

英语水平：通过国家英语四级考试，具有良好的听、说、读、写能力。

计算机水平：通过全国计算机等级考试二级（C 语言）。

熟悉 WindowsXP 及 Office 的操作（Word、Excel、Powerpoint）。

熟练掌握 Photoshop、Frontpage 的操作。

6.自我评价：

本人有高度的责任感和很强的上进心，不怕吃苦，善于口语表达，善于沟通交流，人际关系好。曾多次在学校组织的各级演讲比赛中获奖。

［点评］　这是一则行文式简历。内容具体，条理清楚，语言简洁，行文规范。

[例文2]

个人简历

姓　名	朱晓辉	性　别		男	照片
民　族	汉族	籍　贯		山东	
学　历	大学本科	出生日期		1995 年 6 月 20 日	
毕业学校	云南财经大学		健康情况		健康
通信地址	云南省昆明市龙泉路 237 号		邮　编		650000
联系电话	13819953558		邮　箱		zxh@ sina. com
专　业	工程管理				
担任职务	学生会主席、班长				
求职意向	建筑工程管理、房地产市场营销等相关职位				
教育背景	2012 年 9 月—2016 年 6 月　云南财经大学　工程管理专业 2014 年 5—9 月　参加助理项目管理师培训,获助理项目管理师资格证书 (证书编号:0000000009300100)				
主修课程	工程项目管理、房地产市场营销、房屋建筑学、建筑工程施工管理、房地产开发与经营、建筑识图与 AutoCAD、项目管理基础知识、城市经济与房地产经济、房地产项目投融资、建筑工程造价案例分析、房地产项目策划、土木工程概论等				
实践经历	2012 年 10 月:中国移动云南分公司热线服务中心话务员 2013 年 7 月:昆明五星电器美的洗衣机促销员 2013 年 9 月:昆明西部酒业博览会五粮液展厅营销及宣传人员 2014 年 3 月:康佳公司"家电下乡活动"工作人员 2015 年暑假:学校"大学生暑期三下乡"红河河口志愿服务队志愿者				
技能证书	国家计算机二级(数据库)(证书编号:00005300989187) 英语四级等级证书 会计从业资格证书(证书编号:000003199504231224) 普通话等级证书(二级甲等)(证书编号:0000020017276)				
获奖情况	2014—2015 学年度:省级"优秀学生干部" 2013—2014 学年度:学校"优秀五好学生"并荣获学校二等奖学金 2012—2013 学年度:学校"优秀干部" 2013 年度:社会实践调查报告《大学生心理健康的调查》荣获学院"一等奖" 2012 年:校园歌手大赛"二等奖"				
自我评价	本人诚实守信,有责任心和团队精神,具备了一定的领导与管理才能;兴趣爱好广泛,有文体特长;敢于创新,有较强的事业心。				

［点评］ 这是一则表格式简历。目标明确,重点突出;言简意赅,一目了然。

二、认知

个人简历是对自己的生活经历,包括学历、工作经历等,有选择重点地加以概括叙述的一种常用应用文。内容一般包含自己的基本信息:姓名、性别、年龄、民族、籍贯、政治面貌、学历、联系方式;自我评价,工作经历,学习经历,离职原因及本人对这份工作的简要理解。个人简历一般不单独使用,而是与其他文种配合使用,如求职信和申请书,文后常附有作自我介绍的个人简历。一份好的求职简历就是求职者成功应聘的敲门砖。本章节所讲的个人简历,侧重于求职简历。

1. 特点

(1)目的性。简历的内容有很强的目的性。如果是求职,重点应放在学历、专业特长、能力业绩上;如果是晋升职称,重点应放在任现职以来所取得的科研水平、工作实绩及能力上,突出个人贡献、展示取得的成果,写出特色。

(2)针对性。简历的针对性有两层含义:一是简历要针对你所应聘的公司和职位;二是你的简历要针对你自己,写出自己的亮点,自己的亮点与应聘岗位匹配。用人单位想知道你可以为他们做什么,含糊笼统、毫无针对性的简历会使你失去很多机会,所以必须避免简历的千篇一律。如果你有多个目标,最好写上多份不同的简历,每一份针对招聘单位的特点和要求,突出相应的重点,以表明对用人单位的尊重和热爱。

2. 作用 个人简历是简要描述自己经历、反映自身基本情况的文书材料,是为了展示自己、宣传自己、推销自己,它可以用作升学、求职、任职,加入党、团组织的自我介绍。如求职简历是为了让用人单位全面了解自己,从而为自己创造面试的机会,最终达到就业的目的,可以说一份让人过目不忘的求职简历是开启事业之门的钥匙。

一份好的简历在求职过程中应该有以下作用:

(1)展现出你的能力、特点和兴趣;

(2)突显你的进步和成就;

(3)获得面试机会。

3. 分类 简历一般分为行文式简历(如例文 1)和表格式简历(如例文 2)两大类。

(1)行文式简历是以行文的方式介绍自己。优点是不受格式限制,可以根据需要较详细地介绍自己的情况。

（2）表格式简历是最常见的形式，填表人依照设计好的项目填写即可。优点是简洁美观，一目了然。

【注意】

制作个人简历时注意做到"三忌""三要""三突出"。

所谓"三忌"，即一忌高枕无忧，以为自己有技术、有经验、有文凭，就拥有了求职成功的全部资本，过分地坚信"天生我材必有用"，而在求职信中流露出盲目自信，甚至提出过分要求；二忌洋洋万言，述说自己对几乎所有职业都有能力和兴趣，一副"包打天下"的架势；三忌主题不明，事无巨细，写成一份流水式学习工作总结。

所谓"三要"，即一要精心构思，着力于表达或暗示自己聪明才智、适应能力、工作态度和发展潜力；二要情有独钟，展现出自己对应聘单位及拟从事岗位有着浓厚兴趣，写作中可适当地用一些表示情态的言词；三要新颖独特，在形式和内容上都要争取一些冲击力或震撼力，突出重点兼及一般。

所谓"三突出"，即突出自己的"名、优、特"，并且与所求岗位直接相关。一是突出名气，你在同行中或是周围人群里名气如何，曾取得过什么成绩，受过什么奖励，别人的评价如何等；二是突出优点、长处，特别是那些你所具有而别人没有的优点和长处，比如用人单位正好需要的技术特长、知识水平和其他本领；三是突出特殊技术和能力，能解决别人不能解决的困难，设计和策划出别人不能想出来的技术和办法。

三、结构与写法

个人简历的结构一般由标题、正文两部分构成。

1. 标题　个人简历多用"简历""个人简历"作标题。

2. 正文　个人简历正文至少要包括以下几个方面的基本信息。

（1）应聘的岗位或求职意向：即求职目标或个人期望的工作职位，表明你通过求职希望得到什么样的工种、职位，以及你的奋斗目标，可以和个人特长等合写在一起。

（2）个人基本信息：应列出自己的姓名、性别、年龄、籍贯、政治面貌、学校、系别及专业，婚姻状况、健康状况、身高、爱好与兴趣、家庭住址、电子邮件、电话号码（最好留下手机号码并保持手机畅通）等。

（3）教育背景：最高学历、毕业院校、所学专业、所获学位和参加培训的情况，应写明曾在某某学校、某某专业或学科学习，以及起止期间，并列出所学主要课程及学习成绩，在学校和班级所担任的职务，在校期间所获得的各种奖励和荣誉。

（4）与应聘岗位需求素质有关的表现、经历和业绩等,最好重点突出,条理清楚地写下来。若有工作经验,最好详细列明,首先列出最近的资料,后叙述曾任职的工作单位、日期、职位、工作性质。

（5）语言和计算机能力:语言能力主要指普通话、外语的水平,语言和计算机能力比较有说服力的是相关的技能证书。例如,你说自己英语水平很高,就应提供英语等级测试证书的复印件。

（6）自我评价:写出自己的优势、特长及技能。如有相关材料或证书支持则更佳。

四、写作要求

个人简历是个人学习工作经历的浓缩,也是展示自身能力和价值的重要方式。最好的简历是最有效率的,它应该符合以下要求。

1.简短明了　个人简历通常很简短,一般情况下不要超过一页纸。对于与求职目标有关的情况要重点突出,但对于其他无关紧要的一些情况,要一带而过,一般以 1 200 字以下为限。

2.整洁清晰　有的简历写得很乱,揉得很糟。这样的简历,用人单位一般看都不看,直接淘汰。用人单位看到整洁清晰的一份简历,就仿佛看到了你本人。因而,简历一定要写得整洁清晰,反映出你的真实、准确的形象,使你的简历在众多的简历中脱颖而出,富有魅力,充分引起用人单位的注意。假如你是应聘秘书职务的,你不妨规范地将个人简历打印出来。这样,既能向用人单位展示你所具备的文件排版、打字能力,更能因整洁清晰的简历而具有吸引力,以获得面试的机会。

3.准确无误　一份好的简历一定是在用词上、术语上及撰写上准确无误的。撰写时要打底稿,反复修改斟酌,没有任何错误后再打印出来。一份准确无误的简历能使用人单位感到你是很认真的。

4.真诚坦率　简历从头到尾要贯彻一个原则,即诚实地描绘自己。个人方面与求职无关的,暂时可以不写;能表现自己的、与求职目标相关的优势要写上。假如你太谦虚,用人单位感到你根本就不具备求职条件,那么还谈何面试。真诚坦率地推荐自己会使你得到意料不到的好结果。

【注意】

简历编写的原则:"一薄二露三透"。"薄"是指内容不要太多,结构合理简练,一般人事经理看简历的平均用时为 1.4 分钟;"露"指要露出本分,要露出你真实的一面,不要让阅读简历的人看到最后也不知你能干什么;"透"是指要透出自己的优点,要让阅览者在第一时间内看到自己能吸引他的优点。

每个人的能力特点及经历都是不一样的,这就决定了编写简历不能千篇一律,在简历中要反映出个性和创意。如果简历没有新意,无法做到"与众不同",就无法引起用人单位的注意。下面三点有助于让你的简历更加个性化。

1. 要有重点 一个招聘者希望看到你对自己的事业采取的是认真负责的态度。不要忘记雇主在寻找的是适合某一特定职位的人,这个人将是数百名应聘者中最合适的一个。因此如果简历的陈述没有工作和职位的重点,或是把你描写成一个适合于所有职位的求职者,你很可能将无法在求职竞争中胜出。在编写简历时,要强调工作目标和重点,语言要简短,多用动词,并且要避免可能会使你被淘汰的不相关信息。

2. 把简历看作一份广告——推销自己 最成功的广告通常要求简短而且富有感召力,并且能够多次重复重要信息。个人简历应该限制在一页以内,工作介绍不要以段落的形式出现,尽量运用动作性短语,使语言鲜活有力。用头衔、数字和名字来突出过去所取得的成就,远比一些空洞的形容词要好,使用数字语言是提高简历含金量的诀窍,如"推行新的人事政策,使缺勤率和人员调整率分别降低了27%和24%"。

3. 陈述有利信息,争取成功机会 招聘者对理想的应聘者也有要求:相应的教育背景,工作经历,以及技术水平,这会是应聘者在新的职位上取得成功的关键,应聘者应该符合这些关键条件,这样才能打动招聘者,并赢得面试的机会。

五、简历和求职信的异同

求职信和简历是最常见的两种求职材料。求职信是求职者向用人单位介绍自己、推销自己,并申请某具体职业岗位(或职业范围)的书面材料;简历是求职者说明个人基本情况、教育背景、工作经历以及成就的书面材料。两种求职材料都是求职者亮出个人特色以吸引招聘者注目的自我推荐材料,但两者在格式、内容、技巧及功用等方面均有差别,一般不能互相取代,更不能互相混淆。

从格式与风貌来看,求职信与简历截然不同:求职信是商业信函,与商家向"客户"发出的合作邀请一样,要求规范和专业,足以吸引招聘者这个"客户"的目光,以便获得就业机会;而简历类似推销个人的广告文案,就像产品介绍一样,要能激起用人单位这个"客户"的购买欲望,说服招聘者给自己就业的机会。

求职信与简历也有所关联。某种程度上来讲,求职信来源于简历,又高于简历,具有对简历内容进行综合介绍、补充说明和深入扩展的作用。

【注意】

什么样的求职简历备受招聘方的青睐?

求职简历是求职的一块敲门砖,这块"砖"需要优化,目前具备以下四大特征的简历备受招聘方的青睐。

1.明确的职业定位及目标,强调核心竞争力　求职前应明确自己的职业定位及求职目标,同时对求职企业的背景、工作内容、企业文化进行前期了解,并将自己在教育背景、经验或技能等方面能够吸引 HR(Human Resource 的缩写,指人力资源)的核心优势突显出来。在自己的教育背景、社团经验或工作历练、荣誉、特殊技能与训练、参与过的活动等经历上,强调有符合企业需求的个人优点、成就与能力。

2.简洁明了,以"数"服人　以点列式、表格、粗体字及副标题等方式,让招聘方能够快速且清楚地了解你的情况,在回应招聘要求时,可引述招聘广告中的特殊要求,然后将自己的符合之处一一列出,将其归纳为一系列要点。对于先前的工作经历,最好有翔实的数据来佐证,销售人员用完成的业务数据说话最直接,管理人员可以列出从事过那些管理别人的工作,有多少人被你领导? 他们是哪种层次的员工? 举例说明你曾经处理过哪些紧急或危险情况? 有哪些突出的贡献?

3.简历重点突出最近三年的经历　一个人的经历是很重要的环节,因而简历也是招聘方对你产生良好第一印象的关键,如果有一个理想工作值得你去争取,如何制作一份具有高水平的简历就需要好好研究。应届大学毕业生重点为个人资料、优势简介、学历背景、社团经验与经历、荣誉、特殊技能与训练、参与过的社会活动等。在职人士应包括个人资料、优势简介、工作经验、荣誉、特殊技能与训练、参与过的活动、学历工作背景等。

4.强化未来目标与人生规划　个人的未来职业生涯规划与企业未来的发展趋势是否相符,这是企业在招聘时非常关心和重视的问题。越来越多的企业不仅重视求职者过去的经历,更注重求职者对自己的未来是否有一个明确的职业规划和定位,以及求职者个人未来职业生涯规划与企业未来的发展趋势是否相符。

[实例]　假设你即将毕业,根据自己所学专业,为自己拟写一份受招聘方青睐的求职简历。

任务 3.4 申请书

一、阅读

[例文1]

申请书

××市人民政府办公室党组：

我叫×××,男,汉族,中共预备党员,大学文化,1989年1月19日生于云南省昭通市。2013年7月毕业于××民族学院中文系,2013年8月—2015年1月在××县一中任教,担任高一年级的语文教师,负责两个班的语文教学,并担任一个班的班主任。

2015年2月后,在××县人民政府办公室工作,并先后担任信息股股长和农业股股长职务。同年参加××省、市、县、乡四级机关统一公开招考国家公务员考试,被顺利录取成为一名国家公务员。

2016年7月至今,在州人民政府办公室秘书四科挂职学习。学习期间,在领导的关心和帮助下,自觉坚持基本理论和基本知识的学习,尽职尽责,尽心尽力地努力工作,认真做好办公室的日常公文处理和会务工作的准备,保证了公文的准确、及时、有序运转和各种会议的有序进行;做好领导的参谋和助手,努力完成领导交办的各项工作任务。几个月来,通过认真学习,自己在业务工作能力和各方面综合素质上都有了质的提高,较快地转变了工作角色。

本人从参加工作以来,勤勤恳恳、兢兢业业,团结同事,爱岗敬业,在工作中不断加强学习,具备了办公室工作的基本能力。为了便于组织的管理和本人更好地投入工作,特向组织提出申请调入州政府办工作,恳请组织批准为谢。

此致

敬礼

申请人:×××

××××年××月××日

[点评] 这是一篇日常工作中的申请书,格式规范,诉求重点突出,语言简洁明确。

[例文2]

入团申请书

××团支部:

我是工商管理学院商务班 2013 级 6 班学生,在"五四"青年节来临的时候,我郑重地向团组织提出申请,要求加入中国共产主义青年团。

共青团是中国共产党的忠实助手,是一所马克思主义的大学校。这座共产主义的大熔炉,培养了一批又一批的先进青年、伟大祖国的建设者和捍卫者,铸造了一代又一代共产主义战士——黄继光、雷锋、张海迪式的人物。

加入共青团是我多年的夙愿。以前,我一直想加入共青团,但我将自己同那些优秀共青团员比较时,就感到自己缺点很多,因而没有勇气提出请求。近年来由于团支部的热情帮助,我逐渐认识了自己身上存在的缺点,开始有所进步。我衷心地感谢团组织对我的关怀和帮助。

我决心在加入团组织以前,以共青团员的标准严格要求,以优秀共青团员为榜样,刻苦学习,不断提高自己的思想水平与认识水平,争取做一个完全合格的共青团员。

最后,我请求团组织接受我的入团申请,我决不会辜负组织的期望。

此致

敬礼

申请人:×××

2015 年 5 月 7 日

[点评] 作为入团或入党申请书是有固定模式和规范语言的文种,正文中应写出对党组织或对团组织的真实感受和认识。

二、认知

申请书是单位或个人因某种需要,向有关部门、组织、社会团体提出书面请求的专用文书。

1.使用范围　申请书使用范围非常广泛。个人对党、团组织和其他群众团体表达志愿、理想和希望时，可以使用申请书；个人在学习、工作、生活上对机关、团体、单位领导有所要求时，可以使用申请书；下级在工作、生产、学习、生活等方面对上级有所请求时，也可以使用申请书。

2.特点　申请书是一种专用书信，它与一般书信一样，是表情达意的一种工具。但是，它与一般书信又有区别。一般书信大部分是个人与个人之间互通情况、交流感情、交换意见、研究工作时使用，内容比较广泛，既可以谈公事，也可以谈私事，谈一件或几件事都可以。申请书则是个人或下级对上级或组织、机关、团体、单位有所请求时才使用，一般是一事一书，内容比较单纯。

3.作用　申请书是沟通个人与组织、个人与领导、下级与上级的一种手段。它不仅可以把个人或单位的愿望、要求向组织或领导表达出来，让组织和领导加深对自己或下级的了解，争取组织和领导的帮助与批准，而且还可以密切个人与组织、个人与领导、下级与上级的关系，使干群之间、个人与组织之间、个人与领导之间、下级与上级之间形成联系紧密、协调一致的整体，促进社会主义的物质文明建设与精神文明建设。

4.分类　申请书的种类繁多。从申请者来说，有组织向有关组织的申请书，有个人向有关部门、单位、机关、团体的申请书。从申请内容来说，有要求参加组织、团体的申请书，有困难补助申请书，有宅基地申请书，有调动工作申请书，有申报户口申请书，等等。尽管申请书种类繁多，但申请书一般都有固定的格式。

三、结构与写法

申请书的固定格式，一般应包括五个部分。

1.标题　在申请书第一行的正中要写上申请书的名称。有的只有"申请书"字样，有的则根据申请书的内容，标明具体名称，如"××申请书"等，标题的字体可以稍大，也可以和正文一样。

2.称呼　也叫"抬头"，即在标题下空一两行顶格处写出接受申请的组织、机关、团体、单位的名称或有关负责同志的姓名，如"××团支部""××市工商局""××同志"等，名称后面加冒号，表示下面有话要说。

3.正文　这是申请书的主要部分，要写清所申请的内容和理由。正文要从称呼下另起行空两格写起，申请的事情和理由最好分段写，这样既保证了内容的单一性和完整性，又条分缕析，容易把握要领。

4.结尾　申请书可以有结尾,也可以没有。结尾写"敬祈核准""请领导批准""望准"等。正文结束后接着写"此致",也可以在正文末尾另起一行偏左处空两格写"此致",再另起一行顶格写"敬礼"。

5.署名和日期　在结尾(没有结尾则在正文下一行)右下方,写上申请人姓名或申请单位名称(要盖章),在署名后面或下面写上申请的年、月、日。

四、写作要求

(1)要把申请的事情和理由写清楚,使接受者透彻地了解申请人或申请单位的意愿、要求和具体情况,以便研究处理。

(2)要考虑对象。写申请就是要让接受申请书的组织或领导看的,所以必须从这一特定的读者对象出发来确定申请书的内容与文字。该说的说,不该说的不说,接受申请书的人已经了解的事情可以少说或者干脆不说;对方不太了解而又有必要说明的地方,就要说清楚。如果所写的不是第一次申请,再写申请时就不必重复上次的内容,可以在原有申请的基础上或强调,或补充,或修正。

(3)申请书是一种应用文体,主要使用叙述的方法,语言要准确,文字要朴实,交代要简洁明了,能把自己的意思表达准确、通畅。切忌浮泛冗长、故弄玄虚、有意渲染。使用生僻、深奥的语言文字,会造成组织或领导理解上的困难,甚至误解。

[实例]　班级学习,讨论"助学贷款申请书""入党申请书"的写法。

任务 3.5　建议书

一、阅读

[例文 1]

建议书

学校领导：

　　每周星期一上午 8:00，全校师生都集中到学校大操场举行升旗仪式。随着那雄壮的国歌声，鲜艳的五星红旗冉冉升起，我校每个学生为能生活在这样的国度感到无比骄傲和自豪，这是我们接受爱国主义教育的最好时机。然而，校团委选派的升、护旗手在升旗过程中动作不规范，步伐散乱的状况与整个庄严肃穆的氛围很不协调。因而，向学校领导提如下建议：

　　一、学校学生处配合校团委对升、护旗手加强纪律教育和革命传统教育。

　　二、学校领导聘请驻地官兵来校，严格训练升、护旗手，从而规范他们的步伐和动作。

　　三、对全校学生进行礼仪教育和爱国主义教育，让全校学生懂得国旗法。

　　所有升、护旗手们，为了让我们的升旗活动更加规范，刻苦训练吧！

×××××学院学生会
2016 年 10 月 10 日

　　[点评]　此建议书针对学校升旗活动不规范提出了合理化的建议，态度诚恳，措施得力，内容翔实且有意义，结尾有号召力。

[例文 2]

学校食堂改革建议书

××学校后勤处：

　　近日，学校学生会做了一次"学生食堂满意度调查"，调查结果表明大部分学生对食堂存在不满,且影响到学生学习、生活的稳定,给我校学生的学习、管理造成了一定的影响。所以,搞好后勤服务,应是学校后勤处工作重点。希望能与你处在改善食堂管理方面能达成共识。目前,学生反映较集中的问题有:

1. 饭菜价格不够合理,品种不够丰富。

2. 口味较清淡,我校学生多来自云南、四川等地,口味应偏重一点儿。

3. 下午饭菜供应不足,食堂营业时间过短,许多学生在参加完校内组织的活动后吃不上饭。

根据以上问题,结合学生的情况,学生会现提出以下整改建议,请你处给予支持和配合。具体实施办法:

1. 制订食堂管理规定。

2. 延长营业时间,为食堂工作人员提供宿舍或就近安排住宿,以增设早餐和夜宵。

3. 制订考核标准,定期实行考核,奖罚分明。

4. 原材料可由蔬菜公司配送,由后勤处验收,以降低成本,保证质量。

5. 丰富伙食品种,可提供白粥、面点、面条、蛋糕、水饺、馄饨等。

6. 提前一天报送用餐人数,以便食堂制订采购计划。

以上建议,不知当否。

此致

敬礼

××学校学生会

2017 年 4 月 2 日

[点评] 行文语言规范,诉求重点突出,采用条文式,写作条理清晰。

二、认知

1. **使用范围** 建议书是指个人、单位及社会团体,就某项工作向有关单位或上级机关、领导,提出建议所使用的一种常用书信,也称作"意见书"。它是国家公民发表意见、提供建议、参与国家社会事务的一种重要形式。

2. **特点**

(1)是向有关部门或上级领导提供建议时所使用的书信体应用文。

(2)建议书只有在被认可或批准后方能实施,也可由上级领导及有关单位斟酌后进行修改、增删、完善后使用。

3. 作用 建议书是人民群众发表意见、提供建议的工具,是依靠群众、团结群众、贯彻群众路线的一种文书,也是加强党和群众联系、密切政府和群众联系的必要纽带。可以调动各方面的积极因素,集中广大人民群众的智慧,推进工作的顺利进行。

三、结构与写法

1. **标题** 第一行居中写文种名称或文种+内容。

2. **称谓** 在标题左下方顶格加冒号写明接受建议书的机关单位名称或个人姓名。

3. **正文**

(1)阐明建议的原因或建议的出发点,说明为什么要提出建议,自己提出建议的想法是什么,这样才能使接受建议书的机关、单位、个人、联系实际情况,考虑建议的必要性和合理性。

(2)建议的具体事项。这方面的内容可分条列项写,或直接陈述。建议事项都要具体,以便接受的机关、单位、个人考虑和采纳。

(3)希望。行文得当地表达出自己的愿望,不能使用命令的口气。

4. **结束语** 表示敬意或表示祝颂,行文与一般书信相同。

5. **署名和日期** 建议书末尾居右写明建议者的单位名称、姓名及日期。

四、写作要求

提意见、写建议是行使主人公的权力,所以要认真负责,严肃对待。

1. **要从实际出发,实事求是** 提意见、写建议要根据具体问题、实际需要和可能条件,而不能凭空想象,不着边际地去提,这样才有助于改进工作,开展活动。

2. **要有分寸** 所提意见和建议应当比较准确、比较合理,要掌握一定的分寸,要使意见和建议在现实条件下行得通,不应该说过头话,提过高的要求,否则无济于事。提意见、写建议还应当心平气和,不要用过激的言辞,不要提无理的要求,正确地行使民主权利。

3. **要具体** 写建议书不管是分条列项,还是直接陈述,都应当把建议的内容写具体,改进的方法和应当采取的措施也都要具体、实在,使接受机关、单位、个人在考虑和采纳时容易落到实处。不要说空话、套话,不要抽象、笼统。

4. **语言要精练** 只需要言简意赅地把具体办法、具体措施如实地、准确地写出来,不需要过多的分析和论证。分条列项的建议书更应如此。

[实训]　在班级里布置一次校内实践调查活动,然后确定一个主题,展开讨论,根据主题内容写一份建议书。

任务3.6　函

一、阅读

[例文1]

长青高等专科学校关于试验实训基地建设贷款的函

中国农业银行五华区支行:

　　我校是经教育部批准,××省人民政府直属的一所普通高等院校,目前在校学生一万余名。为了保证学生理论与实践的更好结合,培养能够适应现代社会发展要求的新型人才,突出高职高专的教育特色,改善办学条件,培养实用性人才,按照学校发展规划及实验实训基地建设规划,学校拟重点建设十二个实验实训基地,总投资六千万元。

　　由于学校目前各方面投入较大,资金严重短缺,为保证实验实训基地建设资金及时到位,学校特向贵行申请贷款六千万元,期限五年,以学校附属部门创收和学生学费收入逐年归还。

　　妥否,请函复。

(印章)

2015 年 10 月 22 日

[点评]　这是一篇商洽工作的往来函,属平行文,文辞不能像私人函件那样随意,所以该函措辞得体,既有公文的庄重,语言又平实谦和,内容具体明确。

[例文2]

中国农业银行五华支行

关于试验实训基地建设贷款的复函

长青高等专科学校：

　　贵校所发《长青高等专科学校关于试验实训基地建设贷款的函》已收悉,经我支行研究并报经上级部门审批,根据国家支持职业教育的相关政策,同意向你校贷款五千四百万元,期限五年,年利率为百分之三。望你校于 2015 年 11 月 5 日以前带齐相关资料到我支行商洽办理相关手续。

　　特此函复。

（印章）

2015 年 11 月 3 日

　　[点评]　这是一篇工作往来的答复函。文章紧扣来函(见例文 1)内容,文字简洁、严谨,符合公文行文要求。

二、认知

　　1.使用范围　根据《党政机关公文处理工作条例》规定:"函。适用于不相隶属机关之间商洽工作、询问和答复问题、请求批准和答复审批事项。"

　　函作为公文文种,其适用的范围相当广泛。在行文方向上比较灵活,不仅可以在平行机关之间、不相隶属的机关之间行文,有时还可以向上级机关或者下级机关行文。在适用的内容方面,它除了主要用于不相隶属机关之间相互商洽工作、询问和答复问题外,还可以向有关主管部门请求批准事项,向上级机关询问具体事项;还可以用于上级机关答复下级机关的询问或请求批准事项,以及上级机关催办下级机关的有关事宜,如要求下级机关函报报表、材料、统计数字等。此外,函有时还可用于上级机关对某件原发文件做比较小的补充或更正。

　　2.特点

　　(1)沟通性。函对于不相隶属机关之间起着沟通作用,充分显示着平行文种的功能,这是其他公文所不具备的特点。

（2）灵活性。表现在两个方面。一是行文关系灵活。函是除了平行行文外，还可以向上行文或向下行文，没有其他文种那样严格的特殊行文关系的限制。二是格式灵活。除了国家高级机关的重要函必须按照公文的格式、行文要求外，其他一般函比较灵活自便，可以按照公文的格式及行文要求办，也可以不完全按照公文的格式及行文要求办；可以有文头版，也可以没有文头版，不编发文字号，甚至可以不拟标题。

（3）单一性。函的主体内容应该具备单一性的特点，一份函只宜写一件事项。

3. 分类　函可以从不同角度分类。

按性质分，可以分为公函和便函两种。公函用于机关单位较为正式的公务活动往来，便函则用于日常事务性工作的处理。

按发函的目的分，可以分为发函和复函两种，发函即主动提出公务事项所发的函，复函则是回复对方询问所发的函。

另外从内容和用途上，还可以分为商洽事宜函、征求意见函、催办事宜函、请求批准函、报送材料函等。

三、结构与写法

函的类别较多，从制作格式到内容表述均有一定灵活性。这里主要介绍规范性公函的结构、内容和写法，其他类别的函可以比照来写。

公函由首部、正文和尾部三部分组成，各部分的格式、内容和写法如下。

1. 首部　包括标题、发文字号、主送机关等项内容。

（1）标题。公函的标题一般有两种形式。一种是由发文机关名称、事由和文种构成，如《国务院办公厅关于悬挂国徽问题给××省人民政府办公厅的复函》；另一种是由事由和文种构成，如《关于报送全国政府部门机关事务工作座谈会材料的函》。公务实践中，前一种标题式样用得比较多。

（2）发文字号。由发文机关代字后加"函"字、年份和序号构成，如"国办函〔××××〕103 号"。

（3）主送机关。即受文单位，写明全称，后面用冒号。

2. 正文　这是公函的主体部分，主要包括缘由、事项和结束语三项内容。

（1）缘由。概括交代发函的目的、根据、原因等内容，然后用"现将有关问题说明如下："或"现将有关问题函复如下："等过渡语转入下文。复函的缘由部分，一般首先引叙来文的标题、发文字号，然后再交代根据，以说明发文的缘由。

(2)事项。函的事项部分内容单一,一函一事,行文要直陈其事,是相互商洽工作、询问和答复问题,还是向有关主管部门请求批准,要用简洁得体的语言,把需要告诉对方的问题、意见叙写清楚。如果属于复函,还要注意答复事项的针对性和明确性。复函的内容要紧扣请示事项,而且要表述得简洁、明确、具体,使受文单位请求的问题得到明确答复,使其处置起来有所依从。

有的公函,事项涉及的内容比较多,也可以分条列明。

(3)结束语。一般根据函询、函告、函商或函复的事项,选择运用不同的结束语。如"特此函询(商)""特此函告""特此函复"等。有的函可以不用结束语,如属便函,可以像普通信件一样,使用"此致 敬礼"。

3.尾部 一般包括署名和成文时间两项内容。署名写上机关单位的名称,并加盖公章,成文时间写明年、月、日。

四、写作要求

(1)要注意行文简洁明确,用语注意把握分寸。特别是平行机关之间的行文,一定要注意语气平和。至于复函,要注意行文的针对性和答复的明确性。

(2)函也有关于时效性的问题,特别是复函更应该迅速、及时。不少单位在处理函件时,误以为它的时效性不很强,于是就拖办或者缓办,有的甚至不办,这样势必会给工作造成一定损失。所以,函虽然不像"命令""指示"等文种那样具有权威性,但它毕竟是公务活动中不可或缺的文种,我们应该像对待其他公文一样,及时处理函件,以保证公务活动的正常进行。

[实例] 分别写一封发函、一封复函,强化学生的写作实践能力。

第四讲　事务类文体

任务4.1　计　划

一、阅读

[例文1]

××市城区出租摩托车、货运出租车及搬运装卸市场整治工作计划

　　为贯彻落实《国务院办公厅转发建设部、交通部等部门关于清理整顿城市出租汽车等公共客运交通意见的通知》精神,决定对市城区出租摩托车(以下简称"摩的")、出租三轮车(含机动和非机动及板车)和货运出租汽车(指核定载重量一吨以下,以下简称"货的")以及搬运装卸(含各类搬家公司)市场秩序、经营行为进行一次专项整治,特拟订如下工作计划。

　　一、总体要求及工作目标

　　这次整治工作依据国家有关法律、行政法规和道路运输管理规章,整治城区摩的、出租三轮车、货的及搬运装卸市场秩序,规范经营管理行为,制止无序竞争和税费流失,形成有序化发展、规范化运作、集约化经营、公司化管理的格局。通过整治,达到统一管理、集约经营、标志清晰、行为规范、市场有序的目的。

　　二、整治范围及对象

　　整治的范围主要是客运出租摩托车、货运出租车、各类出租三轮车和搬运装卸行业。整治的对象是在城区从事摩的、货的、搬运装卸业经营活动的各类企业或个体经营户及所有从业人员。

三、整治的步骤

整治工作分三步进行。

第一步：调查摸底阶段，7月20日—10月31日。由市运管处、交警支队、工商局组成联合调查组，分片对城区168个点的货的、摩的、三轮车进行调查摸底，掌握分布情况。整治中重点抓好贸易广场、商城、汽车站、客运东站和西站、南门广场，东桥路水果批发市场的停放管理。

第二步：宣传发动阶段，11月1—20日。在此阶段要运用广播、电视、报纸等宣传渠道，广泛宣传这次整治工作的意义、指导思想、目标、做法及要求。

第三步：整治阶段，11月21—30日。集中时间、集中人力抓好此项整治工作。

四、整治的主要做法

1.清理市场，办理营运手续

凡在我市城区组建摩的、货的、搬运装卸公司的国营、集体、中外合资、独资企业和个体经营者，均须到市运营处办理《经营许可证》。从事货的、摩的经营业务的车辆，均须到市运政处分别办理《道路运输证》或《营运证》，并领取出租车牌。

2.额度控制，把好市场准入关

根据我市从事摩的和出租三轮车的经营者多为下岗工人的实际，在整治期间(11月21—30日)来办理摩的、货的和三轮车营运手续的，均给予办理；今后新增摩的、三轮车均严格控制。考虑到城区规模、道路条件和经营发展现状，城市货运出租汽车首批办证拟控制在300辆以内。

3.规模经营，实行公司化管理

为了便于管理，少走弯路，分别组建货的和摩的公司。凡在城区从事货运出租的汽车分市属、区属分别挂在市交通货运服务有限公司和区货运服务中心；摩的和各类三轮车一律挂到区出租摩托车服务中心。城区的货的、摩的从纳入行业管理的那一天起，就步入集约化经营、公司化管理的轨道。

4.规范运作，统一标志和停放地点

凡在城区从事摩的、货的、出租三轮车经营业务的车辆，均应在指定的位置悬挂市运营处统一制发的出租车牌；货的统一喷印蓝色，车门上统一喷印出租公司名称及监督电话。同时，规划摩的、货的、三轮车停放待租地点(含客运出租车)，按照既方便乘客又不影响市容市貌的原则，在10个主要的停放地实行画线停放。

5.征收管理费

为了培育摩的和货的市场,运管部门对从事摩的、货的经营业务的车辆,只能按国家规定的标准征收道路运输管理费;搬运装卸业则采取"放水养鱼"的做法,每个搬运装卸公司每月收取管理费3 000元。

6.加强监管,建立有序的市场秩序

为使整治工作得到落实,确保建立有序摩的、三轮车、货的、搬运装卸市场秩序,从12月1日开始,对未办理《经营许可证》的摩的、三轮车、货运出租汽车公司、搬运装卸公司及未办理有关营运手续和未悬挂出租车牌的摩托车、三轮车、货运出租汽车,一律按交通部3号令及有关法规从严处罚。

五、整治的组织领导和工作要求

为了加强领导,成立出租摩托车、货运出租车及搬运装卸市场整治领导小组。为了方便业主办理营运手续,将简化过户程序。货的过户时只需填表、照相、更换行驶证,收取行驶证工本费和照相费;摩的填表后,在行驶证上变更单位名称,收取行驶证工本费。在整治阶段,交通、工商、交警将联合办公,以简化程序,提高效率,加强市场的监管力度。

(印章)

2016年6月10日

[点评]　如果把起草工作计划看作一件简单的事情,那就错了。它表面看起来简单,不需太多技巧,不需"浓妆艳抹",但唯其如此,它容不得空话套话,容不得高深玄奥,一切都明明白白、实实在在,一切都要围绕针对性、可操作性来展开。所以,起草工作计划实际上是一种策划,每一个环节和细节都要考虑周到,安排妥当,策划不周,无法实施。本计划的"三要素"齐全,目标明确,措施得当,文字简练;作为专项计划它交代清楚了该做什么,怎么做,达到什么要求。

[例文2]

××厂文印车间第四季度增产节约计划

为了响应厂部关于"创造利润500万,增产节约作贡献"的口号,在广泛征求意见的基础上,经车间认真研究讨论,特制订本计划。

一、目标

全车间全季度增产节约总指标为 40 万元。

1. 产量指标。全季度保证完成 500 印令,较上季度提高 30%,较上级下达计划提高 10%。每月完成数:10 月 160 印令,11 月 170 印令,12 月 170 印令。

2. 质量指标。争取全季度甲级品率高于 85%,报废率低于 1%。

二、具体措施

1. 合理调整劳动组织,充分利用现有设备,在 10 月上旬前实行三班制,并将产量落实到机台。

2. 10 月中旬前组织讨论、制订、公布岗位责任制。

3. 加强思想教育工作,严格执行操作规程,经常进行机车维修检查,防止工伤和停车事故发生。

4. 为了促使三班互相衔接,加强各班之间的联系,建立健全会议汇报制度:每星期开各班车长会议一次,每两天开三班值班长碰头会一次。

5. 加大奖惩力度。具体办法上报厂部批准后公布。

望车间全体员工严格按计划执行。

(印章)

2015 年 9 月 15 日

[点评] 这是一份工作计划。该文"目标"或"任务"明确、具体,并紧紧围绕着为了实现或完成的"目标、任务",制订了可操作性、可实施性的"具体措施"。本计划条理清晰、内容明了。

二、认知

"凡事预则立,不预则废",这句话告诫我们在开展工作之前,如果没有事先的计划、安排、打算就很难取得成功。国家机关或企事业单位在组织大型活动的时候,一般都要事先拟制工作计划,所以计划是使用频率很高的一种事务文书。

(一)适用范围

计划通常是单位(部门)或个人使用。根据工作需要,也可以上送下达。上送,即报送上级领导机关和主管部门,供领导机关了解某一段时间内其下属单位的工作安排和打算,以便下属单位接受督促检查或接受必要的指导和帮助;下达,供下级所属单位了解上级领导机关的工作部署和安排,以便下属单位在工作中与上级步调一致。

(二)基本概念

计划是为完成一定时期的任务而事前拟订目标、措施和要求的事务文书。计划是一个总的名称,可再分为规划、方案、设想、打算、意见、安排、要点等,也都包括在计划的范畴之内,只是由于内容和成熟程度不同而选用了不同名称,具体区别如下:

(1)规划。跨越时间较长,范围较广,是一个地区、一个系统或一项工作全局性的战略部署,它是展示发展远景与长远目标的粗线条的计划,一般是5年及以上。

(2)方案。是专项工作、专业性较强的具体计划。

(3)设想和打算。一般是预计在远期内要做的事情,但对其中的指标或实施等内容考虑得还不很周全的,属于初步的、尚未成熟的计划,其特点是可变性较大。

(4)意见。是用来对下级某阶段工作提指导性建议的计划,也属粗略线条的计划,但偏重于政策性、原则性的指导。

(5)安排。是时间较短、范围较小、内容单一、具体的计划。

(6)要点。是一种粗线条式、提纲式的计划。

(三)特点

(1)预见性。这是计划最明显的特点之一。计划不是对已经形成的事实和状况的描述,而是在行动之前对行动的任务、目标、方法、措施所做出的预见性确认。但这种预想不是盲目的、空想的,而是以上级部门的规定和指示为依据,以本单位的实际条件为基础,以过去的成绩和问题为参考,对今后的发展趋势做出科学预测之后做出的。可以说,预见是否准确,决定了计划写作的成败。

(2)针对性。计划,一是针对党和国家的方针政策、上级部门的工作安排和指示精神而定,二是针对本单位的工作任务、主客观条件和相应能力而定。总之,从实际出发制订出来的计划,才是有意义、有价值的计划。

(3)可行性。可行性是和预见性、针对性紧密联系在一起的,预见准确、针对性强的计划,在现实中才真正可行。如果目标定得过高、措施无力,这个计划就是空中楼阁;反过来说,目标定得过低,措施方法都没有创见性,实现虽然很容易,并不能因而取得有价值的成就,那也算不上有可行性。

(4)约束性。计划一经通过、批准或认定,在其所指向的范围内就具有了约束作用,在这一范围内无论是集体还是个人,都必须按计划的内容开展工作和活动,不得违背和拖延。

（四）分类

计划有各种不同的分类方法,常见的有以下几种。

(1)按内容分,有综合计划、专项计划等。

(2)按性质分,有生产计划、学习计划、教学计划等。

(3)按范围分,有国家计划、部门计划、单位计划、科室计划、班组计划、个人计划等。

(4)按时间分,有年度计划、季度计划、月度计划等。

(5)按形式分,有文字式计划、表格式计划和文字表格结合式计划等。

（五）作用

无论是单位还是个人,无论办什么事情,事先都应做出计划。有了计划,工作就有了明确的目标和具体的步骤,就可以协调大家的行动,增强工作的主动性,减少盲目性,使工作有条不紊地进行。同时,计划本身又是工作进度和质量的考核标准,对大家有较强的约束和督促作用,所以计划对工作既有指导作用,又有推动作用。

三、结构与写法

计划常见的形式主要有文字式、表格式、文字表格结合式。计划的结构和写法没有固定的模式,较为灵活。

计划的结构一般包括标题、正文、署名和日期三个部分。

1. **标题**　标题的写法有三种。

第一种是由制订计划单位名称、计划时限和文种组成,如《××学院2008—2009 学年春季学期工作计划》。

第二种是由单位名称、事由和文种组成,如《××矿务局关于政治学习的安排》。

第三种是由时间、事由和文种组成,如《2005—2010 年经济发展规划》。

2. **正文**　正文是计划的主体,包括前言、目标和任务、措施和要求等几部分。

前言:说明为什么要制订这份计划,即简要说明制订计划的依据,上级总的要求,本单位情况分析等。这部分文字要简明扼要。

目标和任务：具体明确地写出计划要达到的目标、指标和要求。应注意的是，制定目标既要考虑主观的需要，也要考虑客观的可能，做到主客观的有机统一。如果离开了客观的可能性去提出目标，就会盲目冒进，无法实现，所以在提出任务和要求时既要积极又要稳妥。

措施和要求：详细说明完成任务的具体措施、行动步骤，以及时间、人力、物力和财力安排等。采取的措施应从实际出发，具体问题具体分析，用不同的方法去解决不同的矛盾，以确保计划的顺利实现。

3. 署名和日期　在正文右下方署名并写明日期。如标题已写明单位名称，此处可不必再署名。正式向上级呈报或向下属单位下发的计划，署名和日期应放在正文右下方，并加盖单位公章。

四、计划撰写的注意事项

（一）要正确贯彻党的方针、政策和遵守国家法律

我们无论做何种工作，都要围绕党和国家的方针政策法律法规，即便有些工作在本单位和本部门看来是可行的，也不能背离党的方针政策和国家法律。因此，在制订计划时，必须根据党的方针政策、国家法律和实际情况去确定做什么，怎么做。

（二）要有严格的科学态度

要有严格的科学态度。制订计划不能凭主观愿望，要针对当时当地的现实情况，进行深入认真、系统全面的调查研究，根据调查研究的结果制订计划，否则，制订出来的计划将会是教条的、脱离现实的。

（三）要具体明确、突出中心

要具体明确、突出中心。工作本身是十分复杂的，但每一个时期都有一个中心工作，要善于抓主要矛盾，主要矛盾解决了，次要矛盾也就迎刃而解，所以制订计划，既要具体明确，又要突出中心。

（四）要充分考虑计划的可行性

要充分考虑计划的可行性。制订计划要反复论证，从多种计划方案中择优，实事求是地确定计划的目标和任务，并适当留有余地。

【注意】

计划的"三要素"：目标、措施、要求

（1）目标。即回答"做什么"的问题，可以是总体目标，也可以是具体任

务或指标。

（2）措施。即回答"如何做"的问题，包括组织分工、进程安排、物质保证、方式方法等。

（3）要求。即回答"做到什么程度"的问题，主要是质量、数量、时间上的要求。

[实例] 代"××省××市政府"制订一份全民义务植树造林工作计划。

任务4.2 总 结

一、阅读

[例文1]

售后服务是企业的命根子

——万宝技术服务中心 2015 年工作总结

2015 年，万宝集团技术服务中心全体员工和分布在全国各地维修网点的员工一起，根据何××总经理关于"售后服务是企业的命根子"的指示精神，坚持"拥有万宝电器，享受一流服务"的宗旨和"一切为了使用户满意"的标准，发扬"同心多奉献，合力创一流"的企业精神，大力开展优质服务活动，扎扎实实地做好各项工作，实现了 2015 年的总体目标。全年维修合格率达99.8%，比去年上升了 30.3%；维修返修率 0.2%，比去年下降 30.13%；用户来信处理率 100%，全年未出现重大的维修质量投诉，赢得了用户和社会各界的好评，促进了万宝系列产品的销售，促进了万宝售后服务工作向服务质量标准化、服务网络体系化、服务管理规范化、服务方式多样化、服务经营一体化的方向发展。2015 年被评为全国优质服务企业。

回顾一年来，我们主要做了以下几项工作。

一、优化网点建设，加强网点管理（略）

1. 开展网点升级达标活动。（略）

2. 开展网点调研考察。（略）

3.合理调整网点布局,扩大维修服务的覆盖面。(略)

4.开展用户抽查,优化网点结构。(略)

二、调整售后服务策略,适应市场和用户需要(略)

1.增加服务项目,扩展服务范围。(略)

2.转换服务形式,提高服务水平。(略)

3.开拓服务经营一体化道路,增强自身实力。(略)

三、提高员工素质,深化优质服务(略)

四、开展"万宝电器百日维修服务质量无投诉"活动(略)

展望未来,2016年是万宝集团事业发展的关键一年,也是实现集团中期发展规划的决定性一年。我中心将进一步贯彻落实何××总经理关于"售后服务是企业的命根子"和汤××副总经理关于"服务先于销售"的指示精神,坚持"一切为了使用户满意"的最高标准,把售后服务工作作为首要任务,为维护万宝信誉作出更大贡献!

(印章)

2016 年 1 月 16 日

[点评]　这是一篇企业售后服务的综合性总结。标题采用正副标题式,正题揭示文章的中心内容,副题标示出单位、时间、文种。正文由前言、主体、结尾三部分组成。前言部分概述了基本情况,交代了总结所涉及的时限、单位、背景、工作任务、完成情况,并引用数据,概述了成就,用语精练,字里行间洋溢着信心和决心,然后用"回顾"一句过渡转入主体部分。主体分四大项列举了一年来的主要工作,内容按逻辑顺序排列,围绕着"命根子"这个中心,充分证明了总结中所提出的各个观点。最后以展望作结,充满了信心,反映了企业的精神面貌。全文层次分明,观点与材料统一,是一篇值得借鉴的总结。

[例文2]

实行"三化",提高工作质量

景卫国

办公室工作具有被动性、从属性、事务性和服务性的特点,常常导致办公室在忙、乱、杂中运转。如何从被动中求得主动,提高办事效率、办公质量。现将我们岳阳石化总厂储运公司的一些做法介绍出来,以期抛砖引玉。

我们采取"抓住重点,带动一般"的办法,在重点项目上建立健全工作程序、标准和制度,实现工作程序化、标准化和制度化,从被动中求主动。具体来说就是:抓住文件、会议、小车管理和接待协调三大项目,带动其他日常工作,对各项工作都要求绘出程序图,制订出制度和标准,在规定目标的同时,也规定达到目标的方法。

首先,我们根据三个重点项目各自的特点,绘制了《经理办公程序》《行政会议组织程序》《公文审稿工作程序》《客人接待工作程序》《小车安排工作程序》等二十四个工作程序图,制定和完善了《草拟公文工作标准》《秘书日常工作标准》《文稿修改工作标准》《复印文件工作标准》等十二个工作标准和《关于复印文件暂行规定》《关于保密工作的暂行规定》《关于印鉴使用的暂行规定》等八项工作制度,使各项工作有程序、标准和制度可依。

其次,在严格执行上下功夫。例如,我们要求在办文中严把"四关":一把拟办单位关,要求拟办单位草拟文件时不草率;二把文字关,即看是否要行文和以什么形式行文,是否符合党和国家的政策法规,文字表达是否准确、简练、通顺,涉及几个部门时是否协商一致,和本单位前后文件是否有矛盾,体例格式是否规范;三把打字、校对、印刷、装订、分发关;四把文件发出后的催办关。通过严把"四关",使文件的草拟、审核、审批、打印、校对、印刷、装订、分发与催办形成一条龙,从而保证了文件整体质量的提高。

再如,在提高会议质量时,我们根据所规定的工作程序、标准和制度,主要抓了会前的准备工作,会中的记录和提醒,会后的记录整理和有关事项的催办和反馈四个环节。会前填写会议议题单,会后下发会议决定通知单或会议纪要,严格控制会议,认真整顿会风,提高了会议质量。经过几年的实践,我们体会到,实行工作程序化、标准化和制度化,可以使复杂的工作条理化、规范化和责任化,使每个人都明确自己的责任和权限,达到了用时少、效率高的目的。

2016 年 12 月 18 日

[点评] 这是一篇工作专题性总结。文章总结了该办公室实行工作程序化、标准化、制度化这"三化"的经验,针对性强,偏重于介绍做法,总结经验,内容集中,写得具体、细致,条理清楚,是推广经验文章的可取写法。

二、认知

(一)基本概念

总结是单位或个人对过去某一阶段的工作、学习、生活、思想等进行回顾与思考,分析经验教训,从中得出规律性认识,用以指导今后工作的事务性文书。

(二)作用

(1)总结经验,发扬成绩。通过总结可以使本系统、本地区、本单位、本部门某一项工作的实践活动由感性认识上升到理性认识,以便总结经验,发扬成绩,克服缺点,吸取教训,使今后的工作少走弯路,多出成果。

(2)反思过去,展望未来。通过总结可以为各级领导和机关提供基层工作的情况和经验,以便反思过去,展望未来,提高认识水平;可以培养人们观察事物和分析问题的能力,加强科学管理和指导。

(3)互通信息,共同提高。总结可以用于表彰先进,树立典型、交流推广先进经验,以便互通信息,共同提高。通过总结还可以及时向领导反映情况,以取得领导的支持和帮助。

(三)特点

(1)实践性。要回顾实践或工作的全过程,写作时多使用第一人称。

(2)经验性。把实践中的成功经验归纳出来,把教训分解出来,从而对工作做出正确估计,得出科学结论,以增强工作的自觉性和主动性。

(3)说理性。找出带有规律性的东西,用以指导今后的工作,这就是总结的实质。

(4)简明性。总结往往做概括叙述,而不必具体描写;作简要说明,而不必旁征博引;作直接议论,而不必多方论证。

(四)总结的类型

总结可以从不同的角度进行分类。

(1)按性质分,有工作总结、学习总结、思想总结、劳动总结等。

(2)按范围分,有单位总结、部门总结、班组总结、个人总结等。

(3)按时间分,有年度总结、半年总结、季度总结、阶段总结、月总结等。

(4)按内容分,有综合总结、专题总结等。

综合总结,它要展现一个单位、一个部门在一定时期工作的全貌。包括工作的概况和取得的成绩,存在的问题、缺点,经验教训和改进的意见等,如"例文1"。

专题总结,是对一定时期的某项工作或某一方面的问题进行的专门性总结,偏重于总结某一方面的成绩、经验,如"例文2"。

以上分类不是绝对的,相互之间可以相容、交叉,如《2006年××电视机厂工作总结》,按性质讲是工作总结,按范围讲是单位总结,按时间讲是年度总结,按内容讲是综合总结(凡在标题上没有标明专题如"销售""安全"等的,即为综合总结)。

以上分类是粗线条的,还可细分。如以工作总结为例,它又可以再分为:经验性总结、汇报性总结、政策性总结等。

三、结构与写法

总结一般由标题、正文、落款三个部分组成。

(一)标题

总结的标题大体上有两类构成形式:一类是公文式标题;一类是非公文式标题。公文式标题由单位名称、时间、事由、文种组成,如《××集团公司2016年度思想政治工作总结》《××县2016年普法工作总结》,有的只写《工作总结》等。非公文式标题则比较灵活,有的为双行标题,如《增强体质,全面贯彻执行教育方针——开展多种形式的体育活动》,有的为单行标题,如《推动人才交流,培植人才资源》等。在报刊上发表的总结,则根据总结内容的性质拟订,不一定出现总结字样,如问题式:《首都钢铁公司是怎样实行经济责任制?》《我们是怎样在市场经济条件下坚持党管干部的?》。

(二)正文

正文一般分为开头、主体、结尾三部分。

1. 开头　总结的开头多数是概述基本情况,有的交代总结的目的和主要内容,有的把取得的成绩简明扼要地写出来,有的则交代背景。

总结的开头,不论采取何种写法,都要简明扼要。

2. 主体　主体是总结的核心部分,内容多数是情况及做法、成绩和缺点、经验和教训等方面。主体部分在篇幅上比较长,要特别注意层次分明,条理清楚。主体的结构分内部结构,外部结构。

(1)主体部分常见的内部结构形式有五种。

①"三段式"结构,综合总结的基本形式。

a. 工作概况。简明扼要地说明总结所涉及的时间、背景、任务、效果等，目的在于给人总体印象，领起下文。

b. 经验体会。其中做法与成绩的说明是基础，经验体会是总结的重心。注意点面结合，详略结合，叙议结合，而且叙议得当。

c. 今后打算。要说明工作中存在的问题，针对这些问题，结合前面所总结的经验教训及对有关规律的认识，提出对今后工作的新设想及改进意见，要写得明确、具体，有鼓舞性；要力求避免空洞、一般化及八股调。

②"两段式"结构，即情况加体会。先集中摆情况，后集中谈体会。

③"阶段式"结构，就是根据工作发展过程中的几个阶段，按时间先后分成几个部分来写。

④"总分式"结构，首先概述总的情况，然后分若干项一一进行总结。

⑤"体会式"结构，即以体会（而不是以工作本身）为中心来安排结构。

（2）主体部分常见的外部结构形式有三种：贯通式、小标题式、序数式三种情况。

①贯通式适用于篇幅短小、内容单纯的总结。它像一篇短文，全文之中不用外部标志来显示层次。

②小标题式将主体部分分为若干层次，每层加一个概括核心内容的小标题，重点突出，条理清楚。

③序数式也将主体分为若干层次，各层用"一、二、三……"的序号排列，层次一目了然。

总结主体部分采用何种结构形式，这要由总结的内容来决定。不论采用何种形式，都要做到内容和形式的统一，观点和材料的统一。

3. 结尾　这是总结的最后一部分，是正文的必然收束。结尾部分可以提出今后工作的新设想、努力的方向和打算；也可以对全文进行归纳，突出取得的成绩；还可以指出工作中存在的问题和不足并提出改进意见。这段内容要与开头相照应，篇幅不应过长。有些总结在主体部分已将这些内容表达过了，就不必再写结尾。

总而言之，结尾要写得简洁、自然、有力。

（三）落款

总结的右下方署明单位名称和日期，以便查考。如在标题中已有单位名称，则不必在此重复。以主要负责人的名义所做的总结，署名在标题下；以单位或党政机关名义总结或发表的，署名可在标题下也可在文末；若标题上出现了单位名称或负责人姓名,则可不另署名。总结日期可加括号放在标题下,也可不加括号放在文末。正式向上级呈报或向下属单位下发的总结,署名和日期应放在正文右下方,并加盖单位公章。

四、总结写作的注意事项

(一)要坚持实事求是、一切从实际出发原则

实事求是、一切从实际出发,这是总结写作的基本原则,但在总结写作实践中,违反这一原则的情况却屡见不鲜。有人认为"三分工作七分吹",在总结中夸大成绩,隐瞒缺点,报喜不报忧。这种弄虚作假、浮夸邀功的坏作风,对单位、对国家、对事业、对个人都没有任何益处,必须坚决防止。

(二)要有新发现,不能是老生常谈

总结很容易写得千篇一律、缺乏个性。当然,总结不是文学作品,无须刻意追求个性特色,但千篇一律的文章是不会有独到价值的,因而也是不受人欢迎的。要写出个性,总结就要有独到的发现、独到的体会、新颖的角度、新颖的材料;就要在掌握的大量材料中认真分析、研究,从而归纳出过去没有或与过去不同的东西来,而不能是老生常谈。

(三)要详略得当,突出重点

有人写总结总想把一切成绩都写进去,不肯舍弃所有的正面材料,结果文章写得臃肿拖沓,没有重点,眉毛胡子一把抓,不能给人留下深刻印象。总结的选材不能求全贪多、主次不分,要根据实际情况和总结的目的,把那些既能显示本单位、本地区特点,又带有普遍性的典型例子作为重点材料选用,写得详细、具体,而一般性的材料则要略写或舍弃。

(四)要以叙述为主,叙议结合

总结以叙述为主,叙议结合。一般在交代工作的过程、列举典型事例时,以叙述为主;在分析经验教训、指明努力方向时则多发议论。

五、总结与计划的区别

计划是在工作之前制订的;总结则是在工作到一定阶段或计划完成后进行的。计划的内容是为完成一定任务所设想的具体步骤、方法和措施,重在叙述说明;总结则是对一定阶段的工作或计划执行情况做出的总分析、总评价,重在抽出有规律性的东西,做出理论概括。计划所要回答的问题是做

什么,怎样做,做到什么程度;总结要回答的问题则是做了什么,做得怎样,有何经验教训。

[**实例**] 1.阅读下面这篇总结,按文后要求完成习题。

1)材料

放手发展多种经营　努力增加农民收入

近年来,××县委、县政府在稳定发展粮棉油生产的同时,把突出发展多种经营作为增加农民收入的突破口,充分利用现有土地资源,依托近城优势,建设具有地方特色的城郊经济,显示出"服务城市,富裕农村"的战略效应。2013 年,全县人均纯收入达到 9 907 元,比上年增加 910 元,增长38.9%,成为全省农村人均纯收入增幅最高的县。我县的主要做法如下。

(一)积极引导,鼓励发展。(略)

(二)因地制宜,发扬优势。(略)

(三)综合利用,立体种养。全县广泛运用食物链、生物链和产业链的理论,在种、养、加工方面创造出多种立体开发模式。根据植物相生、伴生、互生与序生规律,在林果基地间作套种粮、油、药、茶、瓜等,实行以短养长,取得最佳效果。全县 1993 年多种经营间作套种 13 万亩,亩平均收入 500 元,有的高达 1 000 元。全县推广用农副产品加工的下脚料喂猪养禽,用畜禽粪便养鱼,最后用塘泥肥田,综合利用,极大地促进了畜牧业的发展。1993 年全县生猪出栏达到35.5万头,家禽出笼741 万只,鲜蛋产量1.93 万吨,分别比上年增长11%、40.3%和14.8%。

(四)大力发展乡镇企业和个体、私营经济。(略)

××县人民政府

2014 年 1 月 12 日

2)习题

(1)本文标题属(　　　　　)式标题。

(2)开头采用了(　　　)等方式。(多选,下同)

A.概述情况　　　　　　　B.提出结论

C.提出内容　　　　　　　D.做出设问

E.运用比较

(3)全文采用了(　　　)结构形式。

A.分部式 　　　　　　B.阶段式

C.总分条文式 　　　　D.贯通式

(4)主体部分主要写了(　　)。

A.做法、成绩与经验 　　B.问题与教训

C.设想与努力方向 　　D.以上三个方面

(5)本文显示主旨采用了(　　)的方法。

A.呼应显旨 　　　　　B.开宗托旨

C.篇末点旨 　　　　　D.转换揭旨

2.评改下面这篇总结材料。

×××室 2015 年工作总结

2015 年,我室在市局领导的重视和关心以及兄弟科室的大力支持下,以与时俱进的精神,努力践行"三个代表"重要思想,积极主动、踏实勤奋地在案件查处、指导培训基层、调查研究、清理积案以及档案工作、支部建设等方面卓有成效地开展工作,圆满完成了组织和上级领导交给的各项任务。

一、基本情况

1.本年度案件、线索的查处方面

2009 年 1 至 12 月,我室共收到市局领导批转的信访件共 60 件,初查后移交下级纪委立案的 10 件,直接立案查处的 12 件,移送检察机关进一步立案侦查的 16 件,为国家挽回经济损失 1 025 万元。与此同时,理结上年遗留案件 6 件。具体情况是:

直接立案查处 9 件 9 人:(1)××局副总工程师×××受贿案;(2)××局党委副书记×××受贿案;(3)×××副台长×××贪污案;(4)××市高速公路总公司副总经理×××受贿案;(5)××市爱卫办主任×××贪污受贿案;(6)××市爱卫办副主任×××贪污受贿案;(7)××市爱卫办副主任××贪污受贿案;(8)××市个体劳动协会、私营企业协会副会长×××受贿案;(9)×××工商局××分局局长×××受贿案。上述 9 案均由我室立案调查后已移送检察机关立案侦查。

在查结所有案件线索中,移送检察机关立案侦查的 6 人,具体是:××电视台电视剧制作中心副主任×××、市工商局经检分局局长×××、市工商局专业市场管理分局局长×××、市工商局专业市场管理分局副局长×××、市工商局专业市场管理分局经济检查科科长×××、市工商局××分局××工商所所长×××。

理结上年遗留案件 5 件:(1)××报社系列案,原××报社总编辑×××移送检察机关立案侦查;(2)原××市体委主任×××案;(3)原××市劳动和社会保障局副局长×××案;(4)原××市财政局财政专管员×××案;(5)原××市资源投资有限公司总经理×××案。

本年度,所有自立案件全部调查终结并移送本委审理室审理;所有案件线索全部查结。

2. 清理历年积压件方面

清理了历年积压的信访件共 28 件,其中回复上级领导以及案管、信访部门的 10 件,交下级纪委处理的 18 件。目前,历年积压的信访件已基本全部清理完毕。

清理了 2009 至 2015 年度历任遗留的案件、线索材料的整理、立卷、装订、归档,共计×××件×××卷。现已基本清理归档完毕。

3. 指导培训基层方面

先后为市工商局、市地税局、市财政局、市航务局、××汽车集团等单位讲办案业务课,听课人数达 300 多人。采取以案代培的方式,先后为市直机关纪工委、市交通纪工委、市文化局、市教育局、××日报社等单位培训办案骨干 6 人。指导和协调市交通纪工委、市政府办公厅纪检组、市科协纪检组、市审计局纪检组、市侨办纪检组、市工商局纪委、市计生局纪委、市体育局纪委、××区纪委等十多个单位的案件检查工作。

4. 调研工作方面

为了加强与分管单位的联系和沟通,促进办案工作的协调发展,我们利用办案的间隙时间,合理安排,抽出人员,有计划、有步骤地进行走访和座谈。同时还利用分管××部的有利条件,举行了各民主党派的座谈会。通过调研,听取了基层单位和社会各界以及各民主党派对我们工作的意见和建议,并及时反馈给市局领导,收到了较好的效果。同时写出了两篇调研报告——《关于对联系单位案件检查工作的调研报告》《关于对各人民团体机关纪检监察工作及各民主党派的调研报告》,得到了市局领导的重视和肯定。

5. 协办、协查方面

一是派员参与省纪委"11·25"专案(即××管理局局长×××违纪违法案),并具体由我室承办对×××的党政纪处分事宜。二是派员参与市国投"5·20"专案,目前已加大了调查力度,增派人员协助对市国投副总经理×××等人实行"两规"措施调查。三是组织指导市交通纪工委查处市二汽公司材料仓库科长××案。四是协助市外单位纪检部门来市办案。如先后协助××省纪委、××市纪委、××市纪委、××市纪委、××市纪委、××市纪委、××市纪委等单位办案。

二、主要特点和做法

从我们今年查处的案件情况看,有以下几个特点。

1. 立案数和移送检察机关人数均比去年同期大幅上升。如今年我室立案9件,比去年同期立案2件增加了3.5倍。在9件立案案件中,涉及市管干部5人、正处级干部4人。今年移送检察机关进一步立案侦查的16人,比去年同期9人上升了77.8%。

2. 涉及"三机关一部门"的腐败案件依然严峻,而且成系统性。从今年我室查处的市工商系列案、市爱卫办系列案的情况看,反映了行政执法机关和政府机关工作人员的违纪违法问题依然比较严重。如市工商系列案涉案人数多,连环受贿问题比较严重,既有班子成员之间的相互贿送,也有科(所)长与一般工作人员之间的"交易",而且在一个单位或一个部门中存在着普遍性,直接损害人民群众的切身利益,社会影响大。目前已调查的涉案人员有14人,其中涉及市工商局属下的正副分局长5人,科(所)长6人,7人已移送检察机关立案侦查。又如市爱卫办系列案,先后被调查的涉案人员有7人,已移送检察机关立案侦查的5人,其中整个班子3名成员均被立案调查。这些案例都是反腐败斗争需要重点抓的"三机关一部门"典型案件,市委领导××同志已批示将市爱卫办案作为明年纪律教育的典型案例。

3. 通过调研,广泛听取了基层单位和社会各界以及各民主党派对我市党风廉政建设和反腐败工作的意见和建议,使我们收集了情况,掌握了重点,广开了思路,为明年创新工作思路打下了一定的基础。

根据以上特点,我们在工作中能够主动争取市局领导的重视和支持,×××、×××、××同志经常关心和询问我们的工作,并给予具体的指示,使我们思路明确,走好了案件的每一步,保证了各项工作的健康有序地进行。与此同时,我们也结合工作实际以及队伍状况,采取了以下一些做法。

1. 调查组长责任制。为了在实践中锻炼干部,我们针对本室年轻同志多、社会阅历较浅的特点,有意识地给他们交任务、压担子,让他们在实践中锻炼成长。如××、×××、×××同志先后担任市高速公路总公司××案、市工商系列案、市爱卫办案的调查组长工作,室领导当配角,关键问题给予指导,重大问题承担责任,使各组长能够顺利完成调查任务。通过让年轻人当调查组长,较好地调动了他们的积极性,让他们通过换位思考,明白自己肩负的责任,进一步增强对工作的责任心。

2. 安全保障责任制。在工作中,我们始终树立"安全第一"的思想,尤其在办案工作中,我们建立了安全保障责任制,明确谁分管安全保障,谁负总责,而且加强了轮岗,根据案件的情况,明确该案的安全保障责任人。如×××同志,负责市工商系列案和市爱卫办案的安全保障工作,工作责任心强,在办案点条件艰苦、人员复杂的情况下,充分发挥自己的主观能动性,后勤保障安排得当,保证了案件调查工作的顺利进行。一年来,由于对安全保障工作高度重视,各案件均没有发生安全事故。

3. 集中力量,有重点地查处案件。作为办案室,我们始终把办案工作放在首要位置,坚决完成领导交办的各项调查任务。同时,我们在上半年调研的基础上,掌握了一些案件易发多发的重点单位,纳入了我们开展宣传教育和防范工作的重点。在市委、市政府以及市局领导的重视和支持下,在下半年集中全室力量,同时查处了市工商系统和市爱卫办的腐败案件。这些案件直接影响到党和政府的形象,直接关系人民群众的切身利益,如市爱卫办案就是顶风设立"小钱柜"作案,而且是在市政府领导眼皮底下作案;市工商系列案反映了基层执法人员徇私枉法、以权谋私。根据这些案件涉案人数多、社会关注程度高的情况,我们采取了宽严相济和警示教育的办案策略,先后到市工商系统举办的基层科(所)长培训班上讲课3次,听课人数达150人次。同时,还到发案的经检分局召开了近百人的动员自首大会,使该分局先后有4名同志主动投案自首,得到了组织的宽大处理。

4. 充分发挥党支部的保障作用。从一年的工作看,我们之所以能够卓有成效地开展工作,其中一点,就是发挥了思想政治工作的优势,发挥了党支部的战斗堡垒作用,保证了全室同志思想统一,步调一致,团结协作,认真做好各项工作。如我们在纪律教育月活动中,采取了认真组织学习与灵活交流思想的方式,邀请了家属们参与活动,共同受教育,体现组织上的爱护,思想工作做到家,这一做法得到了机关党委的肯定。又如,我们在办案中,发现个别党员同志出现纪律上的不良苗头时,室主任和支部书记能够马上个别谈心,同时,还利用支部的组织生活会,开展批评与自我批评,从而沟通了思想、消除了疑虑、凝聚了正气。今年《机关建设》报先后刊登了我室支部活动的两篇简讯——《联系办案实际,采取灵活形式》《特别的组织生活》。对此,我们要求同志们要珍惜荣誉,继续保持"两个务必"。此外,支部工作还注意把思想工作与解决实际问题结合起来,把思想工作落到关心同志们的具体生活实际当中,经常询问同志们的生活、工作和学习情况,对家庭确有困难的,能够及时向机关党委反映,给予适当的补助;对生病住院的,能够及时探望和慰问,使全室同志都能够凝聚在一起,一心一意把工作搞好。

三、存在问题

一年来,我们虽然取得了一定的成绩,但也存在一些不足:一是收集和挖掘典型案件不够;二是在文稿和文字材料方面仍时有差错;三是内部管理规范化还不够;四是人员的综合素质和业务技能有待进一步提高。

四、明年工作设想

1.围绕中央纪委和省、市纪委党风廉政建设和反腐败斗争的部署,着力抓好案件查处工作。

2.要突出办案重点,盯住领导机关、领导干部以及群众反映强烈、直接影响人民群众切身利益的案件。

3.有计划、有重点,着力为分管单位培训一批业务骨干,使他们能够在一线独立承担办案任务。

4.努力做好发案单位的回访工作,帮助发案单位做好教育和整改,及时掌握情况,反馈好的经验和做法。同时,配合"大宣教"格局,做好反面典型案例的剖析工作。

5.继续大兴调查研究之风,深入走群众路线,及时为市局领导反馈基层的声音和信息。

6.加强制度建设,要从内部管理入手,理顺各项内务管理工作,建立健全各项内部管理制度。如调查组长责任制、安全保障责任制、室内文件管理与传阅、呈文以及材料移交等相关制度等。

7.在队伍建设方面,总的目标是:努力造就我室每个同志思想稳定,作风过硬,意志坚定,能打硬仗,能自觉积极开展工作,能独立完成室领导以及市局领导交办的各项工作任务。在支部建设方面,总的要为搞好整个室的工作提供政治思想保证。在支部工作的内容和形式上,力争采取"走出去,请进来"的方式,努力开创多种形式的支部活动。同时,牢牢把握思想政治工作这一优势,深入了解每个同志的思想和家庭动态,及时掌握情况,有针对性地开展思想政治工作,营造一个让同志们心情舒畅的工作环境,提升队伍的凝聚力,从政治上、思想上、作风上、工作上、纪律上,努力把我室党支部建设成为让组织和领导放心和信任的、有战斗力的队伍。

×××监察室

2015 年 12 月 19 日

第五讲　管理类文体

任务 5.1　请　示

一、阅读

[例文1]

关于《会计人员职权条例》中总会计师

是行政职务或是技术职称的请示

国务院财政部：

　　国务院1987年国发〔1987〕××号通知颁发的《会计人员职权条例》规定,会计人员技术职称分为总会计师、会计师、助理会计师、会计员四种;其中"总会计师"既是行政职务,又作为技术职称。在执行中,易造成职责不清,权限不明。我们认为,宜将行政职务与技术职称分开。总会计师为行政职务,不再作为技术职称;比照最近国务院颁发的《工程技术干部技术职称暂行规定》,将《会计人员职权条例》第五章规定的会计人员职称中的"总会计师"改为"高级会计师"。

　　以上认识是否妥当,请指示。

××省财政厅(印章)

1988 年 5 月 17 日

(联系人:××××,联系电话:××××××)

[点评]　这是一则请求指示性的请示。"请示"事出有因,针对"总会计师是行政职务或是技术职称"的问题,阐明自己的认识,请求上级给予指示,陈述有理有据,语言简洁礼貌,请求事项明确具体,行文规范。

[例文2]

××光机所关于调拨柴油发电机的请示

中国科学院物资局:

　　最近,由于地区电网负荷太大,市郊线路经常停电,给我所科研、生产带来许多困难和损失。为确保科研、生产的正常进行,在市郊线路停电时,我所应自己发电。根据历年我所用电情况,急需一台××千瓦的柴油发电机组。

　　在去年年底院物资调剂会议上,院属长春科仪厂处理积压物资的清单上有××型柴油发电机两台。我们希望能从长春科仪厂调拨给我所一台××型柴油发电机,以解燃眉之急。

　　妥否,请批复。

(印章)
2016 年 3 月 3 日

(联系人:×××,联系电话:×××××××)

[点评]　这是一则请求支持、帮助的请示。正文首先交代事件的原因:市郊线路经常停电,给本所科研、生产带来许多困难和损失。其次陈述请示事项:在市郊线路停电时,我所应自己发电,急需一台××千瓦的柴油发电机组。理由充分,请求事项合理。针对请求事项,提出解决方案。方案合情合理,语言恳切,有分寸。

二、认知

　　根据《党政机关公文处理条例》的规定:"请示。适用于向上级机关请求指示、批准。"它属于严格的上行文。具体地说,"请示"是下级向自己的直属上级机关询问、或请求上级机关给予批示、或请求上级机关给予审批、或请求上级机关给予协助解决时所使用的一种行政公文。

(一)使用范围

　　下列情况需要写"请示"。

（1）对上级文件中的某些政策界限和精神把握不准,需要写"请示"请求上级给予明确、具体的答复。

（2）在实际工作中遇到不能擅自做决定或超出自己的职权范围的事,尤其是一些新情况、新问题,因无章可循而没有对策或没有把握,需要写"请示"请求上级给予明确、具体的指示。

（3）下级机关决定的事项需要经上级领导机关批准,才可以去完成、去办理,需要写"请示"请求上级给予审批。

（4）下级机关遇到在人力、物力、财力等方面无力解决,需要上级机关或其他平行、不相隶属的机关协同配合解决时,需要写"请示"请求上级给予支持、帮助。

（二）特点

1.请求性　"请示"这种文体的最大特点是"请求性",请求帮助成为最根本的行文目的。下级机关请求的事项,往往是本机关无权解决或把握不准但又必须解决的问题。因此,没有上级机关的指示、决断,请示事项就不能得到解决。

2.事前行文　请示应在问题发生或处理前行文,作为下级不能擅自决定。

3.请批对应　没有请示就没有批复。没有批复,下级机关也就无法工作。因而,"请批对应"成为健全的公文运行程序,多请示一批复或有请示无批复均为不正常的现象。等待批复正是请示与报告的最大区别,报告是没有对应文种的。

4.单一性　为了便于领导批复,请示行文必须一文一事。这就是说每则请示只能要求上级批复一个事项,解决一个问题。

（三）作用

下级通过写"请示",便于上级及时掌握下级的情况,科学决策,达到解决问题,让下级做好工作、避免失误的作用。

（四）分类

1.请求指示性请示　下级机关在工作中遇到对某一方针、政策在认识上不明确、不理解,或对新问题、新情况不知如何处理时,请求上级给予明确的解释和指示的请示。

2.请求批准性指示　下级机关根据职权范围的规定,在办理自己无权决定的事项之前,请求上级机关审核、批准的请示（多用于机构设置、审定编

制、重要决定、大型项目的安排等事项)

3.**请求支持、帮助的请示**　下级机关在工作中遇到自身很难克服或者无法克服的困难时,请示上级机关给予支持、帮助的请示。

(五)请示与报告的区别

1.**行文目的不同**　请示写作带有迫切性,是为了某一问题请求上级机关批示或批准时使用,要求上级机关作出明确答复(批复);报告着眼于汇报工作、反映情况,以达到下情上报的目的,一般不要求上级批复。

2.**行文内容不同**　请示必须遵守"一文一事"的原则,行文简短,着重写请示事项,以便上级机关尽快答复;报告内容涉及面可以很广泛,着重写情况,不得夹带请示事项和意见。

3.**行文时限不同**　请示必须在事前行文,不允许"先斩后奏";报告则事中、事后均可行文。

【注意】

(1)在行文前,一定要分清楚该不该写"请示"。凡属下级职权范围内的工作,经过努力能处理和解决的问题、困难,都应尽力自行处理、解决,不要动辄请示,把矛盾上交。反之,该请示的不请示,就是越俎代庖、擅自行事。

要将"请示"和"报告"严格区分开,不可张冠李戴,更不能混为一体。其区别可参阅文体"报告"的相关内容。

(2)请示语气宜温和谦恭,请示用词应采用"请""拟""建议"等,不可生硬武断。

三、结构与写法

请示的结构包括:标题、主送机关、正文、落款、成文日期和附注。

(一)标题

请示标题有如下两种写法。

1.**发文机关、事由和文种**　其中"事由"通常用介词"关于"引出来。如,《××学院关于××××的请示》。

2.**事由、文种**　如例文1。但不允许只用"请示"二字,这是对上级的不尊重,更不能写有"请求""申请"之类的词。

(二)主送机关

指"请示"的主要受理机关,一般是指负责受理和答复该"请示"的直接上级。在顶格写主送机关时,不要在前面加什么"尊敬的"形容词,或写成上级某领导。尤其是不能"越级""多头"请示(主送机关只有一个),否则会给工作带来不必要的麻烦。

（三）正文

"请示"的正文结构包括:发文缘由、请示事项和尾语。

1.发文缘由　发文缘由是"请示"的基础和关键。一定要有针对性地陈述"为什么要请示"的相关内容,即常说的"缘由、理由、依据、问题"等,这是下文提出请示事项的前提条件,也是上级机关批复的主要根据。要写好这部分内容,就应多方面、多角度来陈述,理由要合理、充分,有根有据;既要考虑到其重要性、必要性和可行性,又要照顾到自身和上级的情况。

"请示"不可写成"霸王请示":一来就向上级提出请求事项,不说原因。这种"直奔主题"的表达方式,是对上级的不尊重,给上级的感受是下级不是在请示而是在要求,或者有莫名其妙之感。请示要"事出有因",请求要"水到渠成"。

2.请示事项　这是"请示"文体的核心部分。请示什么,即下级向上级机关提出的请求事项。任何下级在准备写"请示"的时候,要请求什么,应该是非常清楚的,不然就没有必要写了。如果请求的事项简单,往往一两句话就陈述清楚了;如果内容多(只能是一个事项),可分条表述。请求事项一定要明确、具体、合理,不可含糊其词,为难上级。

为了突出、醒目,"请示事项"表达时,通常需另起一行。

3.结尾（结束语）　结束语另起一行,它有固定的礼貌语。通常用"当否,请批示(批复、审批)",或者用"妥否,请批复""以上请示如无不妥,请批转有关部门执行"等。请不要使用"恳求""恳请""乞盼"之类的词。

（四）落款、日期

在正文右下方空两行处,签写发文机关。日期在发文机关的下一行对齐。

（五）附注

使用"请示"这一文种时,应出具附注,写法是:在成文日期下一行居左空两字,加圆括号注明发文机关联系人的姓名和电话号码。

四、写作要求

（一）坚持"一文一事"的原则

在写"请示"时,一份请示只能写一个请求事项,不能写两个及以上的请求事项;如果有两个,请写两份"请示",分别陈述。这样做,是为了上级便于批复。

(二)主送一个机关

主送一个机关,不可多头请示,是为了防止主管机关互相推诿,贻误工作,也为了防止多头批示的口径不一致。根据《党政机关公文处理条例》规定:请示"一般只写一个主送机关,需要同时送其他机关的,应当用抄送形式,但不得抄送其下级机关"。

(三)不得越级行文

请示一般按隶属关系逐级请示,不得越级行文。如遇事情紧急、情况重大,不越级将贻误工作或已报上级机关但未得到批复、事情又急于处理时,可作特殊情况处理,在越级行文的同时,必须同时抄送给直接上级机关。

(四)坚持"有利、有理、有据、有节"陈述的原则

这是在陈述"请示"文体时表达的总体要求。前三个词是对正文的"开头"而言,后一个词是对"主体文"的请求内容而言。其中,"有利"是指下级在陈述时,应站在自身利益的立场上,尽量陈述对自己有利的话;"有节"是指下级在陈述请求事项时,要合情合理,千万不要为难上级。这样做,都是为了"请示"能得到顺利的批复。

[**实例**] 1.××班班委从班里实际情况出发,经认真讨论,拟定搞一次校外集体活动,以缓解学习压力、提高学习兴趣、增强集体凝聚力。请你代表班委向学院写份"请示"。相关内容自拟。

2.根据下列材料,拟写一份请示。

云南省外资局拟于2016年6月10日派工作组(局长×××等5~6人)到英国伦敦市××设备公司检验引进设备。此时需向省政府请示。该局曾与对方签订过引进设备的合同,最近对方又来电邀请前去考察。在英考察时间需20天,所需外汇由该局自行解决。各项费用预算见附件。另外附上联系人姓名和电话号码:张斌,电话139876145××。

任务 5.2　批　复

一、阅读

[例文 1]

中国科学院物资局关于××光机所调拨柴油发电机的批复

××光机所：

你所《关于调拨柴油发电机的请示》一文已收悉。经研究，现批复如下：

根据请示中提出的建议，经与长春科仪厂协商，该厂同意调拨××型柴油机一台支援你所，请你所速派人员前往该厂物资处联系，协商办理具体事宜。

此复

（印章）

2016 年 3 月 6 日

[点评]　这是一则就请求调拨柴油发电机的批复，标题由发文机关、事由、文种三部分组成。正文开头引述来文，明确发文针对性，然后一个过渡句，转入下文的批复。这是批复的惯用写法。正文主体写批复意见。意见明确，条理清楚。批复结语简洁。

[例文 2]

×××总公司关于同意拨款修建地下消火栓的批复

××食品公司：

你公司《关于提请拨款增设地下消火栓的请示》已收悉。经研究批复如下：同意你公司在仓库库区范围内修建四处地下消火栓，有关手续请尽快同消防部门联系办理。

拨款 3 万元作为你公司修建消火栓专项包干用款，要求专款专用，不得挪作他用。不足部分请自筹解决。

此复

（印章）

2015 年 7 月 16 日

［点评］ 这是一则就修建地下消火栓请求拨款的批复。正文引述来文标题，批复意见针对请示提出的问题作出答复和批示，即同意拨款修建地下消火栓，并对有关办理手续、款项的筹集和使用等问题提出要求。全文针对性强，态度明确，要求具体。

二、认知

根据《党政机关公文处理条例》的规定："批复。适用于答复下级机关请示事项。"具体地说，"批复"是上级机关对下级机关请示事项的决策意见，下级机关必须遵照批复意见贯彻执行。

（一）使用范围

批复以下级机关的请示为前提，专门用于答复下级机关请示事项的公文。

（二）特点

1.被动行文　批复必须以请示为存在条件，只能主送请示机关。一请示一批复，无请示不批复。因此，批复的行文必依请示而产生，它的行文无疑具有被动性。

2.针对性　批复的针对性有两层意思：第一，批复的内容针对请示事项而发，请示什么，批复什么，明确表态；第二，批复针对原请示机关发文。在行政公文里，大部分下行文多为普发性公文，不止一个主送机关，而批复的主送机关只能是针对一个请示机关。

3.权威性　批复表示的是上级机关的结论性意见，具有行政约束力。下级机关对上级机关的答复必须认真贯彻执行，不得违背。

（三）作用

作为上级机关针对下级机关的请示事项，态度明确，便于下级具体执行。

（四）分类

根据批复的内容和性质不同，可以分为审批事项批复、审批法规批复和阐述政策批复三种。

（五）批复与复函的区别

批复与复函均具有批示、批准的功能,但受文对象不同。

（1）批复用于解决请示问题的专用公文形式,行文受请示机关和请示问题的制约。它只限于批复下级机关请示的问题。

复函用于答复不相隶属机关的有关询问与请求,不相隶属机关之间不可使用批复,只能用复函。

（2）批复的行文方向是直属下级机关,属于下行文。复函的行文方向多是同级机关或不相隶属的机关,属于平行文。

【注意】

在批复中,批复开头的发文缘由以引语形式出现,以表示收到发文请关的请示。批复意见要明确,否则易使下级机关无所适从。

三、结构与写法

批复的结构是:标题+主送机关+正文+落款+成文日期。

（一）标题

批复的标题可以分为如下三种形式。

1.四元素标题　应包括:发文机关、事由、请示机关和文种。

如《民政部关于同意安徽省恢复届首市给安徽省人民政府的批复》就使用了四元素标题,其与四元素标题公式相对应的内容是:

民政部(发文机关)+关于同意安徽省恢复届首市(事由)+(给)安徽省人民政府(的)(请示机关)+批复(文种)。

2.三元素标题　应包括:发文机关、事由和文种。

如《国务院关于辽宁省海洋功能区划的批复》《国务院关于同意调整在佛山市的海关机构设置的批复》。

3.二元素标题　应包括:事由和文种。

如《关于雁北煤校、晋东南煤校办学经费问题的批复》。

批复的标题需要特别强调,针对什么事的批复。批复的事由大致有两种写法,一种是用表示关联范围的介词"关于"加上请示或批复的事项来表述,如《国务院关于辽宁省海洋功能区划的批复》;另一种是在"关于"和请示或批复事项中间再插入一个表态动词"同意"来表述,如《国务院关于同意调整在佛山市的海关机构设置的批复》。

（二）主送机关

主送机关是报送请示的机关,应为具有隶属关系的直接下级机关。

（三）正文

批复的正文结构:引语+批复事项+尾语。

1. 引语　批复的开头通常要引述来文作为批复的依据,引述的方法有四种。

第一种是结合请示的日期引述,如"×年×月×日来文收悉"。

第二种是结合来文的日期和文号引述,如"×年×月×日×号文收悉"。

第三种是引来文日期和来文名称,如"×年×月×日《关于……的请示》收悉"。

第四种是引述来文日期和请示事项,如"×年×月×日关于……问题的请示收悉"。

2. 批复事项　这部分是批复的主体,应针对下级机关请示的事项,表示同意与否的态度,有时还要阐述同意或不同意的理由。答复请示事项针对性要强,答复要明确具体,简明扼要,表达要准确无误。

3. 尾语　批复正文的最后部分,它的写法有三种。

第一种是提行写"此复"或"特此批复"。

第二种是写希望和要求,给执行请求事项的答复指明方向。

第三种是秃尾,就是请示事项答复完毕就告结束。

（四）落款、日期

在正文右下方空两行处,签写发文机关。日期在发文机关的下一行对齐。

四、写作要求

（1）坚持一个请示一个批复的原则。批复要针对请示,一文一批复。

（2）及时批复,以免贻误工作。对不按行文的正常渠道办理或一文多头的请示,应予以纠正,以免误事。

（3）批复是针对下级"请示事项"的表态,这是作出"决定";对下级来说,这是接受"指示"。因此,上级态度明确,才便于下级具体执行。

［实例］　根据以下材料,代天津市人民政府写一份"同意"的批复,要求新标准从2004年8月1日起执行。成文日期为2004年7月26日。

2004年,天津市劳动和社会保障局向天津市人民政府上报《关于调整天津市最低工资标准的请示》(津劳局〔2004〕183号)。天津市人民政府同意将全市最低工资标准由每人每月480元调整为530元,其中宝坻区、武清区、宁河区、静海区由每人每月470元调整为510元;同时,将非全日制劳动者小时最低工资标准由每人每小时4元调整为5元。

任务 5.3 报 告

一、阅读

[例文1]

××市贸易局关于百货大楼重大火灾事故的报告

××省贸易厅:

2016年6月4日凌晨40分,我市江南区百货大楼发生重大火灾,经过两小时的扑救,于5时明火全部扑灭。该大楼二层经营的商品以及柜台、货架、门窗等全部烧毁,直接经济损失达50万元。造成此次重大火灾的直接原因是二楼一个体裁剪户经二楼经理同意从总闸直接接引线路,夜间没断电导致电线起火。

这次火灾的发生暴露了该大楼领导对安全管理工作极不重视,内部管理混乱,安全制度不全,违章作业严重等问题,因而造成了惨重的经济损失,教训十分深刻。

火灾发生后,市政府、市贸易局十分重视,三次派人员到事发现场进行调查,并对事故进行认真处理,责令该百货大楼二楼经理刘××停职检查,个体裁剪户李××罚款×××××元,并听候进一步处理。

今后,我们要吸取教训,切实加强对安全工作的领导,尤其加强对零售企业的安全管理,及时消除各种不安全的因素和隐患,为企业创造良好的经营环境。

(印章)

2016年6月14日

[点评] 这是一篇反映情况的报告。这里的"情况"不是例行工作情况,而是本单位发生的重大事故的情况。在行文时,首先要简要地陈述事故

的基本情况(火灾情况、损失),然后围绕"事故",用简洁的语言分析其深层原因及教训,并就处理结果、责任者态度、措施一并汇报,以达到下情上达。本文行文简洁、层次分明、思路清晰。

[例文2]

××省石油公司××供应站关于

解决油库长期遗留的山地及树木的归属问题的报告

省石油公司:

  本站于 2010 年 5 月新建油罐两个,扩建了油库,占用当地东江村部分山坡地及该地树木。扩建后几年来,库界未定,东江村多次提出,要求补偿被占用的山地及树木,但几经协商,均未有结果,以致发生纠纷,库区围墙被推倒十几米。最近双方本着对国家财产和人民群众利益负责的精神进行协商,彼此谅解,终于达成协议,由我站给予东江村山坡地及树木一次性补偿费××万元,并经双方划定界限,新建围墙围界,界内土地使用权归我站拥有。我站应付的补偿费××万元拟在"保管费"中列支。现随文上报所订协议及库区界图,请核备。

  附件:1.××山林及树木归属协议

    2.××供应站界区图示

(印章)

2015 年 7 月 21 日

  [点评] 这是汇报工作报告,其内容是汇报"解决油库长期遗留的山地及树木的归属问题"。正文先叙述事情发生原委"我站于 2010 年……库区围墙被推倒十几米",接着叙述报告事项"最近……我站应付的补偿费××万元拟在保管费中列支",最后结尾语。内容环环相扣,层次明了。

二、认知

  根据《党政机关公文处理条例》的规定:"报告。适用于向上级机关汇报工作,反映情况,回复上级机关的询问。"它属于上行文,应向具有隶属关系的直接上级机关行文。报告是所有相对下级机关都可以使用的公文文种。

(一)使用范围

  报告是党中央国务院以下各级党政机关、人民团体、企事业单位等下级机关向上级机关汇报工作、反映情况,及答复上级机关的询问所使用的公文,不仅适用广泛,而且使用频率也很高。

（二）特点

1. **汇报性**　所有的报告都是用来向上级机关汇报工作或反映情况的,没有下级机关的汇报,也就没有上级机关的决策。发文机关应注意内容与语言表达的"汇报性"。

2. **陈述性**　报告属陈述性公文,在表达方式上,只能运用叙述和说明来陈述事项。

（三）作用

作为下级机关有义务和职责向上级机关汇报工作、反映情况、传递信息、答复上级机关的询问,便于上级机关及时了解下级机关的工作状况。

（四）分类

根据《党政机关公文处理条例》对报告的适用规定,报告可分为汇报工作报告、反映情况报告、答复询问报告三种。

1. **汇报工作报告**　它包括汇报综合工作和汇报专题工作,可以写工作的成绩、经验、困难问题、今后打算,也可以反映工作进展情况等。汇报工作报告主要用于总结工作、以求得上级机关的指导。

2. **反映情况报告**　这里的"情况"不属于例行工作情况,它包括本机关、本地区发生的重大情况、特殊情况、新问题、新动态、新现象等,这些情况将为上级机关制定方针、政策、决策提供依据。一般来说,在发生特殊情况、较大事故、突发事件时,常常采用这种报告。例文 1 就是这类报告。

3. **答复询问报告**　答复询问报告与汇报工作报告、反映情况报告不同的是,答复询问报告写作的前提是必须有上级机关的询问。它是被动行文,须针对上级来文所询问的内容或交办的事项进行答复。

（五）区别

（1）报告与请示的区别。参见"请示"文种内容。

（2）报告与其他"报告"的区别。

在实际运用中,标有"报告"称谓的文种很多,行政公文的报告易与应用文中的其他"报告"发生混淆,要注意区分。其他"报告"指:调查报告、学术报告、实习报告、形势报告、审计报告、咨询报告等。其他报告的概念、适用和范围都与行政公文不同,要加以区分。

三、结构与写法

报告的结构包括:标题+主送机关+正文+落款和成文日期。

(一)标题

报告的标题一般有两种形式。

1. **发文机关+事由+文种** 如《××市体改办关于事业单位公司制改革进展情况的报告》。

2. **事由+文种** 如例文《关于百货大楼重大火灾事故的报告》。

(二)主送机关

报告的主送机关,应为具有隶属关系的直接上级机关,一般不允许越级上报,在紧急情况下越级上报,事后也要向直接上级报告。

报告的主送机关只有一个,如还需呈送其他上级机关,应采用抄送形式。

(三)正文

正文的结构包括:发文缘由、报告事项和尾语。

1. **发文缘由** 发文缘由通常运用概括的语言说明报告的意义、根据、背景及内容概要等,然后用转折句"现将(就)有关问题报告如下""现将有关调查情况报告如下""兹报告如下"等引出报告事项。

2. **报告事项** 报告事项是正文的主体,其内容可以包括工作得失、情况进展等;在不同类型的报告中,报告事项的内容应该有所侧重。

(1)汇报工作报告。汇报工作报告的主体一般包括全面或某方面工作所取得的的成绩、经验、问题、今后打算,也可以反映工作进展情况等。它是在总结情况的基础上进行陈述,工作成绩要求写出做了哪些工作,采取了哪些措施和做法,结果怎样;经验是对所取得的成绩的规律的认识与总结;问题是指工作中的缺点、不足或遇到的困难。

(2)反映情况报告。由于这里反映的"情况"不属于例行工作情况,它包括本机关、本地区发生的重大情况、特殊情况、新问题、新动态、新现象等,所以在拟写时应先将情况叙述清楚,然后分析情况产生的原因,接着总结经验教训,最后提出下一步的行动措施。即按"情况—原因—教训—措施"四步来写。

(3)答复询问报告。答复询问报告的事项就是上级机关询问的事项。要求问什么,答什么,不可借题发挥。

3. 尾语 报告常用尾语有："特此报告""专此报告""请审阅""以上报告如有不妥,请指正""以上各项请审检""请查收"等。

四、写作要求

(一)报告事实真实

凡是写工作的进度情况、成绩经验、存在的问题等已然的事态,都必须真实可靠,实事求是,不得弄虚作假,谎报情况。

(二)报告不得夹带请示事项

报告不得夹带请示事项,是要求使用者严格区分请示与报告的区别。呈送报告是为了汇报工作情况,请示是为了等待上级的处理与解决。

(三)报告的表达方式

报告是陈述性的公文,其语言文字的表达方式,是以叙述为主,以说明为辅。如工作报告、情况报告、答复报告等内容的表达,都是按照事项的逻辑顺序逐项逐条地进行叙述。在叙述当中,要注意详略分明。凡叙述概况,则应略述;凡叙述内容事项,则应详述。而例行报告、报送性报告的内容,都比较简单,其表达方式常常是以说明为主、以叙述为辅。这些报告篇幅短小,只需简明扼要地说明报送的文件、物件、图表等内容即可。

[实例] 1. 请以本班团委名义向所属学院团委递交一份开展"青年志愿者"活动的报告。要求:说明为什么开展这次活动?是怎样开展活动的?有何收获?

2. 认真进行调查研究,了解你校在学生管理方面的成功之处和存在的问题,提出合理化建议,以学生会的名义向学校写一篇情况报告。

任务 5.4　调查报告

一、阅读

[例文 1]

昆明冶金高等专科学校材料与机械学院学生课外阅读情况调查

为了了解昆明冶金高等专科学校材料与机械学院学生课外阅读情况，为我校同学及图书馆提出合理化的建议。我校生物化学 07 级灵魂归属小组同学最近就学校学生课外读物现状对学院大一、大二、大三的 80 名同学进行了专题调查，在这次调查中，全组人员在组长的领导下一起出动，采用校园拦访、进宿舍访问和到图书馆访问的方式，在学校教学区、宿舍区、食堂和图书馆进行调查。

一、基本调查情况

（一）课外阅读兴趣状况

目前我校学生最喜欢阅读的课外书籍按次序排列为：文学类（41%），社会政治法制类（23%），历史人物类（9%），英语计算机类（7%），经济类（6%），专业辅导类（3%），生活类（2%），科技类（1%），军事类（1%），其他（7%）。目前我校学生最喜欢阅读的报纸分别是《参考消息》（32%），《中国青年报》（17%），《光明日报》（12%），《人民日报》（11%），本专业类报纸（9%），体育类（7%），晚报类（5%），文摘（3%），其他 4%。目前大学生最喜欢阅读的杂志分别是：文摘类的《读者》和《青年文摘》等（38%），青年类的《中国青年》《大学生》等（21%），专业类（12%），体育、婚姻、家庭、生活类（11%），社会法律类（8%），影视类（5%），其他 5%。

（二）课外阅读兴趣差异

从年级看，大一、大二学生比较喜欢娱乐性、消遣性的课外读物；大三学生比较喜欢知识性、专业性和学术性的课外读物。例如，大一、大二学生最喜欢言情、武侠类小说的人数为 24%，而相对大三学生只有 7%；大三学生阅读与自己专业有关的书籍、报刊的人数为 16%，而大一、大二学生相对只有 4%；从性别看，女生比较喜欢轻松、娱乐性、消遣性的文学类、生活类、言情类课外读物,男生比较喜欢严肃性、理论性、专业性的社会、政治、经济、法律、历史、科技等方面的课外读物。

二、基本情况分析

(一)课外阅读兴趣状况分析

课外阅读兴趣,是当代大学生最主要的课外活动兴趣之一,这也是大学生作为知识文化群体的主要特征。调查发现,文学书籍(主要是小说)依然是当代大学生课外阅读兴趣中最主要的读物,这与文学自身的特色与优势有关。《参考消息》作为大学生最喜爱阅读的报纸,反映了当代大学生最关心的仍是现实社会和时事政治,他们特别喜欢迅速客观的报道和中肯的评论分析,而这正是《参考消息》的办报宗旨,也反映了当代大学生渴求更多了解中国、了解世界的思想状况。《读者》(原《读者文摘》)是大学生最喜欢阅读的杂志,在紧张而又枯燥的专业学习之余,大学生们希望阅读一些高质量的休闲、娱乐类读物,而《读者》所追求的隽永、和谐、亲情、人性等风格,非常适合大学生的阅读心理(也适合更多的大众),因此成为了大学生首选的阅读刊物。

(二)课外阅读兴趣差异分析

造成大一、大二与大三学生阅读兴趣差异的主要原因是大一、大二学生的理论素养比较差,学术水准较低,专业理想尚未完全形成,没有良好的课外阅读方法,因而对专业性、理论性、学术性的课外读物难以产生兴趣,只能把阅读兴趣主要放在消遣、娱乐性的读物上。特别是许多女大学生对严肃的逻辑性强的社会政治、经济、历史、法律、科技等方面的读物兴趣更少,而对活泼、轻松、娱乐性的文学类、生活类、言情类读物甚感兴趣,这主要和女大学生的重形象思维,情感丰富细腻,社会亲和性强等特有的性别心理有关。

三、建议与对策

(一)学生自身要转变课外阅读的观念

中国共产党十六届三中全会明确指出:"教育教学应当坚持以人为本,树立全面、协调、可持续发展的教育教学体制,促进经济社会和人的全面发展。"大学生要摆脱被动的考试性读书模式,应主动在国际化的视野下读书学习,寻找最前沿的一流的知识,并主动通过良性的课外阅读提高自己的动脑、动手能力。

(二)加强对大学生课外阅读的科学引导

1. 课堂教学要积极引导学生课外阅读的良性发展。一方面,教师在教学过程中除讲述课本所列出知识点外,应尽可能多地给学生提供相关的阅读书目引导,使课堂教学实现良好的延伸和拓展;另一方面,在注重课堂教学目的的同时应考虑学生的社会需求,使学生明白社会需要的是"有用的人"而不仅仅是"高分的人",让学生积极参与到课外阅读中来。

2. 第二课堂的辅助引导。在完善课堂引导机制的同时,应合理指导学生的阅读行为。可以引导、发动学生成立读书团体或读书会,组织读书活动,强化学生对知识的渴望程度,培养学生课外阅读的自主性和规划性。

(三)加强图书馆建设

适时调整图书馆藏书结构。要根据学校学科建设的发展、学生规模以及社会"热"等方面进行图书资源的良好整合,并且不定时地进行学生需求反馈调查,从源头上进行藏书结构的良性优化,要进一步加强网络资源的建设,特别是引进更多优秀的电子资源,如数据库、电子期刊、电子报纸等,加强高校间的网际交流,达到资源的共享和最优化配置。

改善图书馆硬件设施。增加图书馆阅览室的可容纳量,让更多的学生能进入阅览室。现在图书馆仅有两个阅览室,许多学生想进阅览室,却苦于没有座位。

加强服务理念,做"推荐书目专柜"。学校可以把最新的、流行的、优秀的书籍、杂志专门用一个书架放在一起,让学生及时了解最新信息。

灵魂归属小组

2016 年 10 月 12 日

[点评]　本篇习作属于小范围的专题调查报告,虽然调查的范围较小,但从文章内容来看,作者准备了具体可行的调查提纲,花了大量的精力进行调查,获得了宝贵的材料。并对材料作了较为充分的分析研究,通过对数据进行统计,得出课外阅读兴趣状况相关数据,了解到不同年级、不同性别的课外阅读兴趣差异,并对此现象进行分析,提出合理化建议和对策。全文数据可信,材料真实,综合运用叙述、说明、议论三种表达方式,做到事理结合,材料与观点结合,有现状、有分析、有建议、有对策,是一篇较为完善的调查报告。

[例文 2]

××市城区青年诚信素质调查报告

"××诚信工程"是共青团××市委自 2016 年 7 月推出的一项品牌工程,号召广大青少年从自身做起,大力倡导"明理、诚信"的道德规范,推动全社会信用体系的建立。为使这项工作更具有针对性和实效性,共青团××市委近期对××市城区青年的诚信素质进行调查,形成了这篇调查报告。

本次调查于 2016 年 3 月至 4 月在云龙、鼓楼、泉山及九里四个城区进行。主要方式为问卷调查和访谈,配合调查还开展了场景测试和网上测试,但结果只作为参考。调查对象为 18～40 岁年龄段的城区青年,涉及党政企事业负责人、专业技术人员、一般办事人员、商业服务人员、工人、私营企业主、个体工商户、农林牧渔人员、无业与下岗人员、在校学生、民工等 11 个社会群体。发放问卷 400 份,回收有效问卷 377 份,回收率达 94.25%,有效卷率为 100%。

调查结果如果以 100 分记,平均得分约 65.984 83 分,总体评价是"诚信素质一般,倾向较好水平,尚需培养"。青年对于诚信的观念有着高度的认知水平,对于社会诚信度评价较低;青年的诚信意识与诚信行为出现背离的现象,反映出对于诚信的认知与诚信观念的信奉有着较大的差异;青年的诚信行为选择有着较大"现实性"的特点,尚没有建立被普遍接受的诚信原则。因此,在诚信行为与维护诚信的选择上,青年都是以自我作为判断的依据,从而诚信行为与维护诚信的行为,呈现出对象不同方法不同的特点。青年拥有的诚信的社会资源不足,这直接影响到青年的诚信行为的选择,即青年认定讲究诚信的成本远远大于不诚信的成本,不诚信的行为在现实中的收益远远大于诚信的收益。因此,某些人容易简单地将诚信看作是个人道德素质问题。而问卷中则反映出多层次的不同诚信素质。如果诚信分了五个不同层次:以故意不诚信为第一层次(为了获利),以被迫不诚信为第二层次(为了规避风险),中性选择为第三层次,非主动诚信(涉及个人利益)为第四层次,主动诚信并舍弃个人利益为第五层次。大部分青年是属于第二层次到第四层次之间的诚信水平。

一、对于诚信的认知程度

在对待诚信在个人素质中的排序问题上,有 63.6% 的人将诚信排在第一位,21.5%的人将诚信排在第二位,8.4%的人将诚信排在第三位,只有6.3%的人将诚信排在前三位以外。而且87%的人同意诚信是一个人立身之本的说法。这说明,不论教育程度、政治面貌、收入水平、职业差别和性别差异,青年对于诚信的认知取得了高度一致,都将诚信放在极高的位置。同时,青年对不诚信的行为有着普遍的不满和憎恶:对于商家的欺诈行为,53.8%的人表示憎恨,35%的人表示厌恶,8%的表示不快,只有2.1%的人认为无所谓。这些数据从反面说明了青年对于诚信的高度重视。

二、对于整体社会诚信度的评价

在对社会诚信状况的整体评价中,只有9.9%的人认为好或者极好,有61.2%的人认为一般,23.3%的人认为不好,另有5.6%的人认为极为不好。这说明在一致认为诚信是重要个人素质的同时,大多数青年对于社会诚信状况评价较低。同时,86.9%的人有过被骗的经历。其中选择"不多,偶尔几次"的有273人,占到总数的72.4%,经常有的有50人,占到总数的13.3%。这说明青年对社会诚信状况的评价是源于自身经历作出的感觉上的判断。虽然对于大多数青年而言,被骗的次数并不是很多,却足以影响青年对于社会和他人的诚信状况的现实与预期判断。所以,在"你是否认为大多数人是否会在没有惩罚的情况下损人利己的"的调查中,不同意这种说法有46.4%,同意这种说法的有27.1%,而说不清的人26.5%。选择呈现出无固定倾向,人们对于他人诚信不持信任的态度。同时,仅有21.8%的人不同意诚信没有好的结果的说法,反映出青年对于诚信行为的预期判断普遍不抱有乐观的看法,这也与青年对于社会整体诚信状况较低的评价高度一致。

三、诚信认知与诚信行为的关系

从第一部分的数据可以看出,大多数青年对于诚信的价值有着清醒的认识,尚未树立明确的诚信意识的人只占到极少数。然而,在"你是否有过不诚信的行为"的调查中,有63.4%的人有过各种不同原因的不诚信行为。这就出现了一个悖反的局面,人们一方面认为诚信非常重要,但同时又作出了与这个认知完全相反的现实行为选择,形成了诚信认知与诚信行为的分离。在调查中,86.9%的人有过被骗的经历和68.7%的人在没有监督的情况下闯过红灯,也反映了青年在自身既遭遇了不诚信现象的同时也实施了不诚信的行为。这在一定程度上说明,青年仅仅认知了诚信的重要性,但是在实际行动当中,往往关注使自身利益受到伤害的他人不诚信行为,没有把诚信内化为自身一种自觉、自愿的行为,在知行合一上有较大的欠缺。

四、诚信行为的特征

在"当一个人说他有紧急情况向你借手机时,你借不借?"的选择中,62.9%的人选择"借,但有所防备",这说明青年在保证自身利益不受损害的前提下会做出帮助行为。在对于老年乞讨者要钱的行为选择中,有55.3%的人选择了没给,其中40.3%主要理由是怀疑他有可能是一个骗子。这说明一旦青年认定对方实施不诚信行为时,不管这种信息的可靠性如何,都会从自我保护的角度出发不去实施帮助行为。因此,在"对待诚信现实态度的选择"问题时,89.9%的人选择了坚持但不固守,表明普遍性的诚信原则已经受到怀疑,青年的诚信态度与行为趋于现实化,"是否应该诚信"已经不再作为诚信行为选择的依据,取而代之的是"现实的诚信行为的可能结果"。如果这种行为不使青年的自身利益受到损害,或者带来好的结果,青年往往会去实施诚信行为;如果会使青年的利益受到损害,青年就出于自保而不愿实施诚信行为,甚至是为了自保也会作出现实的不诚信选择。这时,诚信行为已经不再是简单的个人道德素质问题,而是涉及个人在实施诚信行为时的成本问题。在后继的访谈中,许多青年表明这样一个立场:如果坚持诚信,有时会付出远远高于不诚信的代价。

测试中也反映出青年对于诚信行为的矛盾心态。在"如果你参加有关你今后命运的选拔考试,你会不会事先和录取人员有所联系"的问题中,49.9%的人选择不会,43.8%的人选择会。这种两种取向接近的局面,说明青年在认定社会无法保证公平的情况下,面临着要保证自己免受不诚信的伤害,却必须以不诚信的方法损害他人利益的困难选择。这实际上是青年在面对现实时所做出的无奈退却。

五、诚信行为的维护

如果说,自身诚信行为的实施是独善其身的话,维护诚信素质就反映出个人对社会的关注,是对于他人诚信行为的控制与监测。在"你发现商贩正在欺瞒顾客时,你的选择"中,有63.7%的人选择了"悄悄提醒他不要上当",10.6%的人选择了"事后到有关部门举报",而选择"挺身而出,揭露真相"的人有15.1%,选择"不管不问"的人有9.3%。大多数人仍然是以一种"现实"的态度维护着诚信。在"如何对待同事使你遭受损失的不诚信行为"上,有41.6%的人选择"自己不与他来往"的选项,不计较的人有24.7%,叫大家不与他来往的人有8.8%,以牙还牙的人有5.3%,人们还是趋近于比较温和的选择。在对于竞争对手采取同样行为时,答案非常集中,即有67.1%的人采取法律的手段解决问题。这说明对象一旦确定,青年会根据对象不同而使用不同的方法。在"当别人的不诚信使你陷入不利"的问题中,有21.2%的人选择揭露真相,32.3%的人选择反映但不抱有希望,26.9%的人选择不采取措施,11.3%的人选择也采取同样的行为。四个趋于平均的答案说明,在没有具体对象且现实条件取消的情况下,青年无法找到有效的方法来维系诚信,处理事件时尚无普遍的原则,选择就会趋于离散化。因此可以简单认定,不论是自我诚信行为的实施还是维护诚信的行为,青年的行为都是特殊化的而非普遍化的,对象不同会带来方法与具体原则的不同。

六、对社会诚信机制的认可程度

如果说维护诚信的行为是在表面描述了青年的诚信素质,那么青年在维护诚信中所拥有的资源则直接构成青年的社会资本,极大地影响着青年诚信行为的选择。在"你认为不诚信是否得到了应有惩罚"中,22.5%的人选择"没有,因为几乎没有任何手段、法规、制度保证";52%的选择"没有,因为有法不依,执法不严";20.4%的人选择"没有,因为没有办法解决";只有2.4%的人认为得到了应有的惩罚。青年普遍认为社会诚信机制没有建立或者没有发挥应有的效力,诚信没有得到应有的结果,不诚信没有得到应有的惩罚。但也不否认,在"自己受到商业欺骗、认为哪一种方法最为有效"中44.6%的青年选择"去消协",在迷路时59.2%的青年选择找警察来保证不受欺骗,说明青年对社会的某些部门还是有较高的信任度。但1.3%认为不诚信受到惩罚的微弱比率,使青年在选择有较高公信度部门的同时,又对是否能够获得理想的结果表示怀疑。因此,青年对诚信机制的要求除了保证诚信行为的合理结果外,还要使不诚信行为受到应有的惩罚。

七、建设社会诚信机制的手段

67%的人认为主要是由于法制建设的落后,51%的人认为缺乏个人的信用体系建设。与此相对的在"解决诚信问题的最有效、最现实的手段"的选择中,法律以45.6%的被选率居于第一位,其次分别为"建立公开的信用档案"(29.7%),"舆论谴责"(15.4%),自己的现实手段(6.4%),没有任何手段(1.3%)。两个答案中,法律都被认为是导致诚信水平较低和改变状况的主要手段,同时75.5%的人认为不诚信没有得到应有的惩罚,是因为法律方面的原因。这显示一方面用法律作为维护诚信手段的观念深入人心;另一方面诚信的制度建设远远不能够让青年感到满意。

个人信用档案体系建设的空缺也普遍被青年所认知。在"如何了解他人的诚信状况"中,36.9%的人通过朋友了解他人诚信状况,36.6%的人没有任何手段来了解别人的诚信状况,只有9.8%的人通过信用档案,4.5%的人通过调查公司了解信息。数据显示出青年尚缺乏了解诚信状况的有效手段。因此,在"你是否愿意建立诚信档案"的选择中,只有2.4%的人选择了不愿意;而39%的人选择了"愿意,但要保证隐私";12.5%的人选择了"如果大家愿意,我也愿意";42.2%的人选择了"愿意,但担心评价的公平性"。说明青年在认识上是非常清醒的,将建立诚信档案当作是改变诚信状况的有效手段之一。

在"诚信使你蒙受损失是否还会继续"的选项中,22%的人选择"即使诚信使你面临损失,仍然会继续诚信,而不讲任何条件";61.5%的人选择自己会继续讲诚信,但要分情况",说明青年对于建设诚信还是有很强的意愿,但是仍然关注诚信是否能够真正的公平建立。青年不是不愿意在诚信的道路行走,而是担心如果"我讲了诚信,别人不讲诚信,我岂不是要当冤大头",因此如果不能保证诚信的收益大于不诚信的收益,就会陷入人人谈诚信,人人不诚信的循环怪圈。

对于青年诚信问题的解决,主要应该从以下两个方面着手。一方面,加快完善社会诚信机制的步伐。当社会其他成员普遍不讲诚信时,道德的说教或约束往往显得苍白无力,在诚信行为与维护诚信的选择上,青年拥有的诚信的社会资源不足将直接影响到青年的诚信行为的选择。加快社会诚信机制建设,从体制上不断提高对于诚信的保障水平,是对人们实施诚信行为的最好鼓励。要加快诚信建设的法制化进程,用法律规范社会信用体系,严惩不诚信行为。要建立公正透明的个人诚信档案,用规范化的管理保障个人利益的正当收益,鼓励人们实施诚信行为。另一方面,加强青年的诚信意识教育。建立诚信机制,固然是解决诚信问题的有效手段,但是如果不从思想上、道德上及精神的层面上解决诚信问题,即使信用机制很健全,法制体系很完善,也挡不住那部分从骨子里就不想守信的人进行失信行为。重建诚信"大厦"最基础的还是解决人们头脑中诚信意识不强的问题,在此基础上才能再造社会信用环境。要针对青年诚信意识还处于"清醒的认识,模糊的行为"阶段的现实,引导广大青年深刻认识"人无信不立,事无信不成""诚信为本,信誉是金""言必信,行必果""信誉高于一切"的道理,提高在面临个人利益与诚信行为矛盾时的道德水平。要号召广大青年从自身做起,带动更多的人树立诚实守信的思想意识,践行诚实守信的道德要求,通过慢慢积累扩展,使整个社会的信用环境逐步得到改善,使诚实守信的氛围越来越浓,最终形成一种诚信光荣,背信可耻的强大社会舆论氛围。

共青团××市委"诚信素质调查组"

2017 年 5 月

［点评］ 这是一份反映社会问题的调查报告,针对××市城区青年诚信素质问题进行调查,问题涉及对诚信的认知度、评价、诚信认知与行为的关系、诚信行为特征、诚信行为的维护、对诚信机制的认可度及建设社会诚信机制的手段等方面,有数据、有分析、有观点,是一篇较好的社会调查报告。

在报告前言部分介绍了调查的目的、时间、调查方法、区域、对象、问卷份数等。主体部分从对诚信的认知度、评价、诚信认知与行为的关系、诚信行为特征、诚信行为的维护、对诚信机制的认可度及建设社会诚信机制的手段等七个方面较为全面地展现了××市青年诚信素质,有数据、有分析、有见解、有观点,分析数据可信、见解独到,有一定的深刻性。最后结尾提出解决青年诚信问题的建议。行文条理清晰、事理结合,语言表达叙述、说明、议论相结合。

二、认知

调查报告是通过对典型问题、情况、事件进行深入细致的调查,将所获的材料进行分析、综合、研究,揭示本质,找出规律,然后写成的书面报告。系统周密的调查,客观深入的研究,准确完善的表达是调查报告的三要素。

(一)适用范围

凡与日常工作有关的重大情况、典型事件、经验或教训等带有普遍意义的问题,都可用调查报告的形式予以反映。调查报告的范围较为广泛,内容比较复杂,可以内部参考,也可以公开发表。

（二）特点

1. **真实性**　真实是调查报告的生命，是调查报告存在的基础，没有真实，就没有调查报告。调查报告要以事实为依据，不仅报告中涉及的人物、事件要真实，就事件发生的时间、地点、背景、过程、原因和结果也必须真实。数据和图片能增强报告的真实性与说服力。

2. **客观性**　客观性指客观地反映事实，忠于事实，不带有调查者的主观随意性。不能对客观事实随意引申或不切实际的渲染。

3. **针对性**　调查报告是为了解决或回答社会生活中出现的问题而写。因此，要注意抓住新问题、新情况、新的社会热点和群众关心的焦点问题，深入调查研究，分析问题并提出解决问题的方法和建议。

4. **典型性**　调查报告要具有现实意义和对工作的普遍指导意义，必须选取社会中的典型的、有代表性的调查对象，选取的材料也必须能反映事物本质和规律。

（三）作用

（1）上行可以向领导机关反映实际情况，为上级机关制定方针、政策、确定正确的工作方法提供依据。

（2）下行可以让广大群众了解情况，明白事实真相，进而了解上级决策意图，提高执行决策的自觉性。

（3）具有重要的社会宣传教育功能。它用事实说话，系统地向人们介绍事物发生、发展、变化的全过程；从一地区、部门，或一个新生事物，或一项具体的工作中，找出具有普遍意义的东西，来回答社会生活中人们普遍关心或亟待解决的问题。

（四）分类

1. **社会状况的调查报告**　社会状况调查报告是以反映社会生活和工作状况为主要内容的调查报告，社会状况包括历史状况和现实状况两方面，而以社会现实状况为主。其内容可涉及政治、经济、生产、科技、文化、卫生、风俗等方面的有关事项。其写作目的是正确地反映社会状况，或还历史以本来面貌，或说明现实社会的实际情况，让人们了解历史，认识现实，并可为领导者提供信息，作为研究问题、制定方针政策或作出某项决策的依据。

2. **新生事物的调查报告**　通过调查报告描述新生事物产生的背景、发展过程,阐明它的特点,揭示它的规律和本质,说明它的意义和作用,具有示范和推广的意义。

3. 典型经验的调查报告　这是反映先进经验和宣传典型事物的调查报告。它们对于社会生活和工作具有启发、指导、鼓舞作用。利用先进经验和典型事物推进生活和工作,具体、形象、生动,便于为群众接受,可以收到事半功倍的效果。所以,人们习惯于运用先进经验和典型事物作示范的方法推动工作。

4. 揭露问题的调查报告　这类调查报告以批评和揭露社会生活中的落后、腐朽、丑恶现象和工作中的不良作风、重大失误为主要内容。其目的在于揭示事实真相,将丑恶的现象和严重的问题暴露在光天化日之下,并对其进行批评或鞭挞,让人民群众看清其本质及严重的危害性,从而提高人们的警觉性,与不良的现象和行为进行斗争。从某种意义上讲,这是利用反面典型、利用反面教员推进社会生活和工作。

另外,调查报告从形式上分,可分为综合调查报告、专题调查报告。

综合调查报告是围绕一个问题,从多方面进行调查而写出的报告。这种调查报告内容较复杂,涉及的范围较广,花费的时间较长,人力物力的投入也较多。多适用于较重大的问题,以便于更全面的了解情况。

专题调查报告内容单一,是对某一问题的单项调查而写出的报告。这种调查报告涉及面小,比较单纯,易于掌握,应用比较广泛。

(五)区别

1. 调查报告与报告的区别　公文中的"报告"是行政机关汇报工作、反映情况、答复询问时使用的文种,范围较窄,内容单一,主要为主管领导部门指导工作时参考。而调查报告则是凡与日常工作有关的重大情况、典型事件、经验或教训等带有普遍意义的问题,都可用调查报告的形式予以反映。调查报告的范围较为广泛,内容比较复杂,可以内部参考,也可以公开发表。

2. 调查报告与总结的区别

(1)使用人称不同。调查报告的拟写从局外人的角度,以局外人的语气客观叙述情况、分析问题,采用第三人称。总结的拟写从本单位、本部门及个人的角度,以当事人的语气叙述情况、分析问题,采用第一人称。

(2)写作目的不同。调查报告要从全局出发,选择具有普遍意义的问题、情况和经验,通过对某个"点"的剖析研究来指导、推动、改进"面"上的工作。总结则是通过检查本单位、本部门及个人的工作,来指导今后的工作实践。

(3)题材范围不同。调查报告的写作题材要比总结广泛得多,可涉及社会生活的各个领域;总结的写作只能写本单位、本部门及个人的情况。

【注意】

(1)调查研究是写作的基础。材料是调查报告写作的基础,没有大量的丰富真实的材料,调查报告的写作就无从着手。调查报告不能杜撰,不能"闭门造车",必须以客观的实际材料为依据,这是调查报告的性质和写作目的决定的。调查报告的材料来源与一般文章尤其是文学创作材料的来源不同,它不是日常积累和搜集的,也不是捕风捉影、艺术想象加工出来的,它是通过调查研究获取的。所以,调查研究是调查报告写作获得材料的唯一方法。

(2)坚持客观、全面、深入的调查原则。所谓客观,就是坚持实事求是的原则。在调查活动中,尊重客观实际,客观事物是什么样,就是什么样,不夸大,不缩小,不歪曲;不根据个人爱好和偏见确定调查内容、调查对象,取舍调查材料;既不服从某些人的旨意,又不迎合某些人的口味;所遵从的只能是客观事实。正直、无私、坚持真理是调查研究人员应当具备的品格。

所谓全面,就是要防止片面性。在调查研究中要注意如下两点。一是调查的对象要全面。"兼听则明,偏听则暗",调查的对象要有代表性,要听取多方面的意见。二是调查的内容要全面。既要有面上的概括性调查,又要有点上的典型性调查;既有历史背景的调查,又有现实状况的调查;既有正面的、成功的、先进的经验调查,又有反面的、失败的、教训的调查。这样,上下结合、点面结合,正反结合,才能获取真实可靠、丰富深刻的材料。

所谓深入,就是防止表面化、简单化;调查研究是探求真理的方法,是艰苦的劳动,绝不能贪图安逸求轻松,不能走马观花、粗枝大叶,要深入实际,深入到事物的内部做精细的调查。

(3)调查报告的撰写三环节:调查、研究、写作。

①调查:确立调查目的,选定选题,选择调查方式。

②研究:思考材料,概括结论,取舍材料

③写作:注意写作结构。

三、结构与写法

调查报告的结构包括:标题+正文(前言、主体、结尾)+落款。

1. 标题　标题要求概括地标明调查的对象、内容、范围或报告的主旨。

(1)单行标题:分两种形式。一种是公文式标题:调查单位+事由+文种;事由+文种。如《关于废旧物资回收利用问题的调查报告》。

一种文章式标题:这类标题非常灵活,可以直接揭示主题,如《联合之路就是生财之路》;可以提出问题,说明调查目的,如《究竟应该如何认识这一代青年》;可以提出调查事由,如《湖南农民运动考察报告》等。

(2)双行标题,又叫正副式标题。正标题概括调查报告的主要内容,点明论点或提出问题,副标题说明调查对象和文种。如《亏损企业的现状不容忽视——关于昆明市亏损企业的调查报告》《不要让子孙后代埋怨我们——关于滇池污染情况的调查》。

2. 正文　正文包括:前言、主体和结尾。

(1)前言,是调查报告的开头部分,有人称为"总提",它像新闻报道的"导语"或议论文的"引论"。其内容和作用主要是介绍调查对象的基本情况,说明调查的背景、范围、经过,或概括全文的主要内容,或提示全文的主旨,目的在于引出主体,并给读者一个概括的印象。调查报告的前言要简明扼要。它的文字虽然简短,但具有"立片言以居要,乃一篇之警策"的作用,所以,要认真推敲。

(2)主体,是全文的中心。其主要内容和作用有三个方面:一是说明调查报告的主旨,让读者了解中心观点;二是提供说明主旨的事实材料,让读者理解并信服观点的正确性;三是作者对客观事实的分析及有关的评论,从理论上深化事实材料,以突出调查报告的典型意义。

调查报告的类型不同,主体部分的结构也不一样。常用的有两种。

横式结构,也称并列结构。把调查的材料和要表现的主旨分为几个不同的问题,各个问题处于平等并列的地位,每个问题都有一个中心,可以独自成章,而每个问题又是体现全文中心的一部分。比如《厦门特区工薪阶层自费旅游水平的调查与分析》,主体共有四部分,从不同所有制、不同文化程度、不同年龄、不同性别等四个方面,说明了厦门特区工薪阶层自费旅游水平。这四个方面虽然互不隶属,但皆统一在"厦门特区工薪阶层自费旅游"

这一中心之下。

纵式结构,也称为平叙结构。按照客观事物发生、发展、结局的前后顺序,把内容分成几个层次,一层层地分析说明。这种结构方式反映了客观事物变化的内在逻辑性,有助于读者了解事物发展的来龙去脉,给人一个完整而清晰的印象。

(3)结尾,是调查报告的结束语,一般比较简要。因为调查报告的目的、内容、主旨不同,结尾的写作也不同。有的总括全文的内容,突出主要观点;有的提出问题,引起有关部门的重视;有的说明经验的意义,以利于人们借鉴。有的调查报告已把问题讲清,无须赘言,也可省略结尾。

3. 落款 调查报告的落款一般写在正文的右下方,要写明调查单位的名称和调查人姓名;成文日期在调查单位名称下一行对齐。报刊上发表的调查报告,署名写在标题之下居中处。

四、写作要求

1. **准确把握调查报告的文体特点** 调查报告属于应用文体,虽然它要表现某个观点,讲明一种道理,但主要是通过事实材料来讲话。其议论是十分有节制的,重点在于论事明理。从大量事实材料中自然地引申出一些看法,画龙点睛地予以议论是必要的。但是,如果离开事实材料,滥发议论,喧宾夺主,那就不符合调查报告的文体特点了。但是,如果只是堆砌材料,而无必要的议论分析,缺乏理性色彩。不能从理论上给人以深刻的启迪,同样没有充分发挥调查报告的作用。

2. **材料要充分、要典型** 调查报告的写作必须以充分、典型的材料为依据,如果缺乏充分、典型的材料,就不要勉强敷衍成篇。如果是调查工作不深入、不细致,未能取得必要的材料,那就需要重新调查;如果是对已有的材料缺乏深入的分析,未能筛选出典型的材料,那就需要对已有材料重新研究;如果是客观事物本身的局限性造成的,无法提供必要的材料,那就要放弃这个题目。

3. **观点和材料要做到辩证的统一** 调查报告的观点必须来自材料,同时又必须统率材料,要体现出观点和材料之间的逻辑关系。如果材料游离于观点,这种材料是多余的;如果有观点而无支持的材料,这种观点是作者外加的。这类观点与材料相脱节的情况都是违背调查报告写作原则的。

4.语言要准确平实 调查报告的语言虽然讲究辞章,但以准确平实、明白晓畅为本,在此基础上,力求生动。调查报告一般不用或较少使用比喻、夸张、含蓄等积极修辞方式,也不用华丽的辞藻,应当禁绝一切浮词虚言、空话、套话。按照著名修辞学家周振甫的说法,调查报告属于实用修辞学的范畴,在语言运用上只要简明、准确、平实,使人读了十分明确就达到目的了。

[实例] 从下列题目中任选一题,参照提示内容,拟出调查提纲,选择恰当的调查方式,收集调查材料,写成一篇调查报告。

(1)本校(本班)同学消费情况的调查(每月支出金额、项目、档次、来源等)。

(2)本校(本班)同学业余爱好情况调查(爱好的项目、以达水平、时间、资料状况等)。

(3)对在同学中反映强烈的社会问题的调查。

(4)对用人单位所需毕业生要求的调查。

任务5.5 实习报告

一、阅读

[例文1]

测量学教学实习报告

测量是一项精确的工作,测量学是研究地球的形状和大小以及地面点位的科学,它的内容主要包括测定和测设两个部分,测量学要完成的任务在宏观上是进行精密控制,测量和建立国家控制网,提供地形测绘图和大型工程测量所需要的基本控制;作为技术手段参与对地球形状、大小、地壳形变及地震预报等方面的科学研究。从微观方面讲,测量学的任务为按照要求测绘各种比例尺地形图;为各个领域提供定位和定向服务;管理开发土地,建立工程控制网,进行施工放样,辅助设备安装,监测建筑物变形的任务以及为工程竣工服务等。从本质上讲,测量学主要完成的任务就是确定地面目标在三维空间的位置以及随时间的变化情况。

测量学的分类有很多种,如:普通测量学、大地测量学、摄影测量学、工程测量学和水运测量学等多种分支学科。作为装饰设计专业的学生,重点学习的是普通测量学和工程测量学。普通测量学是基础,工程测量学是专业分支。我们要掌握工程建设在勘测、设计、施工和管理阶段进行的各种测量工作相关知识。

一、实习目的与目标

(一)实习目的:测量学教学实习是测量学的重要组成部分,其目的如下。

1.巩固和加深课堂所学的理论知识,获得测量实际工作的初步经验和基本技能。

2.着重培养学生的独立工作能力,进一步熟练掌握测量仪器的操作技能。

3.提高计算和绘图能力,并对测绘小区域大比例尺地形图的全过程有一个全面和系统的认识。

4.为今后解决实际工作中的有关测量问题打下坚实的基础。

(二)实习目标:通过教学实习应达到如下目标。

1.能掌握主要仪器(水准仪及经纬仪、全站仪)的性能和使用。

2.能掌握地形测图的基本方法,具有初步测绘小区域大比例尺地形图的工作能力。

3.能了解地形测规的内外业组织工作。

4.培养学生独立工作的能力,加强劳动观点、集体主义精神和爱护仪器的教育,使学生得到比较全面的锻炼和提高。

二、实习任务及内容

(一)任务:每小组测绘一幅比例尺 1∶1 000,等高距为 0.5 m 的地形图。

(二)内容。

1.平面控制。敷设独立导线网。

(1)准备工作:仪器的检验校正、工具与用品准备。

(2)外业工作:踏勘测区、拟定布网方案、选点、标志点号、角度观测和距离丈量(导线边长)、定向。

(3)内业工作:外业手簿的检查和整理、绘制控制网略图、坐标计算、编制平面控制成果表、绘制坐标格网与控制点展绘。

2.高程控制。

(1)准备工作:水准仪检校、工具与用品准备。

（2）外业工作：踏勘、选点、水准观测。

（3）内业工作：手簿检查、水准测量成果整理、编制水准测量成果表。

（三）实习地点：××职业技术学院校区。

三、实习时间、地点

时间：2016 年 9 月 3 日—2016 年 10 月 3 日

地点：××职业技术学院校区

四、实习过程

（一）实地探勘，选好控制点，领取仪器工具。

（二）经纬仪的检验。

（三）水准仪的检验。

（四）四等水准测量的实习步骤及水准仪的正确使用方法。

（五）测回法及经纬仪的正确使用方法。

（六）业计算（四等水准的高差闭合差角度闭合差坐标计算）。

（七）根据坐标展点。

（八）碎步测量及平板仪的正确使用。

五、经验教训

（一）立标尺时，标尺除立直外，还要选在重要的地方。因此，选点就非常重要，点一定要选在有代表性的地方，同时要注意并非点越多越好，相反选取的无用点过多不但会增加测量，计算和绘图的劳动量和多费时间，而且会因点多而杂乱产生较大的误差。

（二）在用水准仪和经纬仪测量的过程当中，有的过程出现了大的误差，通过这次实习，明白了各种测量误差的来源是主要有三个方面。

一是仪器误差：这是仪器本身在制造的过程过程中它的精度所决定的，属于客观误差来源。

二是观测误差：由于测量者的技术及水平的限制，造成的观测误差属于主观误差来源。

三是外界影响误差：测量是处于外界环境之下的工作因此或多或少会受到外界条件的影响如温度、大气折射、地球曲率、地面沉降等多种因素的影响而这些因素又时时处于变动中，很难控制，属于可变动误差来源。

（三）熟悉了仪器的使用和明白了误差的来源，还应掌握一套科学的测量方法，在测量中要遵循一定的测量原则，如："从整体到局部""先控制后碎部""由高级到低级"的工作原则，并做到"步步有检核"这样做不但可以防止误差的积累，及时发现错误，更可以提高测量的效率。

（四）展点很重要,展点的好坏决定了测量的速度。

（五）实验仪器的整平对实验数据的误差有很大的影响。

（六）水准测量和水平角测量均需检查闭合差,超过差限一定要重新测量。

（七）使用平板仪定向一定要精确,不然严重影响图形的整体方位。

（八）小组成员的合作很重要,实习小组的气氛很大程度上影响实验的进度。

六、收获体会

为期一个月的工程测量学习已经结束了,通过这次实习,让我深刻明白了理论联系实际的重要性。测区是××职业技术学院校区,测绘图也是整个学校的平面图,为了能尽快地完成任务,我们小组星期六、星期天加班进行测量,我们在测量的过程中也并不感到累,也没有感到辛苦,反而还能自得其乐。

实际的测量实习,真正学到了很多实实在在的东西,比如对测量仪器的操作、整平更加熟练,学会了数字化地形图的绘制和碎部的测量等课堂上无法做到的东西,很大程度上提高了动手和动脑的能力。我们在这次的实习中,也了解到了要想很好地进行测量,首先必须要掌握过硬的基本理论知识,要有实干精神,每个组员都必须亲自实践,而且要分工明确。同时通过实习也拓展了与同学的交际、合作的能力。一次测量实习要完整的做完,单单靠一个人的力量和构思是远远不够的,只有小组的合作和团结才能让实习快速而高效地完成。

测绘 201505 班　赵楚明
2016 年 10 月 10 日

[点评]　这是一篇工科类专业实习报告。文章结构清晰,条理清楚,格式规范;全文分别从实习目的和目标、实习任务及内容、实习时间和地点、实习过程、经验教训、收获体会等六个方面介绍了专业实习。内容翔实而具体,是一篇不错的实习报告。

[例文2]

美佳物业伟柏花园管理处的暑假实习报告

今年1月18日下午开始,我在美佳物业伟柏花园进行了物业管理实习工作。在实习期间,我依次对设施管理、事务管理、保安管理进行了实习。在实习中,我在管理处指导老师的热心指导下,积极参与物业管理相关工作,注意把书本上学到的物业管理理论知识对照实际工作,用理论知识加深对实际工作的认识,用实践验证所学的物业管理理论,探求物业管理工作的本质与规律。简短的实习生活,既紧张又新奇,收获也很多。通过实习,使我对物业管理工作有了深层次的感性与理性的认识。

我所实习的美佳物业管理有限公司,隶属于香港沿海绿色家园集团。目前,该公司拥有员工近1 500人,在深圳、厦门、福州、上海、武汉、鞍山、北京、大连、长沙等大中城市均有物业管理的项目。管理面积约300万平方米,管理项目类别有大型住宅区、高层商住大厦、商场、公寓、别墅、酒店、高等院校等物业。伟柏花园是其所管辖的物业管理项目之一。伟柏花园由2栋19层高的塔楼组合而成,小区面积约29 000平方米,居住270户,居住人口近一千人,管理处员工26人,其中,管理人员6人。

回顾实习生活,感触很深,收获颇丰。实习中,我采用了看、问等方式,对伟柏花园管理处的物业管理工作的开展有了进一步的了解,分析了管理处开展物业管理有关工作的特点、方式、运作规律。同时,对管理处的设施管理、事务管理、保安管理有了初步了解。

一、加强人力资源管理,创"学习型、创新型"企业

严把员工招聘关。美佳物业在招聘管理人员须毕业于物业管理专业;招聘维修人员须具备相关技术条件的多面手,并持有《上岗证》;招聘安保人员须属退伍军人,对其身高、体能、知识、品格、心理素质等都进行严格考核挑选。

做好员工的入职、在职培训工作。美佳物业对新招聘的员工进行上岗前的相关培训工作,使员工对小区的基本情况、应开展的工作心中有数,减少盲目性;随着市场竞争激烈,知识、技能的不断更新,对在职员工提供各类专业性的培训机会。美佳物业提倡"工作就是学习,工作就是创新",每位员工都争做"学习型、创新型"员工,员工中形成了一种积极向上的比帮赶超的竞争氛围。从而,使员工个人素质得以提高,管理处的管理服务水平和管理

效益得以提高,树立了良好的企业形象。

从实际出发,管理处严格参照 ISO9000 质量体系运作,制定了严格的规章制度和岗位规程、工作标准、考核标准。管理处根据员工的工作职责,制定全方位的上级、平级、下级的 360 度考核办法;制定量化考核标准,实行定性和定量考核相结合,增强了考核的可操作性,减少考核时人为因素的影响;建立完善考核机制,实行末位淘汰制,避免了考核走过场的现象,通过考核机制的建立,增强了员工的危机感、紧迫感,促使员工不断提高自身素质。

二、培育自身核心专长,创特色服务,提升核心竞争力

在实习中,我看到一套由沿海集团、易建科技、美佳物业合作自行设计开发的"一站式物业管理资讯系统"物业管理服务软件。该软件包括:"一站式客户服务、一站式资讯管理、一站式数码社区"三大体系,是一个利用网络、电子商务、科技手段来提高物业管理水平和服务质量,有效地开发、整合、利用客户资源的资讯系统。管理处全面提倡"一站式服务""最佳保安"的特色管理服务。从而,实现了高效的管理运作,解决了业主的奔波之苦,创造了一种无微不至、无所不在的服务,提升了服务效率,提高了业主满意度,提升了物业管理服务的水平和服务质量,最终提升了公司在激烈的市场竞争中的核心竞争力。

三、推行"顾客互动年",促进公司与业主之间的良性互动

在与业主关系管理方面,2015 年美佳重点开展了"顾客互动年"活动。成立了美佳俱乐部,设立新生活服务中心,开通客户服务热线,根据小区居住的业主不同的年龄、不同的爱好与兴趣及不同的层次等,有针对性地开展日常的社区活动与主题活动。如:三月份,开展了学雷锋义务服务活动;"六一"儿童节,与幼儿园联谊开展游戏活动;十月份,组织小区业主观看露天电影;十二月份,圣诞节由圣诞老人派发圣诞礼物……通过开展各类丰富多彩的互动活动,加强了公司与业主、业主与业主之间的沟通交流,创建了互动的顾客关系,营造了浓厚的社区氛围和良好的居住环境。

四、重视物业管理的重要基础工作——设备管理

对于设备管理,我在实习中看到,管理处着重建立和完善设备管理制度;对各类设备都建立设备卡片;做好设备的日常检查巡视,定期进行检查、保养、维修、清洁,并认真做好记录,发现问题及时解决。如对水池、水箱半年清洗消毒一次,进行水质化验,以保证水质符合国家标准;发电机每月试运行一次;消防泵每月点动一次,以确保发生火灾险情时,消防泵能正常使用,等等。

五、管理处一道亮丽的风景线——安保队伍

管理处的保安管理设大堂岗、巡逻岗、监控岗、指挥岗,岗与岗之间密切联系,对小区实行24小时的安全保卫。建立并完善各项治安管理规章制度;对新招聘的安保员进行上岗前岗位的基本知识和操作技能培训,加大对在职安保员的培训力度,注重岗位形象、礼节礼貌、应急处理能力等培训,从而增强安保员的工作责任心和整体素质;强化服务意识,树立"友善与威严共存、服务与警卫并在"的服务职责,安保人员在做好治安管理职能外,还为业主提供各种服务,形成了管理处一道亮丽的风景线。

短暂的实习转眼就结束了,回顾实习生活,我在实习的过程中,既有收获的喜悦,也有一些遗憾。通过实习,加深了我对物业管理知识的理解,丰富了我的物业管理知识,使我对物业管理工作有了深层次的感性和理性认识。同时,由于时间短暂,感到有一些遗憾。对物业管理有些工作的认识仅仅停留在表面,只是在看人做,听人讲如何做,未能够亲身感受、具体处理一些工作,所以未能领会其精髓。

通过实习,我发现美佳物业无论是在管理经验,还是人才储备、基础管理上都已储备了雄厚的资源,是物业管理行业中的一位后起之秀,它的发展前景非常广阔。但在深圳,美佳物业的品牌不太响亮,若美佳物业挖掘新闻,借用传播媒体,扩大其知名度。那么,将在物业管理行业新的规范调整期占有更大的市场,让更多的居民享受到其优质满意的服务。

通过实习,我认识到要做好物业管理工作,既要注重物业管理理论知识的学习,更重要的是要把实践与理论两者紧密相结合。物业管理作为微利性服务行业,它所提供的产品是无形的服务,物业管理是一种全方位、多功能的管理,同时也是一种平凡、琐碎、辛苦的服务性工作。因此,在物业管理实际工作中,要时刻牢记物业管理无小事,以业主的需求为中心,一切从业主需求出发,树立"想业主之所想,急业主之所急,做业主之所需"服务宗旨,不断学习,不断创新,与时俱进,为业主提供整洁、优美、安全、温馨、舒适的居住环境,为全面建设小康社会开创物业管理新的里程碑。

物业管理201401班　安然
2016年2月25日

[点评]　这是一篇管理类实习报告。前言部分主要介绍了实习单位"美佳物业管理有限公司"概况,总领下文。主体部分分析了有限公司开展物业管理有关工作的特点、方式、运作规律。同时,对公司的设施管理、事务

管理、保安管理的工作内容作了具体介绍并谈了自己的认识。结尾写出自己在实习过程中的感悟、发现的问题及建议。是一篇较为规范的实习报告。

二、认知

实习报告是大学生在自己的专业实习中运用所学的专业知识对实习过程进行回顾所写的书面报告。实习报告的撰写是衡量大学生是否达到本专业学业水平的重要依据之一。

(一)使用范围

针对在校学生,凡参加了专业实习、毕业实习者根据要求均需拟写实习报告。

(二)特点

1.真实性　实习报告的拟写必须根据自己的实习情况来进行,实习岗位、工作要求等必须明确表述,不能虚假编造。

2.专业性　实习报告是运用自己所掌握的专业知识对实习工作进行总结,要对实习工作进行专业理论的提升,是运用专业理论知识对实习岗位、实习工作进行一次再认识的过程。

(三)作用

通过拟写实习报告对自己所掌握的专业技能、专业知识进行一次回顾性总结,发现不足及时补充,有利于自己的专业成长。

(四)区别

实习报告与报告的区别:

(1)实习报告属管理类文书而报告属行政公文。实习报告是利用专业知识针对专业实习而进行的一次回顾和评价。报告则是向上级汇报工作、反映情况、答复上级询问时行文。

(2)实习报告必须事后行文,报告可事前、事中、事后行文。

三、结构与写法

实习报告的结构包括:标题+正文+落款。

(一)标题

(1)单行标题,又称公文式标题由事由和文种组成,如《文秘与办公自动化专业实习报告》。

（2）双行标题，又称正副式标题。正标题概括实习报告的主要内容，点明观点或提出问题，副标题说明报告对象和文种，如《加强技能训练，夯实理论基础——物流专业实习报告》。

（二）正文

一般应包括前言、主体、结尾三部分。

1. **前言**　概述实习情况，实习时间、地点、实习单位、实习岗位、工作内容等，给人总体印象，总领下文。要求语言简洁，内容简明扼要。

2. **主体**　实习报告是专业毕业实习内容的详细表述，可以写实习中的主要收获和体会，也可针对实习中的某一专业问题，进行理论联系实际的分析、阐述、总结。注意点面结合，详略结合，叙议结合，而且叙议得当。

3. **结尾**　又称为"评价小结"即对自己的专业、毕业实习进行总体认识评价，说明实习中存在的问题，针对这些问题，结合专业知识今后实习、学习的新设想及改进意见。

（三）落款

正文右下方署作者名，下一行与作者名对齐署成文日期。

四、写作要求

理论联系实际：实习报告既不能写成流水账似的日记体又不能写成纯理论性的总结性报告，要针对实习内容利用专业知识对实习工作进行合理的正确的认识和评价。

　[**实例**]　根据学校组织的专业实习、毕业实习拟写一份个人实习报告，要求如下。

（1）题目自拟，要求简洁、明确，具有概括性。

（2）毕业实习报告是专业毕业实习内容的详细表述，可以写实习中的主要收获和体会，也可针对实习中的某一专业问题，进行理论联系实际的分析、阐述、总结。

（3）写作中要有个人的见解和认识，重点明确，结构严密，层次清楚，语句通顺，文字、标点运用正确，段落的结构完整、衔接自然，格式规范。

（4）字数要求不少于2 000字。定稿的毕业实习报告字号设置成4号，字体为宋体，打印在A4纸上。

第六讲　经济类文体

任务 6.1　广告文案

一、阅读

[例文1]

造中国最好的空调　创一流服务

要造中国最好的空调,需要最先进的技术和设备。××空调器厂是我国家电行业第一个运用 CIMS(计算机集成制造系统)的企业,在世界同行业中也属罕有。CIMS 是中国"863"工程的项目之一。CIMS 从产品开发到销售由两个计算机网络控制和管理,对产品质量有高精度的要求。采用 CIMS,确保了××空调的优秀品质。

四凯冷气专营××空调已五年,数年的安装、调试、维修,培养了一支高质量、技术精良的专业队伍。购××空调,无后顾之忧——经我公司员工的共同努力,2016 年度获售后服务先进单位称号,并授予奖牌。

买××空调,四凯冷气服务更精良!

××专营店地址:××路××号

电话:×××××××

四凯空调维修中心电话:×××××××

[点评]　该广告结构完整,由标题、正文、广告语和随文组成。在正文中,既突出了产品技术的先进,又借助获得的荣誉称号证明企业的服务一流。广告语简短精练,加深了消费者对该空调的印象。

[例文2]

牡丹电饭锅,煮饭更方便

● 自动控制　使用方便

采用"电子磁性变化"方法,准确地控制煮饭温度,饭煮熟后自动切断电源,无须有人在旁照料。

● 自动保温　经济实惠

装有自动恒温器及指示灯,自动保持米饭温热。

● 结构合理　经久耐用

电热丝均压铸在密封式管状加热板上,热效率良好,使用寿命长,安全可靠。

● 式样新颖　美观大方

造型美观,式样大方,配以玻璃透明窗,可视锅内烹调情况。

欢迎来厂订购,手续简便,交货及时,代客托运。产品质量稳定,实行三包,附有使用保养详细说明。本产品由上海轻工进出口公司上海市中百采购供应站经销。

上海××电器厂

厂址:上海市××路202号

电话:×××××××

[点评]　这是一则商品广告。正文采用分条陈述的形式,针对消费者关注的重点,突出产品的优点,语言通俗简洁。

二、认知

"广告"一词源自拉丁文,原意是"我大喊大叫"。在汉字中,字面意思为"广而告之""广泛劝告",即向公众告知某件事,它是一种通过一定媒介公开而广泛地向公众传播某种信息的宣传手段或形式。

广告有广义和狭义之分。广义广告指不以营利为目的的广告,包括政府公告,宗教团体、文化教育团体的启事、声明,以及美化公共环境、防止空气污染、促进公共福利等方面的社会公益性广告。狭义广告也就是商业广告,指的是以盈利为目的,以推销商品为特点的广告。狭义广告是现代广告的核心,本书所介绍的广告是狭义广告,简称广告。

广告文案伴随着广告的出现而出现,广告是一种信息传播活动,而传播必须依靠传播者与传播对象均能理解的符号完成,广告作品就是这些符号的最终载体,广告中的语言符号就是文案。广告就是通过文案把商品信息转播给消费者,因此,广告文案的创作应被视为广告制作的主体和归宿。

从广义的概念来理解,广告文案是指与广告作品有关的一切语言文字,包括广告企划、广告策划书等广告应用文本。从狭义的概念来理解,广告文案是指有标题、正文、广告语、随文等完整结构的文字广告。

(一)广告文案的特点

1. **信息性** 广告是向大众传达一定信息(如文化信息、商品信息等)的一种手段,因此广告文案的制作需要较为全面地、多角度地、准确地表现广告信息,满足大众对广告信息深度了解的需要。

2. **思想性** 广告要起到宣传教育和认识、美育作用,就必须具有思想性。作为传播社会主义精神文明建设的一种重要工具,广告文案的制作和表达、内容和形式都必须文明、健康。

3. **艺术性** 广告应当具有较强的艺术性,力求优美新颖、生动有趣、不落窠臼,使人们在美的、艺术的享受中产生对商品的需求欲和购买欲,从而达到最佳的广告效果。因此,广告文案要字斟句酌、反复推敲,选取最有效的文字组合,给人以深刻的回味无穷的印象。

4. **创造性** 广告文案拒绝平庸,更忌讳抄袭,需要具备丰富的创造力和创造精神。只有这样,才能出奇制胜,创造出新颖、独特的作品,以独具的吸引力来影响消费者。

(二)广告文案的作用

有人将现代社会称为铺天盖地、无孔不入的广告世界,这话不无道理。全世界每年的广告支出数额很大,西方发达国家的广告费用在国民生产总值中所占的比例很高。我国随着经济的较快发展,广告也起着越来越重要的作用。具体来说,广告文案的作用集中表现为以下几个方面。

1. **传递信息,沟通产销** 广告的最基本功能就是认识功能。消费者通过广告认识和了解各种商品的商标、性能、用途、使用和保养方法、购买地点和购买方法、价格等项内容,从而起到传递信息,沟通产销的作用。

2. **激发需求,提高知名度** 一则好的广告,能起到诱导消费者的兴趣和感情,引起消费者购买该商品的欲望,直至促进消费者的购买行动。提高商品的知名度是企业竞争的重要内容之一,而广告则是不可缺少的手段。精明的企业家,总是善于利用广告,提高企业和产品的知名度。

3.促进竞争，提高质量　目前,企业和商界的竞争主要靠两种手段:一是提高产品的内在质量和服务质量;二是进行广告宣传。一种好产品的一则出色的广告,肯定会激发消费者的潜在需求,推动产品的销售。可以说,竞争需要广告,广告又促进了竞争。广告有利于促进同类商品之间的竞争,它在客观上迫使企业不断地进行技术革新改造,提高产品质量,增加花色品种,调整价格,改进服务,当然,竞争的最终受益者还是消费者。

4.介绍知识，指导消费　今天,科学技术不断得到运用、新产品不断问世,如何使消费者尽快地了解和接受科技含量高的新产品,从而形成现代化的消费理念,这就赋予了广告传播各种商品信息、承担部分新知识和新技术的社会教育功能。比如有些产品,消费者购买以后,由于对产品的性能和结构不十分了解,因此,在使用和保养方面往往会发生问题。通过广告对商品知识的介绍,也可以更好地知道消费者做好产品的维修和保养工作,从而延长产品的使用时间。

总之,现代社会已经没有不做广告的企业和企业家,也没有不依赖于广告进行商品销售的商业活动。广告已经成为促进供需的道路,沟通产销的桥梁,活跃市场的媒介,生产生活的向导。现代社会的全部经济活动都离不开广告,广告已被公认为人类文明中的第八艺术。

(三)广告文案的分类

1.从内容上看　广告文案可分为企业广告、商品广告、文化广告、社会广告等。

企业广告又可包括工厂公司广告、金融保险广告、商品广告、酒楼宾馆广告、航空旅游广告。

商品广告包括得更多,有饮料广告、烟酒广告、药品营养液广告、化妆品广告、家用电器广告、服饰鞋帽广告、生活用品广告、钟表眼镜相机广告、办公学习用品广告、交通机械广告、房地产广告等。

文化广告包括书刊广告、影视音像广告、娱乐活动广告等。

社会广告包括公益广告、征婚广告、招聘招生广告等。

2.从制作广告的材料和媒质上看　广告文案可分为报刊广告、影视广告、广播广告、图文型广告、多媒体广告、户外广告、网络广告等。

3.从广告体式上看　广告文稿可分为陈述体广告、说明体广告、证明体广告、文书体广告、问答体广告、对话体广告、书信体广告、诗词体广告、相声小品体广告、故事体广告、新闻体广告、布告体广告等。

4.从广告的战术出发　广告文案可分为攻心术广告、迎心术广告、征奖术广告、恭维术广告、示诚术广告、算账术广告、以退为进术广告等。

5.从语言修辞的角度看　广告文案可分成语体广告、俗语体广告、类比体广告、比兴体广告、比拟体广告、双关体广告、设问和反问体广告等。

三、结构与写法

一篇广告文案通常包括广告语、标题、正文和随文四个部分,它们是传递不同信息、发挥不同作用的信息传递模式。这一模式可以有效地提升信息传达效果,也提供文案写作的基本思路。但是在具体写作中,可以根据不同情况只创作其中几部分,不必墨守成规,只要能达到预定目标的文案都是好文案,或许更出色。

（一）标题

标题,即广告主题或基本内容的集中表现,被誉为广告的灵魂。成功的广告标题,能够阐明广告的主要宗旨,引起消费者的高度注意,诱导消费者阅读全文。标题要求"引人入胜"。

1.广告标题的类型　广告标题分为直接标题、间接标题和复合标题三种。

（1）直接标题。这种标题直截了当地表明广告的主题和销售重点,使人们一看就知道广告的信息内涵。例如:

云南国际旅游服务公司为您提供优质服务。

今天我要喝——娃哈哈果奶。

（2）间接标题。这种标题不直接出现所要推销商品的内容,往往连产品的名称都不告诉消费者,而是利用艺术手法暗示和诱导,引起消费者的兴趣与好奇心理,从而进一步注意广告正文。例如:

眼睛是灵魂的窗户,为了保护您的灵魂,请给窗户安上玻璃吧!（美国眼镜广告标题）

出门前轻轻一按,回到家有饭有菜。（黄山牌电饭锅广告标题）

（3）复合标题。这种标题是将直接标题与间接标题复合起来。一则复合标题常由两个或三个标题组成,除了一个主标题外,还有一个或两个副标题,位于主标题的上下左右。主标题往往以艺术的手法表明一个引人入胜的思想,副标题则是说明产品的名称、型号、性能等,目的在于进一步补充和扩展主标题的含义。因而,复合标题会失去一点引人好奇的价值,但却能使消费者立即明白引起他们好奇的是什么产品。例如：

　　小到一颗螺丝钉——四通的服务无微不至。

　　四川特产,口味一流　　天府花生,越吃越开心。

　　复合标题能将直接和间接两种标题糅在一起,各取所长,既富有情趣性,又具有清楚明白的效果。这类广告标题常用于前两种标题不易表达广告内容时使用。

　　2.广告标题的写作要求

　　(1)重点突出。特别是提示性的广告标题,应突出产品名称与特性,便于读者迅速捕捉广告的核心和重点。

　　(2)简明紧凑,通俗易懂。标题不能过长,文字不要过于含蓄艰深,以免影响传播效果。

　　(3)风格新颖,生动有趣。应强调标题的创意,杜绝模仿抄袭,避免公式化、概念化,以鲜明的形象和生动的语言给读者留下深刻的印象。

　　(4)引人注目。表现手法应推陈出新,在字体的选择、字号的大小、字行的排列等方面下工夫,以引起读者注意。

　　(二)正文

　　正文是广告文案的核心部分,承接标题,起着向读者介绍商品、传输知识、增进了解并最终实现广告促销功能。广告正文的写法多种多样,常见的写法有如下几种。

　　(1)陈述型。用来陈述有关产品的情况,如产品的功效、特点、规格、用途、价格等。

　　(2)证书型。借助权威机构的验证及获得荣誉称号或消费者认可的语言来介绍产品或企业,以证明产品质量上乘和企业服务一流。

　　(3)诗歌型。通过诗歌的形式介绍产品或企业,利用诗歌句式整齐、富于韵律、便于记忆等特点来进行宣传。

　　(4)故事型。通常构筑与产品相关的情节内容来介绍产品,给消费者留下深刻的印象。

　　(5)问答型。运用一问一答的形式来表现商品的有关信息,激发人们的好奇心,从而达到宣传商品的目的。

　　(三)广告语

　　广告语,又称广告词,它是为了加强商品印象,在广告文字中经常反复使用的一种简短的语言标志。基于长远的销售利益,向消费者灌输的一种简明易懂、长久不变的商品观念,从而使消费者对该产品形成固定的良好印象,产生持续性购买。由于广告语的重要作用,再加上它制作上的简单、经济,使其成为"低投入,高产出"的一种广告文案形式,已经引起了人们的普遍重视,许多企业通过新闻媒介,向社会有偿高价征集广告语,把创意上乘的广告语视为企业的财富。

1. 广告语的类型　不同的广告语宣传重点不同,常见的广告语有以下几种。

(1)突出商品品牌的广告语,例如:怕上火,喝王老吉(王老吉饮料的广告语);反映产品高品质、高档次的广告语,例如:高贵不贵(某房地产)。

(2)反映企业和产品带给受众利益的广告语。例如:排除毒素,一身轻松(排毒养颜胶囊)。

(3)反映企业或产品特点的广告语,例如:农夫山泉有点甜(农夫山泉)。

(4)表现企业经营理念的广告语,例如:海尔冰箱,真诚到永远(海尔冰箱)。

(5)表现产品给受众带来的良好祝福,例如:人头马一开,好事自然来(人头马 XO 酒)。

2. 广告语的写作要求　好的广告语,在创作中要符合以下要求。

(1)要切合品牌或企业所要传播的定位。广告语是品牌主张的一个载体,一个核心的载体,它在广告中起到非常关键的作用。因此,广告语必须符合品牌或企业的定位。例如"怕上火,喝王老吉"这样短短的一句话,把它所要说的"王老吉是预防上火的饮料"说出来了。这就符合王老吉的品牌定位。而此前,王老吉的广告语是"健康家庭,永远相伴",这种过于泛化的广告语是没有效果的——这与其原来的定位过于泛化有关。在这方面,宝洁公司的几个洗发水品牌做得非常好。比如海飞丝的广告语"头屑去无踪,秀发更出众""去头屑,让你靠得更近",就将它的定位——所主要的独特卖点(USP)"去头屑"明确地传达出来了;又如飘柔广告语"亮丽、自然、光泽"与"柔顺头发"的卖点定位一致;潘婷广告语"独含 VB5,滋养你的秀发"与"营养头发"的卖点定位一致。

(2)要有冲击力、感染力。好的广告语能够打动消费者,让人在情感上产生共鸣,从而认同它、接受它,甚至主动传播它!纵观我们所熟悉的广告语,比如"喝了娃哈哈,吃饭就是香",或许你已经好久没有看过或听过它的广告了,但你却依然记得,历历在目、印象深刻。

(3)要易于传播,表现在易读、易记等方面。如何才能够做到这几点?

这就要求广告语要简短、无生僻字、易发音、无不良歧义、具有流行语潜质。广告语不要说得太多、太长，要注意信息的单一性，一般以 6～12 个字为宜，这样便于记忆和传播。例如：新一代的选择（百事可乐）、想想还是小的好（大众甲壳虫汽车）、想做就做（耐克）、好吃看得见（康师傅）。

（4）要讲究语言文采。好的广告语，能让你回味良久。如"钻石恒久远，一颗永流传""滴滴香浓，意犹未尽""只溶在口，不溶在手"等，都堪称经典。需要明确的是，广告语不是玩文字游戏。它不是华丽的辞藻的堆积，切勿讲求诗一般的意境。但必须注意，要讲究用词用句，保持结构、语法的正确性。

（四）随文

随文又称附文，是广告文稿的附属部分。起着消费者的购买指南作用，主要是交代和说明产品名称、品牌、商标、企业名称、地址、电话、电传、网址等内容。写作随文要根据宣传内容的需要，有针对性地选择以上内容。

四、广告文案的写作要求

1. 针对性强　广告文案的作者必须充分了解消费者，使广告因人而异，有的放矢。如目标市场是青年，就要充满时代感，文字富于美感，尽量使用情感诉求方式。目标市场是老年人，则重在理性诉求，诚实谦和，着重强调产品特性、使用方法等。

2. 真实可信　广告文案的写作切忌浮夸，"誉满全国""销量第一"泛滥，反而失去可信度。在表达上应把握尺度，不能夸大其词，必要时应公布有关的鉴定材料。

3. 主题突出　写广告文案，不能面面俱到，应确定一个中心，一条线索，一个角度，并贯穿于正文的始终。一般情况下，广告文稿应紧紧抓住消费者的心理，突出商品的特点，以产生强烈的效果。

4. 语言通俗　广告传播具有时间短、篇幅小的特点，这是客观的要求。广告语言应力求适应消费者的文化水平与习惯，不要过于含蓄、晦涩，也不应过多地使用方言，以求得更好的宣传效果。

［实例］　1. 阅读下面一则广告，指出它在格式和内容上存在的毛病，并修改。

××省××服装厂

××牌羊绒絮片服装

　　产品特点：防潮、保暖、整件服装洗涤方便，款式新颖，美观大方，轻盈舒适,质量可靠,老、中、青规格齐全。

该产品××××年获××省优秀产品奖,男女服装在××省同行业均名列前茅。

××省服装厂

厂址:××省××区××路89号

电话:93810054

2.请为你最喜欢的一款手机写一则广告(包括标题、正文、广告语)。

任务6.2 经济合同

一、阅读

[例文1]

钢材购销合同

供方:(以下简称甲方)

需方:(以下简称乙方)

乙方因工程建设的需要,向甲方购买钢材,为明确双方的权利义务,经双方平等友好协商,订立以下条款。

1.乙方工程建设所需的钢材全部从甲方购买。未经甲方书面同意,乙方不得从其他渠道购买钢材,否则,乙方应向甲方支付违约金人民币××万元整,同时甲方有权单方解除合同。

2.乙方根据工程进度需要,分期分批向甲方购进所需钢材,乙方每次需货时,应提前三天通知甲方所需钢材的规格、型号、数量、生产产地,经甲方确认后,甲方应在×日内将该钢材送到乙方工地。如果甲方逾期供货,每拖延一日,按价款的千分之三支付违约金。

3.由于钢材市场价格变动频繁,每批货物的价格以甲方供货当日市场价格为参考,由双方友好协商确定。

4.钢材接收验收方式:乙方收到货物后应先进行检测,合格后方可使用,如有质量问题应在收到货物之日起两日内书面通知甲方,并提出相关的检测报告,否则该批钢材的质量视为完全合格。经双方确认钢材质量确实不合格后,甲方应将质量不合格的钢材运回,并承担运回所发生的运费,但甲方不承担其他责任,同时甲方在运走不合格钢材3日内换送合格钢材。

5.付款方式:本合同项下钢材款项按以下方式支付:甲方钢材送到乙方工地当日,乙方必须支付该批钢材总价款的70%,余下款项在货到一个月内付清。如果乙方没有按时如数支付任何一期的钢材款,则乙方除赔偿当期所欠款项外,还应支付拖欠款项每日计千分之三的违约金。

6.双方应严格遵守本合同,如果双方有争议应先协商解决,协商不成的,提交乙方所在地人民法院裁决。

7.本合同双方签字盖章后生效。

8.本合同一式二份,甲乙双方各执一份。

　　　　　甲方(公章):　　　　乙方(公章):
　　　　　甲方代表:　　　　　　乙方代表:
　　　　　　　　　　　　　　　　合同签订日期:

　[点评]　这一份购销合同,结构精短,语言简洁,格式规范;所制订的条款全面,主要条款完善,明确;书写格式符合合同的一般写作格式。

[例文2]

房屋租赁合同

　　订立合同双方:出租方:_____(以下简称甲方)
　　　　　　　　　承租方:_____(以下简称乙方)

　　根据《中华人民共和国合同法》及我市有关规定,为明确甲、乙双方的权利义务关系,经双方协商一致,签订本合同。

　　第一条　甲方将自有的位于_____市_____街_____巷_____号的房屋_____栋_____间,建筑面积_____平方米、使用面积_____平方米,类型_____,结构等级_____,完损等级_____,主要装修设备_____,出租给乙方作_____使用。

　　第二条　租赁期限

　　租赁期共_____个月,甲方从_____年_____月_____日起将出租房屋交付乙方使用,至_____年_____月_____日收回。

　　乙方有下列情形之一的,甲方可以终止合同,收回房屋:

1.擅自将房屋转租、分租、转让、转借、联营、入股或与他人调剂交换的;

2.利用承租房屋进行非法活动,损害公共利益的;

3.拖欠租金_____个月或空置_____月的。

合同期满后,如甲方仍继续出租房屋的,乙方拥有优先承租权。

租赁合同因期满而终止时,如乙方确实无法找到房屋,可与甲方协商酌情延长租赁期限。

第三条 租金和租金交纳期限、税费和税费交纳方式

甲乙双方议定月租金_____元,由乙方在_____月_____日交纳给甲方,先付后用。甲方收取租金时必须出具由税务机关或县以上财政部门监制的收租凭证,无合法收租凭证的乙方可以拒付。

甲乙双方按规定的税率和标准交纳房产租赁税费,交纳方式按下列第_____款执行:

1.有关税法和镇政发〔90〕第34号文件规定比例由甲、乙方各自负担;

2.甲、乙双方议定。

第四条 租赁期间的房屋修缮和装饰

修缮房屋是甲方的义务。甲方对出租房屋及其设备应定期检查,及时修缮,做到不漏、不淹、三通(户内上水、下水、照明电)和门窗好,以保障乙方安全正常使用。

修缮范围和标准按城建部〔87〕城住公字第13号通知执行。

甲方修缮房屋时,乙方应积极协助,不得阻挠施工。

出租房屋的修缮,经甲乙双方商定,采取下述第_____款办法处理:

1.按规定的维修范围,由甲方出资并组织施工;

2.由乙方在甲方允诺的维修范围和工程项目内,先行垫支维修费并组织施工,竣工后,其维修费用凭正式发票在乙方应交纳的房租中分_____次扣除;

3.由乙方负责维修;

4.甲乙双方议定。

乙方因使用需要,在不影响房屋结构的前提下,可以对承租房屋进行装饰,但其规模、范围、工艺、用料等均应事先得到甲方同意后方可施工。对装饰物的工料费和租赁期满后的权属处理,双方议定:

工料费由_____方承担(　　);

所有权属_____方(　　)。

第五条 租赁双方的变更

1. 如甲方按法定手续程序将房产所有权转移给第三方时,在无约定的情况下,本合同对新的房产所有者继续有效。

2. 甲方出售房屋,须在三个月前书面通知乙方,在同等条件下,乙方有优先购买权。

3. 乙方需要与第三人互换用房时,应事先征得甲方同意,甲方应当支持乙方的合理要求。

第六条　违约责任

1. 甲方未按本合同第一、二条的约定向乙方交付符合要求的房屋,负责赔偿_____元。

2. 租赁双方如有一方未履行第四条约定的有关条款的,违约方负责赔偿对方_____元。

3. 乙方逾期交付租金,除仍应补交欠租外,并按租金的_____%,以天数计算向甲方交付违约金。

4. 甲方向乙方收取约定租金以外的费用,乙方有权拒付。

5. 乙方擅自将承租房屋转给他人使用,甲方有权责令停止转让行为,终止租赁合同。同时按约定租金的_____%,以天数计算由乙方向甲方支付违约金。

6. 本合同期满时,乙方未经甲方同意,继续使用承租房屋,按约定租金的_____%,以天数计算向甲方支付违约金后,甲方仍有终止合同的申诉权。

上述违约行为的经济索赔事宜,甲乙双方议定在本合同签证机关的监督下进行。

第七条　免责条件

1. 房屋如因不可抗拒的原因导致损毁或造成乙方损失的,甲乙双方互不承担责任。

2. 因市政建设需要拆除或改造已租赁的房屋,使甲乙双方造成损失,互不承担责任。

因上述原因而终止合同的,租金按实际使用时间计算,多退少补。

第八条　争议解决的方式

本合同在履行中如发生争议,双方应协商解决;协商不成时,任何一方均可向房屋租赁管理机关申请调解,调解无效时,可向市工商行政管理局经济合同仲裁委员会申请仲裁,也可以向人民法院起诉。

第九条　其他约定事宜

略

第十条　本合同有效期限：　　年　月　日至　　年　月　日。

第十一条　本合同未尽事宜,甲乙双方可共同协商,签订补充协议。补充协议报送市房屋租赁管理机关认可并报有关部门备案后,与本合同具有同等效力。

第十二条　本合同一式4份,其中正本2份,甲乙方各执1份;副本2份,送市房管局、工商局备案。

出租方:(盖章)　　　　　　　　承租方:(盖章)

法定代表人:(签名)　　　　　　法定代表人:(签名)

单位联系地址:　　　　　　　　单位联系地址:

电话:　　　　　　　　　　　　电话:

委托代理人:(签名)　　　　　　委托代理人:(签名)

[点评]　这是一份租赁合同。标题由合同类别和"合同"二字组成。导言写立合同人、立合同的目的,并说明订立本合同双方经过了友好协商。第一条至第十条为主体,分别写经双方协商约定的各自承担的法律责任、享有的权利、解决争议的方式和有效期。第十一、十二条作为尾部内容,分别写未尽事宜的解决方式、执合同者及合同的备案单位。本合同条款具体,格式规范,语言明晰,行文周密,内容详尽而完整。

二、认知

《中华人民共和国合同法》规定:"合同是平等主体的自然人、法人、其他组织之间设立、变更、终止民事权利义务关系的协议。"合同的形式有口头形式、书面形式等,本书只介绍合同的书面形式即合同的写作知识。

经济合同是自然人、法人、其他组织之间为实现一定的经济目的,明确相互的权利义务关系而订立的书面协议。

经济合同具有法律约束力,保护合同当事人的合法权益;有利于加强社会的经济管理,维护社会经济秩序,建构和谐社会。

(一)经济合同的特点

1.经济合同的主体不具有单一性　合同是双方的法律行为,是发生在双方或多方当事人之间的关系,其主体具有非单一性,或者说,单一主体是无法进行合同行为的,合同行为只可能发生在双方或多方当事人之间,是发生在自然人、法人和其他社会组织之间的法律行为。

2. 经济合同主体法律地位具有平等性　在合同关系中,当事人双方或多方在法律地位上是平等的,无论一方在行政关系中是否与另一方存在隶属关系,在订立合同时,都没有任何特权,双方当事人处于同等的合同缔约者的位置上,任何一方当事人都不得将自己的意志强加给对方。

3. 经济合同的法律效力性　依法成立的合同,对当事人具有法律约束力。当事人应当按照约定履行自己的义务,不得擅自变更或解除合同。换句话说,依法成立的合同就是当事人之间的法律,它保护当事人的合同权益,实现当事人的合同目的和愿望,当事人违约,即要承担法律责任。

4. 经济合同的主体具有限定性　合同立约人必须是具有法律行为能力者。未成年者、精神病患者、醉酒者和被剥夺政治权利的人,以及丧失语言思维能力的人不能作为立约人。代表经济组织团体签订合同的签约双方,必须具有法人资格。

（二）经济合同的分类

合同从不同的角度有不同的分法。按合同的内容不同分,通常包括买卖合同、赠与合同、借款合同、租赁合同、融资租赁合同、承揽合同、建设工程合同、运输合同、仓储合同、供用电水气热力合同、保管合同、委托合同、经纪合同、居间合同等。

三、经济合同的结构与写法

1. 标题　合同标题由合同性质或内容加文种两部分组成,如《购销合同》《房屋装修合同》,标题写在第一行中间,字体稍大。

2. 立合同人　即合同当事人名称或者姓名。要准确写出签约单位或个人的全称、全名,并在其后注明双方约定的固定指代,如一般写"甲方""乙方",如有第三方,可将其称为"丙方"。在对外贸易合同中,有时可指代为"卖方""买方"。不论在什么情况下,合同中都不能用不定指代"你方""我方"来指定当事人。

3. 引言（开头）　引言是合同的开头,主要写明订立合同的目的、根据,是否经过平等、友好协商等。

4. 主体　合同的主体内容由合同当事人各方约定,写明各方所承担的法律责任和应享有的权利,一般应具备以下条款。

（1）标的。标的是指合同当事人的权利义务所共同指向的对方,即合同的基本条款,如购销合同卖方支付的出卖物。

（2）数量、质量要求。数量是标的的具体指标，是确定权利与义务大小的度量，所以必须规定得明确具体，不但数字要准确，计量单位也必须精确。质量是合同的基本条件之一，必须从使用材料、质地、性能、用途，甚至保质期等方面详细约定。

（3）价款或报酬。这是指合同标的的价格，是合同各方当事人根据国家法律、法规、政策和有关规定，对标的议定的价格，是合同一方以货币形式取得对方商品或接受对方劳务所应支付的货币数量。要明确标的的总价、单价、货币种类及计算标准、付款方式、程序、结算方式。

（4）合同履行的期限、地点和方式。履约期限就是合同的有效期限，是合同具有法律效力的时限和责任界限，过时则属违约。日期用公元纪年，年、月、日，书写齐全。地点是指当事人履行合同义务、完成标的任务的地点。履行方式是当事人履约的具体办法，如借贷合同的出资方要以提供一定的货币来履约等。

（5）违约责任。这是对当事人不履行合同义务时的制裁措施。违约责任应考虑周全，需逐一估计其可能发生的事，包括写明发生当事人不能预料、无法躲避且不可抗拒的如地震、台风等因素时如何处理等。

5. 尾部

（1）写有关必要的说明。如说明解决争议的方法，合同的份数、保管及有效期；说明合同所附的表格、图纸、实物等附件。

（2）落款。要写明双方单位全称和代表姓名，并签名盖章，还应写上合同当事人的有效地址、邮政编码、电子邮箱、电话、电报挂号以及开户银行、账号等。

四、写作要求

（1）合同内容要合法、合理。合同内容必须符合法律规定，如果合同内容违反国家的法律和政策，不仅不受法律保护，还要依法追究法律责任。同时，签订合同必须要贯彻平等互利、协商一致、等价有偿的原则。

（2）条款规定要全面完整。合同所必备的各个构成部分不能缺少，关键条款不能遗漏。

（3）表达要简明准确。合同的写作采用说明方式，应做到周密严谨，言简意赅。要写得明确具体，条款要清晰，概念要准确，切忌词不达意或含糊不清。比如，必须使用规范汉字，不使用"最近""基本上""可能""大概""上一年"一类模糊词语。价款与酬金数字必须要大写。

（4）要充分了解合作方的资格、资信和履行合同的能力。

［**实例**］ 1.分析下面这则合同存在的主要问题。

合 同

甲方:碧雪饮料厂

乙方:深城纸箱厂

乙方按原订合同生产纸箱,因质量存在某些问题,为此发生业务纠纷,现经协商,重新达成如下协议:

一、乙方库存的 3 500 个纸箱由甲方全部提走,提货方法:甲方先提走一车,剩余部分由乙方帮助运送。

二、甲方收货后将款于今年 1 月交付给乙方。

三、上述数量的纸箱作低价处理,按每只 1.50 元计算货款。

四、库存纸箱的配件可以由乙方配套提供给甲方。

五、库存纸箱中如有质量问题而无法使用者,乙方不予计入提货数量之内。

六、此合同自签订之日起生效,双方不准违约。

甲方代表:张林　　　　　　　　乙方代表:王宽

2015 年 4 月 10 日

2.每 4 名同学划分为一个小组,为甲乙双方,每一方 2 人,选择下面提供的材料,选择适合本组熟悉的种类,制订出本组合同。

（1）订立租赁合同。甲方在××小区有两居室,只住过 3 年,现在准备出租,室内家具、床铺、电话、冰箱(已使用 3 年)、电视机(旧的)齐备,卫生间设施良好,厨房橱具齐全。

（2）乙方为租赁方,准备租赁两年,居住人口 2 人。

请小组的甲乙双方经过协商,制订并写出条款式租赁合同,要求格式写法正确,不少于 500 字。

任务 6.3　市场调查报告

一、阅读

[例文1]

碳酸饮料消费市场调查

　　××市场策划有限公司最近就国内碳酸饮料市场现状进行了一次专题调查。这次调查采用街头拦访的方式,在深圳、广州、上海三地进行。

　　调查结果显示,在众多品牌的广告提及率中百事可乐最高,为70%;可口可乐、美年达紧随其后,分别为62%及59%。进一步调查显示,往往广告提及率较高的碳酸饮料品牌也大多是人们购买最多的品牌。综合比较各主要品牌的广告投入与消费者购买选择之间的差异,研究人员发现,百事可乐、可口可乐处于购买率与广告提及率的双高区域,酷儿、雪碧、七喜、美年达广告提及率较低,购买率相对较低。

　　在所有受访人群中,碳酸饮料消费最主要的人群为16~25岁,为36%;其次为16岁以下和26~35岁人群;而35岁以上的饮用人数比例较少。该公司分析认为,16~25岁的人群成为整个碳酸饮料消费市场的主力军。36岁左右的人群是以中年为主的一群人,可能这个年龄段更多的人会选择喝茶或咖啡,在碳酸饮料上消费得相对要少些。

　　为了使国内的碳酸饮料市场能更健康地发展,为众多的生产企业提供参考,公司研究人员结合现阶段的消费市场实际情况,对企业和商家提出以下建议:

　　一、注重广告效应,留下深刻印象。电视广告是消费者了解碳酸饮料品牌的重要渠道,以信息来源多、广泛、涉及的人群多而深受商家的青睐。很大程度上,广告对销售起到推动作用,很多消费者是在看过广告后才会引起购买欲望,因此建议商家应该重视广告的重要性。

　　二、树立品牌形象,扩大知名度。各品牌碳酸饮料之间的竞争,其实从某种程度上来比较,就是品牌形象和知名度的竞争。消费者对于碳酸饮料的了解状况已进入了品牌时代,一个大众认知的知名品牌能够影响消费者的购买行为。企业必须不断地开发出新的碳酸饮料,确立产品的竞争优势,推出新的卖点,以扩大品牌的知名度。

三、切合目标,力推青少年市场。从本次调查结果来看,碳酸饮料的主要消费人群年龄相对偏小,青少年居多,因此建议多开发适合青少年饮用的健康碳酸饮料。

[点评] 这是一篇比较规范的市场调查。标题为单标题,直接点明调查内容。开头部分说明了调查单位、调查内容、调查对象、调查方法、调查结果。中间部分根据调查结果进行分析,以数据说话,分析了广告对消费者选择品牌的引导作用;碳酸饮料消费者的年龄段及原因。结尾部分在翔实的材料、准确的数据,精密的分析基础之上得出结论,给商家提出合理的建议,为商家今后的决策提供了参考。

[例文2]

中国物流市场供求状况调查报告

中国仓储协会　××

为了解我国目前大中型企业的物流运作现状,掌握供需情况,中国仓储协会于200×年3—4月,组织了第×次全国范围内的物流供求状况调查,回收146份有效问卷,结果分析如下。

一、回收问卷的构成比例:其中生产企业90家、商业企业20家、物流企业36家。生产企业中三资企业43家,外商独资企业14家,从事电信、电子与家电的企业35家,物流企业中亦有三资企业7家。

二、物流执行主体:生产企业原材料物流的执行主体主要是供货方,占46%,成品销售物流中,24.1%的执行主体是公司,16.1%是第三方,59.8%是采用两种形式;与1999年第一次调查数据相比,全由第三方代理的比例上升7个百分点,商业企业物流执行主体76.5%为公司本身。

三、外包企业物流:调查表明,在有第三方代理的情况下,生产企业使用第三方的数量通常有2~10家;商业企业使用第三方有10家以上,这说明目前我国的生产企业和商业企业物流"外包"主要以"分包"为主,总体来看代理的比例很小,约10%左右,可见企业物流被严重分割。而且生产企业外包,物流主要集中在干线发运,其次是市内配送和仓储,再次是包装;商业企业的外包,物流在市内配送,仓储和干线发运方面比例均等,这说明生产企业和商业企业物流"外包"的侧重点不同。

四、付款方式(略)

五、付款期限(略)

六、库存期(略)

七、单据准确率(略)

八、物流费用支出比例(略)

九、物流设施现状(略)

十、物流软件开发情况(略)

十一、对物流运作现状的评价(略)

十二、物流考核标准及新物流商选择(略)

十三、生产企业选择的新的物流服务商(略)

十四、结论与建议

以生产企业为目标客户的专业物流公司,主要服务功能为干线运输、仓储保管和市内配送,而且必须是有全国范围的物流网络的支持。

新型的物流需求,主要集中在系统设计、物流过程管理、数据采集、库存分析等信息支持上面,新型物流公司应把握这一需求,为企业提供多种管理和决策服务,创造新的赢利机会。

工商企业在选择新的物流服务商时,首先注重的是作业速度,其次是作业质量,最后才是运作的经济性,物流企业要有针对性地进行宣传和功能设计,才能有效地把握客户的需求。

物流设备制造商要加强设施的功能开发,提高技术含量。物流运输设施、搬运设施和仓库,以及电脑等需求量较大。物流设施设备制造商的主要目标市场是物流企业,其次是生产企业。

200×年×月×日

[点评]　这是一篇市场动态调查报告。采用公文式标题,由事由和文种构成。调查单位和撰文者署名在标题之下。

前言说明调查的背景、时间、目的和依据,言简意赅。主体部分采用横式结构,把需要说明的问题按性质不同分为十四个部分,再逐次说明调查的情况,条理清楚。主体的第十四个部分阐述调查结论并提出建议。言尽文止,省略结语。落款注明完稿时间。

二、认知

(一)市场调查报告的概念

市场调查报告是对市场进行深入调查研究之后,对市场调查获得的信息资料进行系统、科学和周密的整理,根据实际需要进行分析、归纳、综合后撰写的书面报告。它是记述市场调查成果的一种经济应用文。

一般来说,市场调查有狭义和广义两种。狭义的市场调查是指根据某一特定的商品的需要,对与商品有关的市场情况进行专项调查,研究消费者对该商品的意见和要求、购买习惯、欲望和动机等。广义的市场调查除了上述内容外,还包括调查企业形象、社会需求量、销售环境、价格战略、流通渠道、竞争结构等内容。如何选择市场调查的范围,应该根据市场调查报告的要求而定。

(二)市场调查报告的作用

1. 了解信息　当今的社会各种信息极为丰富。在经济活动中,掌握各类有价值的信息,已经成为经济活动各个阶段越来越重要的要素。通过市场调查,不仅可以获得市场消费信息,直接为企业的销售服务,而且还可以充分了解同行业的经营情况,学习同行业中先进企业的管理经验,为企业的长远发展服务。市场的竞争,归根到底是企业综合实力的竞争。科学的市场调查,不仅可以掌握有关商品的款式、性能、价格等内容,还能了解很多诸如企业理念、经营风格、形象塑造等其他东西。学习同行的先进经验和技术,有利于提高企业自身的经营管理水平,从而为企业可持续发展提供帮助。

2. 指导生产　市场需要是消费需要的反映。满足市场需要是商品生产的出发点和归宿点。随着我国商品经济的日益发展和商品市场的不断扩大,市场的情况也日趋复杂。因此,市场调查报告就越来越重要。不树立市场观念,不重视市场调查,闭门造车,拍脑袋决策,就会使商品的生产和流通陷入盲目状态。通过市场调查可以了解消费者多种多样的需要,有利于企业按消费者的需要生产、研制适销的产品,提高产品在市场上的占有率,顺利完成商品从生产到消费的转移。

3. 合理定价　企业作为生产经营的实体,追求利润的最大化是其强烈的、现实的目标。怎样才能以最小的消耗换取最大的经济效益,确定产品、服务的合理价格,是很重要、很具体的操作步骤。既不能因为价格过高影响销售,从而削弱竞争力;也不能因为价格过低而使合理的利润流失,从而影响企业的积累,最终使企业的竞争力衰退。通过市场调查,可以充分了解同类产品的价格,有利于企业在保证经济效益的前提下,确定自己产品的合适价格,使产品具有较强的竞争能力。

4. 均衡供需 通过市场调查可以了解市场供需情况,对商品供需行预测,制订供应总量计划和品种计划,这对于合理、均衡地组织市场供应,使供给和需求的关系尽可能保持平衡具有重要作用。商品供需是矛盾的两个方面,始终处于动态的变化之中。不用科学的方法进行决策和管理,既影响企业的生存和发展,又会造成市场供求比例的失调,也影响整个社会扩大再生产。为了更好地引导生产,使供给和需求关系尽可能达到平衡,满足社会需要,提高企业的经营管理水平、竞争能力和经济利益,就必须重视市场调查。在宏观经济管理活动和企业经营管理活动中,市场调查报告都具有十分重要的作用,可为决策机关的决策及商品的生产和流通提供比较可靠的依据。

(三)市场报告的特点

1. 针对性 针对性是指市场调查报告要有明确的目的。通过调查研究写成的报告,或是总结市场涌现的新经验,以典型推动一般;或是汲取市场出现的新教训,以失误为前车之鉴;或是反映新情况,以便于对症下药;或是探明事件的真相,以了解问题的来龙去脉……总之,市场调查报告都是为了切实指导实际工作,以推动经济工作健康发展。实践证明,调查报告的针对性越强,其指导意义、参考价值和社会作用也就越大,反之,如果调查报告没有针对性,或是针对性不强,则起不到应有的参考或指导作用。

2. 真实性 真实性是市场调查报告的生命。尊重客观实际,依据事实说话,不虚构、不臆测、不武断是真实性的基本要求。材料真实是保证市场调查报告真实性的基础。市场调查报告中涉及的一切材料,包括历史资料、现实材料、典型事例、统计数据等都必须言之有据、准确无误。同时,科学方法的运用,也是保证市场调查报告真实性的可靠手段。写作时要根据不同的调查对象、调查范围,选用恰当合理、科学细致的调查方法,获取真实、丰富、可靠的材料,以确保调查报告的真实性。

3. 典型性 虽然,市场调查报告是实用性很强的应用文,一般总是为某种实用目的而写,但这并不意味着它是那种"就事论事"式的应对文章。相反,优秀的调查报告往往能通过某个具体事例的调查,反映出带有普遍意义的问题。解剖一只"麻雀",做的是"点"上的工作,但抓住了问题的本质,对

"面"上的工作就能起指导作用。要写出具有典型价值的调查报告,必须注意两点:一是对调查得来的所有材料,要做科学的合乎逻辑的分析研究,从中找出规律性的东西,抓住市场变化的基本趋势;二是报告的结论要准确可靠,在论证基础上提出的建议必须切实可行,有较为广泛的普适性和实实在在的可操作性。

4.时效性 市场调查报告的时间性很强,要及时、迅速、准确地反映、回答现实经济生活中出现的具有代表性的紧迫问题。市场调查必须迅速,撰写报告应当及时。一旦报告的内容"过时",失去了现实的意义,报告也就不再有价值。随着我国社会主义市场经济日趋成熟,市场也会越来越发达,市场变化自然会日益加快,这就决定了市场调查报告的撰写要迅速、及时。做不到迅速及时地反馈市场的信息,就会落后于市场的变化,这样就会失去调查报告的参考和指导价值。

(四)市场调查报告的分类

市场调查报告的种类很多,依据不同标准,从不同角度,可以把市场调查报告分成不同的种类。

1.按市场调查报告的文体特点分类 按文体特点分类,市场调查报告可分为通讯式、论说式和总结式三种。通讯式调查报告偏重于对调查过程和调查得来的情况的叙述,使读者对调查对象产生鲜明深刻的印象。论说式调查报告侧重于对调查得来的材料分析论证,以及由论证形成的作者的见解,并且以此来引导读者,使读者了解该调查对象的性质及其所具有的意义。总结式调查报告是通讯式和论说式两种方式的结合,它既全面地反映实际情况,又有较浓重的理论色彩,使读者对调查的对象和作者通过分析、归纳得出总结式结论都有深刻的印象。

2.按市场调查报告的调查范围、调查方式分类 按此方式分类,可将市场调查报告分为综合调查报告、专题调查报告和典型调查报告三种。

综合调查报告以普遍调查的方式为基础。所谓普遍调查,是指在一定的范围内对所有对象进行调查。普查涉及面广,得到的资料全面,因而,它的结论覆盖面宽,准确程度高,指导作用相应也大。但普查的规模大、范围广,要耗费大量的人力、物力,所需时间也较长。

专题调查报告范围比较明确,常常是为了一定的目的,选定某一个专门对象进行专项调查。这种调查获取的资料不及普查全面,所以准确性不如普调高。但它花费的人力、物力少,所用时间也少,使用较为灵活,适用范围广。

典型调查报告涉及的范围比专题调查更小。它选用一个典型事例作为调查对象,通过调查个别,达到了解一般的目的,也就是人们通常讲的"解剖麻雀"式的方法。其优点是投入小,收益大,通过对典型事例的调查、研究,得出具有普遍意义的结论,来指导和推动面上的工作。

3.按调查报告的目的、作用、内容分类 按此分类,可将市场调查报告分为情况调查报告、事件调查报告、经验调查报告和问题调查报告四种。

情况调查报告是针对某一个地区、某一个事件或某一调查对象的基本情况,作较为系统、深入的调查、分析。它以叙述情况,描述事实为主,较少分析、议论,主要是为有关部门、有关人员掌握客观的、新鲜的资料,给这些部门或人员研究、处理问题,制定政策、法规,决定方针、路线提供现实的依据。

事件调查报告针对现实经济生活中的突出事件,把该事件的来龙去脉,前因后果,背景材料,以及有关情况清晰而完整地陈述出来。它也以叙述为主,较少议论。经验调查报告通过对典型事例的调查分析,为某一方针、政策的执行和落实提供典型经验和具体做法。这类调查报告的政策性、理论性较强,具有普遍的指导意义。其内容注重典型性、社会性、政策性和指导性。

问题调查报告重在反映工作中的不足之处,"问题"的含义较广泛,它不限于狭义的事故、错误,还包括应当引起重视和值得研究的矛盾、倾向、隐患等。它的职能是揭露问题、剖析问题和提出解决问题的方法、意见,为解决实际工作中的矛盾提供良方。在各种调查报告中,这种报告与实际工作关系最为直接密切,因此,无论是"问题"的提出,还是"问题"的解决方案,都要以事实为依据,明确其范围、性质和程度,切不可主观臆断,背离现实,产生误导作用。

三、结构与写法

(一)标题

就内容而言,市场调查报告的标题一般涉及调查的对象、事由、内容、范围和文种名称等几个方面,如《国产数码照相机市场占有率的调查报告》,就形式而言,市场调查报告的标题一般有单一标题、正副标题等类型,如《从绣花鞋到中国结——民间工艺产品热销原因调查》,就表达而言,标题要与报告的内容相符合,力求做到准确、简洁、醒目、新颖。

(二)前言

前言也称引言,是调查报告的开头。从形式上讲,前言一般有两种表述方法:一是独立陈述,标明"前言"或"引言";二是与正文合为一体,作为报告的"开场白"。从内容上讲,无论采用哪种形式,前言一般概述三个方面问题:调查的缘由、目的;调查的对象、范围;调查的经过——时间、地点、过程和方法。同时也可以简要概括全文的主要内容和观点,起到提示全文的作用。

(三)正文

从市场调查所得到的有价值的材料,提炼材料后所得出的观点、结论,都要在正文中有序、合理地展开。市场调查报告是针对性很强的经济应用文,每一篇文章的内容都不相同。但是,其基本的结构方式还是有一定的规律可循。下面介绍的三种结构方式,就是市场调查报告正文常用的结构模式。

1.纵式结构　这种结构方式的特点是纵向安排全文的行文线索,或是以事情发展的过程为序,或是以时间先后为序,或是以内容的逻辑关系为序等。无论根据哪种线索行文,纵式结构的各个部分之间前后顺序不能颠倒,前面部分常常是后面部分的前提和条件,后面部分往往是前面部分的进展和必然结果。这种结构的优点是脉络分明,环环相扣,层层深入,能给人留下深刻印象。一般对市场产生的新生事物、典型事件的调查,多用这种结构方法。

2.横式结构　这种结构方式的特点是根据问题的性质,对象的特点等,把内容概括为几个部分,按序列条,逐条陈述。部分之间的关系一般以并列为主,也有总分、分总、因果和对比等关系。横式结构条理清楚,层次分明,在涉及面较广、内容比较复杂的市场调查报告中使用较为普遍。

3.纵横交叉结构　虽然纵、横式结构是两种基本的结构方式,但在实际运用中,有时为了表述的需要,常常要把纵、横两种结构的优点结合起来,才能更好地反映市场的复杂情况。纵横交叉结构的特点是根据需要,整合纵、横两种结构的特点,纵横结合,交叉运用,灵活安排行文线索。一般来说,这种结构方式常常以一种结构(或纵或横)方式来搭建全文的主框架,在分层中根据需要,以或纵或横或纵横结合的结构方式展开陈述。

（四）结尾

有些市场调查报告在正文表述完毕之后，即告结束，没有单独的结尾，但多数报告会有一个单独的部分作为全文的结尾。结尾如何写，通常根据具体的行文需要而定，一般而言，这部分的内容或是对全文内容进行概括归纳，或是重申作者的观点，或是提出继续调查的希望和建议，或是强调调查中发现的，需要引起人们重视的问题。

四、市场调查报告的写作要求

（一）做好写作前的准备工作

如前所述，市场调查报告是记述、反映市场调查成果的经济应用文，市场调查是其写作的前提与基础。因此，在进行市场调查报告的写作之前，首先要认真地进行市场调查，搜集资料，做好写作的各项准备工作。在对资料进行分析研究之后，还应找出规律性的东西，提炼出观点，得出符合市场客观实际的结论，提出解决问题的办法。

（二）选用恰当的表述方法

市场调查报告是一种兼有说明文、记叙文、议论文的一些特点而又不同于这三种文体的一种应用文体。一方面，它要如实客观地介绍市场调查所获得的实际情况，因此，要运用叙述、说明的表述方法；另一方面，它又必须有报告者的鲜明观点，而且要通过对材料的分析研究，预测市场的发展趋势，并提出相应的建议和决策，因此，又要运用议论的表达方法。由于市场调研报告往往既要反映情况，又要揭示规律，提出观点和解决问题的方法，所以，它常常是结合使用叙述、说明和议论三种表达方式。写作时，要注意正确把握文体的性质和表达方法。叙述时，选用的事实要确凿，数据和图表要精确；说明时，文思脉络要清晰、完整；议论时，观点要鲜明，观点与材料要统一，符合理论和实际的发展逻辑。

[**实例**] 1.阅读下面一篇市场调查报告的提纲，找出其遗漏和不当之处。

汽车信贷消费市场调查报告

一、基本调查情况

（1）汽车消费潜力巨大

（2）贷款购车分歧较大

（3）贷款期限4～5年最受欢迎

（4）贷款期望额度较高

二、取样范围和调查方法

三、对汽车经销商的建议

不能误导消费者

四、对银行的建议

（1）开办汽车贷款业务的服务机构还不多

（2）品种形式较单调

五、贷款购车者的心理误区

（1）攀比心理要不得

（2）要充分考虑贷款风险

2.以下是200×年××市西式快餐市场调查问卷统计结果，请你据此写一份市场调查报告。

（1）请问您最喜欢吃哪家西式快餐

  A.麦当劳88人　29.33% B.肯德基230人　76.67%

  C.德克士10人　3.33% D.必胜客5人　1.67%

（2）您选择西式快餐最先考虑的因素是什么

  A.品牌28人　9.33% B.口味120人　40%

  C.环境　68人　22.67% D.服务52人　17.33%

  E.习惯　12人　4% F.价格20人　6.67%

（3）请问您多长时间吃一次西式快餐

  A.每天3人　1% B.平均三五天17人　5.67%

  C.平均一周64人　21.33% D.平均两周50人　16.67%

  E.平均一个月91人　30.33% F.偶尔75人　25%

（4）喜欢吃的一西式快餐的食品是

  A.汉堡97人　32.33% B.炸鸡102人　34%

  C.薯条78人　26% D.沙拉13人　4.33%

E. 甜品 31 人　10.33%　　　　F. 其他配餐 8 人　2.67%

（5）请问您每次吃西式快餐一般会和谁一起去

A. 家人 104 人　34.67%　　　　B. 男（女）朋友 109 人　36.33%

C. 同学 96 人　32%　　　　　　D. 同事 13 人　4.33%

E. 一个人 7 人　2.33%

（6）请问您吃西式快餐平均每人每次要花多少钱

A. 10 元以下 7 人　2.33%　　　　B. 11～20 元 70 人　23.33%

C. 21～30 元 112 人　37.33%　　　D. 31～40 元 68 人　26.67%

E. 41 元以上 43 人　14.33%

注：样本容量 300 份。

任务 6.4　市场预测报告

一、阅读

[例文 1]

1999 年中国汽车市场的定量预测

一、今年市场并不看好

据有关专家预测，1999 年汽车总需求量为 165.4 万辆，汽车产量为 163.7 万辆，分别比 1997 年增长 3.4 万辆和 0.6% 左右，增速较为平缓。汽车进口量为 3 万辆，仍然维持低水平。而且，专家对 1999 年汽车需求的最高预测值为 172 万辆，比专家对 1998 年汽车需求的最高预测值还低 4 万辆，由此可见，专家对 1999 年汽车市场并不看好。

二、70% 将由轿车支撑

专家预计 1999 年汽车需求增长幅度最大的车型为轿车，其次是微型车。预计轿车需求比去年增加 4 万辆，占汽车需求增长总量的 69.7%。换句话说，1999 年汽车需求增长的近 70% 将由轿车来支撑。

三、乘用车和重型车需求增加

1. 从大的比例来看：轿车需求比例继续上升，客车需求比例略有增长，货车比例明显下降，这与我国汽车市场的长期趋势是一致的。

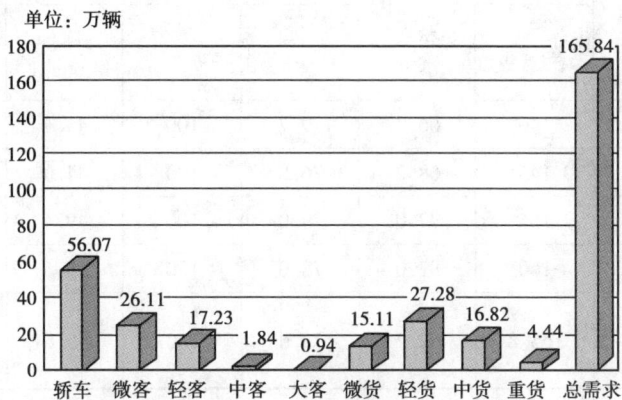

单位：万辆

1999年汽车分品种需求预测

2. 从货车来看：中型车、轻型车的比例继续下降，微型货车的比例也呈下降趋势，重型车的比例略有增长。这一判断也反映了一种客观趋势，随着经济发展和人民生活水平的提高，带动汽车需求的主要力量将从货车不断地转变为客车，进而转向轿车，因此，货车需求比例的下降是必然的长期发展趋势。然而，由于我国高等级公路的迅速发展、汽车使用政策的变化，大吨位货车的需求将呈增加趋势。

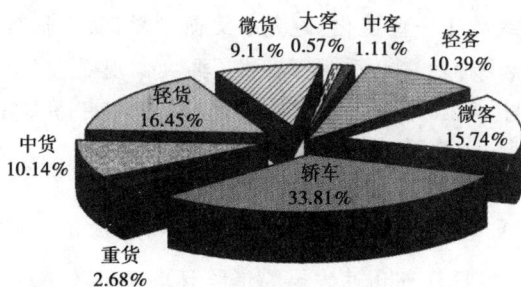

1999年汽车需求结构预测

四、汽车市场私人购车比例将达55.6%

专家预测结果如下：

用户类型	数量/万辆			比例/%		
	总　计	私人需求	非私人需求	总　计	私人需求	非私人需求
1995 年	146	66.3	79.7	100	45.4	54.6
1996 年	145	68.2	76.8	100	47.0	53.0
1997 年	156	77.0	79.0	100	49.4	50.6
1998 年	160	82.0	78.0	100	50.6	49.4
1999 年（专家预测）	165.8	92.2	73.6	100	55.6	44.4

[点评]　标题涉及时间(××××年)、范围(中国)、预测对象(汽车市场)和文种(定量预测)四个方面,内容虽多,但表述清晰,概括了全文的主旨。

定量预测是本文一个明显的特点,文章开门见山,开篇直接用一串具体的数据来支持"今年市场并不看好"的预测、判断。

第二段仍然用小标题来概括对汽车市场品种需求的预测,数据的使用与第一段稍有不同,把数字和图表结合起来,既直观又美观。

定量分析离不开数字的运用,本文利用计算机图形处理的功能对数据的引用和表述形式作了一些变化,避免了文面的单调、呆板。

最后一部分,小标题中也引用了数据,再次体现了"定量预测"的特点。本段数据多而集中,数据本身已能说明问题,就不再用语言另行表述预测内容,简洁、明快。

[例文2]

摩托车在迅速发展　道路环境亟待改善

——1993 年国内摩托车市场供求预测
(国家信息中心经济预测部)

一、1993 年摩托车市场分析

1993 年 1—8 月我国摩托车市场是继 1991 年市场产销两旺后的又一繁

荣时期。1—8月全国摩托车生产208万辆,已高出历史最好生产年份1992年年产量198万辆的水平。摩托车产销率达到96%,其中国内商业摩托车销售64.7万辆,增长速度堪称同期历史水平中的最高值。市场具体状况如下:

我国原定于1993年3月"复关"。在这之前消费者及诸多商业经销企业对"复关"之后市场环境缺乏统一正确的认识,几乎一致认为"复关"后的摩托车市场进口商品必定增多,质量提高的同时价格下降。基于这种心态,许多摩托车购买者持币待购。进入3月,"复关"无望已成为现实,经销企业及消费者纷纷开始购买摩托车,加之广东、上海等地政府对摩托车管理的放宽,摩托车市场开始逐步复苏,销势重又见旺。全年的摩托车社会保有量有望达到1100万辆左右。即使如此,折合百户拥有量仅3.1辆(千人保有量9.2辆,只相当于韩国1980年的普及率),百户居民3.1辆的拥有水平,还未步入产品的成长阶段,因此,摩托车在中国仍然具有很大的市场可拓性。

据对历年摩托车生产变化的周期性波动分析,国家的宏观经济形势对摩托车生产具有很大的正向影响。历次工业生产高速发展的年份,必定是摩托车生产形势大好之际。1993年前7个月,摩托车在工业生产高速发展的环境中产量突破200万辆大关。7月开始,国家已调整工业生产发展速度,使其稳步继续发展。以此推断,摩托车工业生产速度会因此在调整中减缓,但与去年相比,增势仍在。

二、摩托车市场预测

1. 摩托车市场环境因素分析

从我国摩托车市场10多年的运行规律看,国民经济的发展,尤其是工业生产的增长速度的涨落直接影响摩托车的生产。1984年、1985年国民经济迅猛发展,工业生产增长幅度两年都在15%以上,给摩托车工业创造了一个良好的发展环境,两年之中产量由1983年的28.6万辆跃升至1985年的103.46万辆,年均增长90.10%,形成我国摩托车工业发展史上第一个生产高峰年。1988年、1992年国民经济高速发展,国民生产总值两年的增幅均在10%以上,工业生产增幅均在20%以上,同样也是摩托车生产扩规模、上产量的年份。

在我国,摩托车消费与汽车的消费存在着较大的差别,摩托车市场发展有其独特之处。与汽车不同,摩托车在我国是属于非生产性商品,不属于国家限定范围内的控办商品,而是集中在消费领域供居民生活消费的产品。据调查,在我国800万辆摩托车的社会保有量中,私人拥有量占四分之三。

因此,居民生活水平的提高,货币收入水平的增加,是决定摩托车市场繁荣的关键。居民人均货币收入水平和摩托车千人保有率的相关系数为0.97,这表明,居民人均货币收入水平的变化直接影响摩托车市场销售的疲与旺。

中国幅员辽阔,各地区的地理状况及运输结构均不相同,摩托车工业的发展、市场的发展与公路交通事业的发展息息相关。在我国普遍存在着这样一对矛盾,地域辽阔、公路路面负载量不高的西北、西南、中南地区,居民购买力相对较弱,而华东、华北、东北的一些人口密集、经济发达地区,居民购买力很强,但又受到公路负荷超载、交通道路管制等多重限制,使得许多购力不能即期实现。比如,上海是个摩托车控制很严的地区,领取摩托车牌照非常困难,一个牌照黑市可以炒到17 000元以上。但是,随着浦东开发区的发展,浦南的建设,地方政策将50~750 mL摩托车纳入自行车的管理范围。这一变动,立即在上海掀起了50 mL摩托车的销售高潮。摩托车的不同排量、结构与行车油耗直接相关。从我国摩托车工业20世纪80年代初迅速发展以来,我国摩托车行业在生产技术、生产手段及规格排量等方面都有了较大提高,已可以为市场、居民提供从50~750 mL等10个排量420多个品种的车型。从历年各个排量的摩托车生产曲线看,小排量摩托车持续保持旺升,势头很好。

2.摩托车供求预测

以1994年居民货币收入较快增长、物价基本稳定、摩托车在"复关"前后关税变动不致严重冲击国内市场为前提,应用相应模型进行测算:1994年我国摩托车需求将略有上升,中小排量车型增长势旺,年产突破300万辆大关(见下表)。

年 份	1991 (实际值)	1992 (实际值)	1993 (预测值)	1994 (预测值)
摩托车生产量/万辆	131.7	198.2	290.0	330.0
摩托车保有量/万辆	505.15	800	1 050	1 300

据对摩托车市场的发展情况和需求调查认为,今后几年国民经济持续发展以及摩托车质量、技术、价格等方面的改善,将为我国摩托车市场带来生机。

其市场特点为:

(1)摩托车将成为城乡居民消费的又一热点。摩托车将在一些经济发达城市与自行车分庭抗礼。据对广州、深圳、新塘、佛山等地的了解,广东省摩托车市场十分活跃,1992 年底全省摩托车私人拥有量就已达 86 万辆,市场容量和每年销售量都很大。仅 1993 年 2 月广东供销系统的摩托车销售量就比去年同期增销 2.1 倍,其中广州市增销 1.3 倍。实地统计,广州市部分大排量、高功率摩托车已经加入出租车中短途运输行列,一些地方存车处摩托车与自行车已五五分成,日渐成为城市居民代步的重要交通工具。

(2)摩托车生产结构的调整、质量的提高,为居民提供了充裕的选择度。"七五"期间,以"嘉陵""建设""易初""轻骑""南方""洪都"为首的摩托车生产厂家,围绕居民、消费心理和市场形势的变化,积极投资进行技术改造,寻找国外企业合资,据不完全统计,行业重点企业每年都用上亿元资金进行技改。

(3)摩托车市场商品规格纷呈,居民购买取向各异。1992 年摩托车市场供不应求,价格上扬,产销率已在 98% 以上,各种车型均有销路,生产企业、经销企业基本无库存。据居民消费意向调查得知,1994 年摩托车市场看好,但消费者消费偏好取向不一,年轻人多买 125 mL 以上排量车型;年长者多买 125 mL 以下排量车型;有钱人企望进口高档车型,价格万元以上,排量适中的豪华座式车;中等收入者偏爱国产名牌,价格 3 000~10 000 元,排量适中的车型;低收入人群中要买摩托车的,多集中在 3 000 元以下价格、排量略小的车型。总体看来,除去"建设""嘉陵""上海"几个名牌,其余品牌摩托车均不能完全控制市场。

(4)我国摩托车市场发育还亟待道路、存放等环境问题的解决。据调查,居民在购买摩托车时,在诸多因素中,主要考虑质量、价格、申请牌照及存放地点,其中着重考虑牌照及存放地点者所占的比例,高于重点考虑摩托车商品价格者的比例。

(5)地区差价在一定时期内还将明显存在。据 1993 年 4 月市场调查,6 个城市摩托车市场差价显著,嘉陵 JH125、速飞乐 80、无锡捷达、名流 CH100 差价均在千元以上,甚至高达 2 300 元。预计这种地区价格差异会因社会需求的旺而不疲延至 1994 年市场。

[点评] 1.类型

这是一份市场需求预测报告,预测对象是 1994 年国内摩托车市场供求情况,属于短期预测。

2. 标题

标题为双标题,正题"摩托车在迅速发展,道路环境亟待改善"点明预测报告的主旨,副标题"1994年国内摩托车市场供求预测"则表明了预测的对象和文种。

3. 正文包括三部分

第一部分是对1993年摩托车市场的回顾与分析。先概述1993年1—8月份市场情况,继而做出分析,结论是摩托车市场具有很大的可拓性。

第二部分是对摩托车市场环境因素的分析。分析主要从三个方面入手:一是摩托车的生产受国民经济发展的直接影响;二是摩托车与汽车的消费有较大差别;三是摩托车工业的发展、市场的发育与公路交通新业的发展息息相关。

第三部分是对1994年摩托车市场的预测,分析了未来市场所具有的五个特点。

从历史的回顾与环境因素的分析,从而得出预测结论,三个部分衔接紧密,环环相扣。

在分析方法上,例文采用定量分析与定性分析相结合,同时以定性分析为主的方法;如第二部分对市场环境因素的分析,主要用定性分析方法;第三部分对未来市场的预测,运用模型进行预算,属定量分析法;而对未来特点的分析,仍主要采用定性分析法。

4. 整体评价

文章中心明确、格式规范、条理清楚。

文章结合了数据、表格及多种预测方法的运用,使分析更为翔实、可靠。

在语言的运用上,作者非常注意用词的准确。尤其对一些结论性词语,都能做到慎重选择。如1993年3月以后,"摩托车市场开始逐步复苏"中"开始复苏"几个字,运用贴切:"开始"是说有了转机,"逐步"是说有个过程,"复苏"反映市场由疲到旺的变化。又如对未来市场的预测,"摩托车将成为城乡居民消费的又一热点"。这里的"将"字表明未然态势,是预测分析结论中常用的词语,准确地反映了市场预测报告的预见性特点。此外,还注意用词的简明。如"许多摩托车购买者持币待购""摩托车将在一些经济发达城市与自行车分庭抗礼",其中的"持币待购""分庭抗礼"不仅简洁明确,也增强了文章的活力。

二、认知

(一)市场预测报告的概念

市场预测报告是人们对未来一定时期中某一特定市场变化、发展趋势所作的书面预测。和市场调查报告相比,市场预测报告的重点在揭示市场未来的发展趋势,寻找市场未来发展的方向及其规律,并提出有针对性的措施和建议,供决策机构参考。

(二)市场预测报告的作用

1.预测作用　市场是一个魔方,其情况极为复杂,发展瞬息万变。通过市场预测,可以预见未来某一市场需求总额和供应总额平衡与否,各类商品构成和主要商品供求平衡的变动趋向,为调整国民收入的积累与消费的比例,调整生产结构和投资结构,有计划地组织商品供需平衡提供依据。市场供需一般有三种情形:供过于求、供不应求、供求平衡。健康的市场追求供求平衡。供过于求对生产经营者不利;供不应求对消费者不利。因此,经常进行市场调查预测,可以为保证商品供求平衡或基本平衡服务。

2.调整作用　通过市场预测,可以预见市场主要商品需求的变化趋势,为国家制订或调整产品生产的指导性计划和指令性计划提供依据,为企业开拓市场扩大经营提供信息。就企业而言,其发展与生存的关键在于不断地提高市场占有率。为此,必须对市场发展趋势,市场潜在购买力,消费者心理倾向,同行业其他企业经营状况等外部环境和内部环境做周密的分析预测,为企业各项活动和决策的调整提供依据,为企业发展把握机会。

3.指导作用　市场预测可以有效地摸清消费者、用户对商品具体需求的趋向以及竞争对手的供货状况。对生产企业来说,市场预测是改进产品、按需生产、增强产品竞争能力的有效工具。它对企业的产品发展,甚至对企业本身的发展都有实际的指导作用。市场预测分析是企业管理的重要工作,是提高企业经营管理水平的重要条件和手段。在预测分析的基础上,企业的生产经营活动可以尽量摆脱盲目性、随意性;在预测分析的指导下,生产经营活动可以尽可能有序、合理地进行,这样就有可能取得最佳的经济效益。

(三)市场预测报告的特点

1.全面性　无论什么经济活动,其运作都不会是孤立的。就横向关系而言,经济活动和社会的政治、金融、文化等活动密切相关;就纵向关系而言,经济活动本身也是一个联系紧密的有机系统。一项经济活动从酝酿、启动到结束,都是处在整个社会经济的开放体系中,与其他经济活动不可避免地联系在一起。无论是宏观的经济调控,还是具体的业务处理,都必须把经济活动的动向、趋势放在社会活动的系统背景之中,从多个方面,结合多种因素去考虑,才有可能获得正确的推断和预测,所以,经济预测既要从宏观角度进行总体把握,又要从微观角度作具体、深入的分析。

2.预见性 经济预测不是"算卦""占卜",而是建立在经济理论之上,建立在科学分析之上的一项实际工作。具体来说,经济预测的预见性首先来自于对多方经济信息全面、准确的了解;其次,经济预测的预见性来自于对经济活动必然规律的认识和揭示;再次,经济预测的预见性来自于科学的分析预测方法。经济预测报告中预见性的准确度直接决定了报告的价值。

3.指导性 经济预测报告具有极强的实践性,可以对经济活动的顺利发展起到指导作用,这也是其最终价值的体现。经济预测报告凭借准确的经济信息,勾画出未来经济活动发展的前景,为科学决策提供可靠的依据。失去了对经济活动实践的指导,经济预测报告就失去了它存在的价值。比如,预测500年后世界纸张生产的状况,无论预测报告提供的信息多么准确,这样的预测没有指导实践的意义,所以从来不会有哪个机构或企业想要获得这样的预测报告,即便有好事者写出这类报告,也不会有使用者。

4.时效性 如上所述,经济预测报告是一种时效性很强的经济应用文,在市场经济的环境下,各种各样的经济活动是非常复杂而又瞬息万变的。掌握时机,趋利避害是决胜商场的要诀。能否抓住时机,在激烈的竞争中立于不败之地,与能否正确、及时作出预测密切相关。预测好了,知道时机可能在何时出现、在何处出现,就可以从容准备。是良机,便及时捕捉;是危机,就适时化解。反之,如果一份经济预测报告预测不及时,良机来临,也会因为没有做好准备而措手不及,失之交臂;危机降临,仓促应付,加重损失。

(四)市场预测报告的分类

按照不同的标准,可对市场预测报告作不同划分,目前比较常见的市场预测报告分类,大体有以下几种。

1.按预测的时空分类 根据预测时间的长短不同,可以把市场预测报告分为近期预测、短期预测、中期预测和长期预测报告等几种。预测时间长短的划分,可以根据预测对象和要求的不同而确定。一般而言,近期预测指为期1年及1年以内的市场预测,短期预测指1年至2年的预测,中期预测指为期 3 年至 5 年(包含 5 年)的预测,长期预测指 5 年以上的预测。通常情况下,时间跨度越短,预测的准确性和可靠性相对而言越高,期限越长,各种变数越多,预测的误差也就越大,需要根据实际的情况不断地做出调整。

根据不同的空间层次,可以把市场预测分为国际市场预测和国内市场预测。其中,国际市场预测又分为全球性、洲际性、地域性和行业性的市场预测;国内市场预测可以分为全国性的或某个行政区、某个经济区域的市场预测,在某个经济区域内进一步把市场分为城市市场预测、农村市场预测,等等。依此类推,还可以根据需要一步步细分市场调查的空间。

2. 按预测的范围分类　根据经济活动范围的不同,可以把预测分为宏观预测与微观预测。宏观预测是从宏观经济的角度出发,依据国民经济整体发展的水平,国民精神和物质需求及综合购买力等的变化情况,对商品流通总体的发展方向所做的综合性预测,如社会商品购买力与社会商品供应总量及其平衡状况的预测,某些主要商品的需求总量与供应总量及其平衡状况的预测等。微观预测是从企业的角度出发,对影响本企业生产、经营的市场环境以及对企业本身生产、活动所作的预测。如对企业经营的具体商品的需求预测,企业的市场占有率和销售预测。宏观预测与微观预测并不是相互脱离的,而是相辅相成的。宏观预测以微观预测为基础,微观预测以宏观预测为指导。

3. 按预测的对象分类　市场预测的重点是对商品需求的预测。在对商品需求进行预测时,可以根据商品的不同情况,把预测的对象分为单项商品预测、分类商品预测和商品总额预测等。单项商品预测是指对某项具体商品预测,如对水泥的产销、供求预测。分类商品预测是指对某一类商品的预测,如对通讯、家用电器等类商品的产销、供求预测。商品总额预测是指对以货币指标表示的各种商品总量的预测。

三、结构与写法

(一)标题

标题一般由预测范围、时间、目标三部分组成。如《西部地区 2007 至 2008 年移动电话需求量的预测》,就依次标明了预测范围、预测时间和预测对象。有时也可省略时间,只标明预测范围、目标,如《昆明地区远程教育网络设备需求展望》。有时,带有整体性的预测,也可省略范围,只标明预测时间、目标,如《2009 年商品房市场趋势分析》。预测结论明确的报告,可以在标题中直接把结论表示出来,如《高职教育:高等教育发展的新热点》。

（二）正文

市场预测报告的正文通常由基本情况、预测分析、建议三个部分组成。

（1）基本情况部分主要运用调查所得的资料和数据,对相关市场的历史和现状作简要的回顾和说明。预测的特点,就是根据过去、现在的情况推测未来。所以,预测报告的写作,必须选择有典型意义的、有代表性的、尽可能接近市场真实的资料、数据,来把握市场活动的历史和现状,这是进行预测分析的事实基础。

（2）预测分析是全文的重点部分。预测和分析相辅相成,要在真实、准确的资料、数据基础上,进行认真的分析研究。分析研究的目的是把握市场活动的规律,进而对市场发展的趋势做出预测判断。

（3）建议部分并不是市场预测报告的必备内容。有的预测报告在对市场进行分析预测后,即告结束,有的则会根据实际情况,为预测报告的使用者提出切合实际的、有价值的、值得参考的建议。市场预测报告的主要目的是分析研究市场,预测市场的变化趋势,为相关的人或机构提供决策的依据,因此,一般而言,市场预测报告建议部分的写作要慎重,绝不能为追求形式的完整,为写作而写作。

（三）结尾

有些市场预测报告结尾在正文表述完毕之后,即告结束,没有单独的结尾,但多数报告会有一个单独的部分作为全文的结尾。结尾如何写,通常根据具体的行文需要而定,一般而言,这部分的内容或是对全文内容进行概括归纳,或是重申作者的观点,或是提出继续调查的希望和建议,或是强调调查中发现的需要引起人们重视的问题。

如果报告的内容在正文部分已经全部叙述完毕,也不再需要归纳、重申、深化观点,结尾部分只要署名、标注成文日期即可。

四、市场预测报告的写作要求

（一）目标要明确

市场预测报告涉及的范围很广,预测对象的提出往往反映了报告内容的工作指向。每一份预测报告都有其考察、分析与预测的特定对象。预测报告要开宗明义,开门见山,说明报告涉及的市场范围、市场构成、问题性质,以及提出这些问题的背景、依据和意义,从而使报告具有明确的针对性。

预测对象的提出和预测目标是有机地联系在一起的,预测对象往往反映了预测的目的。任何一份市场预测报告都有其提供决策参考的具体意图,提出调研问题应该明确表达这种意图,从而使报告具有实际的应用价值。预测对象和目标一旦确定,预测报告的总纲也就随之而定了。诸如材料的收集、选择、使用,预测方法的选用,报告结构的组织安排等就有了准绳。

(二)资料要充分

市场的分析和预测,必须根据可信的实际资料,绝不能靠来自主观的想象或臆测。市场预测报告必须在市场调查的基础上全面地收集、占有资料,以全面、完整的资料作为依据。因此,必须做好两方面的工作:一是认真搞好市场调查;二是建立基础资料档案,对收集来的资料、数据,要认真审核,把真实准确的资料、数据分类列入基础资料档案中。预测报告的重点在分析,不能局限于一般的描述,更不能成为材料的堆积。因此,充分占有资料,不仅仅是拥有大量的资料,而且要充分地分析和消化资料,提炼和概括资料。具体的分析可以采用文字、统计图表、几何图形或数学方程表达,要求精确、简洁、明白。对报告中使用的数据资料,应说明其来源或出处,以保证资料的严肃性和可信性,为预测市场发展趋势和提出对策建议提供真实依据。

(三)分析要科学

分析是科学预测的基础,预测则是科学分析的结果。预测的重点是要抓住已经揭示的市场变动因素,分析市场动态的可能走向。可以用不同的分析方法进行预测,但由分析推导出的预测,必须体现清晰的逻辑条理,不能牵强附会或故弄玄虚。预测结果的表达必须非常严谨,根据所作的分析,能预测到什么程度就写到是什么程度,不要夸大其词,任意发挥,也不要闪烁其词,模棱两可;对预测的可靠程度及可能影响预测可靠程度的因素,要作必要的说明,不要过于绝对。

(四)建议要实用

预测报告在分析、预测的基础上,还可以根据实际需要,提出一些有针对性的决策参考意见,供预测报告使用者参考。根据不同的决策需要,这部分内容可以是较为抽象的策略思路,也可以是非常具体的对策措施。不论是何者,都必须针对具体的实际问题,说明对策的意图和目的,具有切实可行的操作价值。

[**实例**] 1.阅读下面这则市场预测报告,完成以下问题。

目前,中国中药一直以食品、营养品、食品添加剂等形式对欧盟出口。这种出口形式风险很大,一旦欧盟海关从严管理,中药出口即会受影响。据了解,欧盟是世界上最大的植物药市场,年销售额上百亿欧元,占世界植物药市场份额的40%以上。

《欧盟传统草药法》规定,到2011年4月后,草药销售将受到严格的管理。进口到欧盟的中药需证明在欧盟成员国应用达15年以上,同时证明在第三国(如中国)应用30年以上,才能正式注册,且中药的成分中只能包含植物和几种矿物。但我国中药则包括植物药、动物药和矿物。

调研报告指出,长期以来,几乎所有中药进入欧盟都无法以药品形式通关。但因欧盟市场的需求,其海关持"睁只眼、闭只眼"的默许态度。因此,中药对欧盟出口处于既不合法,也不违法的灰色地带。这种宽松态度在客观上使我国中药出口获得了一定生存发展空间,中药输欧盟稳步增长,也促成了中医药在欧洲的繁荣。

据不完全统计,英国中医诊所数量超过3 000家,中医药业成为中国内地新移民在英的最主要行业。据了解,欧盟早于2004年就出台了这部《欧盟传统草药法》,在2011年以前还属于过渡期,原有销售不会受到影响。但分析指出,如果应对不力,中国中药将来会丧失原有以食品等形式出口的份额。

5年以后,中药以食品等形式出口欧盟的历史恐怕将一去不返,但也给中药以药品身份进入欧盟提供机遇。报告警示:"中药若不尽早在欧盟完成药品注册,2011年过渡期结束后,就会被欧盟拒之门外。"(《中国药网》)

(1)给本文加上一个合适的标题。

(2)阐述本文预测的观点。

(3)阐述中国中药出口欧盟的现状。

(4)根据市场预测的结构,完善本文主体的层次,并使其条理化。请在你认为应该添加小标题处加上小标题。

2.模拟写作训练

下面是牙膏市场的调查资料,请你根据以下资料写一份市场预测报告。

表1　2004—2006年牙膏市场统计

万盒(每盒20支)

年份	高露洁	中华	宝洁	两面针	竹盐	黑妹	洁银	蓝天六必治	销售量（合计）
2004	0.34	0.12	0.15	0.09	0.04	0.03	0.03	0.09	0.96
2005	0.36	0.13	0.13	0.10	0.03	0.04	0.04	0.12	1.04
2006	0.38	0.14	0.16	0.12	0.06	0.03	0.04	0.14	1.18

表2　2004—2006年牙膏市场占有率

年份	高露洁	中华	宝洁	两面针	竹盐	黑妹	洁银	蓝天六必治
2004	0.35	0.13	0.16	0.09	0.04	0.03	0.03	0.09
2005	0.35	0.13	0.13	0.10	0.03	0.04	0.04	0.12
2006	0.32	0.12	0.14	0.10	0.05	0.03	0.03	0.12

3. 市场预测的作用是多方面的,如果你能结合专业的实际状况,预测本专业几年后的人才需求,对你在校的学习会有很大的帮助。请结合你的就业计划,在精力、物力许可的范围内,作一次本专业人才市场发展趋势的调查,并将调查的结果写成预测报告。

任务6.5　招标书

一、阅读

[例文1]

租赁经营招标通告

为了搞活企业,根据中共中央《关于经济体制改革的决定》精神,××厂决定实行仓库租赁经营,具体内容如下。

一、租赁期限定为三年,即从2013年1月起至2016年12月底止。

二、租赁方式,可以个人承租,也可以合伙承租或集体承租。

三、租赁企业面向社会实行公开招标。投标人必须符合下列条件:

1.具有一定的管理知识和经营能力;

2.要有一定的家庭财产和两名以上有一定财产和正当职业的本市居民作保证人(合伙、集体租赁可不要保证人)。

四、凡愿参加投标者,请于××××年×月×日至××××年×月×日至我厂招标办公室申请投标,领取标书,七日内提出投标方案。×月×日进行公开答辩,确定中标人。

招标单位地址:××市××路××号

传真:×××-××××××××

电话:×××-××××××××

联系人:王××

××厂招标办公室

××××年×月×日

〔点评〕 这是一则企业承包招标书。内容比较简单,但是条款齐备,把招标的期限、招标人所需条件等事项说得很清楚。

〔例文2〕

××大学修建图书馆招标书

经上级主管部门同意,我校将修建一栋图书馆。由××市城乡建设委员会批准,本工程实行公开招标,择优选定承包单位,具体内容如下。

一、工程名称:××大学图书馆

二、施工地点:××市××路××号

三、建筑面积:××××平方米

四、设计及要求:见附件

五、承包方式:全部包工包料

六、投标日期:××××年×月×日

凡有投标意向、有法人资格并具备一、二级施工执照的国内企业,请于×××××年×月×日前来人或来函索取招标文件。

七、开标日期:××××年×月×日于我校行政办公楼第×会议室,在××市××公证处公证下启封开标。

投标者请于××××年×月×日前将投标书及其上级主管部门的有关签证

等密封投寄(以邮戳为准)或派人送交我校基建处。

　　招标单位地址:××市××路××号

　　传真:×××-××××××××

　　电话:×××-××××××××

　　联系人:张××

××大学基建处
××××年×月×日

　　[点评]　这是一则工程建设招标书,前言说明招标的缘由,主体一至四条写招标工程项目情况,五至七条写招标步骤及其要求。

二、认知

　　招标书是指招标单位为择优挑选投标者,将招标项目及其相应的条件、标准、要求等告知投标人时所使用的文书,又称招标通告、招标启事、招标广告、招标通知书等。

(一)使用范围

　　招标书是为适应经济活动中招标的需要,按照一定的格式和要求编制成的一种经济法律文书。它被广泛地运用于国际商业贸易、租赁业务、工程建设承包、发包以及政府、机关及社会组织的物质采购等经济竞争活动中。

(二)特点

　　1.公开性　招标书是面向社会的一种文种,它包含公开招标的条件和要求,涉及质量标准、价格酬金、利益分配等重要环节,所以必须公开明确。

　　2.诚信性　招标书的条件和标准对各个投标人来说是一致的,招标书所承诺的事项必须兑现,不可在中标以后擅自改变条件和标准,或者是在文字上做手脚,进行欺骗或者诱导。

　　3.约束性　招标的条件必须要符合国家的有关标准。

(三)作用

　　(1)告知有关人员有关企业招标的信息。

　　(2)介绍招标企业的简况及承包、租赁方式等。

　　(3)告知有关人员在投标中应注意的事项。

(四)分类

　　按照内容,招标书可分为三类。

（1）工程建设招标书：招标单位就大型建设工程挑选最佳建筑企业而进行招标的文书。

（2）大宗商品交易招标书：招标单位为采购价廉物美的大宗商品所使用的招标书。

（3）企业承包招标书：发包方选聘优秀企业管理人才而进行招标的文书。

【注意】

（1）招标方案应切实可行。

（2）主体部分的条款要条理分明。

（3）表述应当准确无误。

（4）朴实简约，遵循实事求是的原则。

三、结构与写法

招标书由标题、正文、落款和成文日期四个部分组成。

（一）标题

标题是招标书中心内容的概括和提炼。标题有四种表现形式：

（1）招标单位名称+招标项目名称+文种，如《××公司购买供水设备及安装的招标通告》。

（2）招标单位+文种，如《北京石油化工总厂招标通告》。

（3）招标项目+文种，如《建筑安装工程招标书》。

（4）文种，即只写"招标书"三个字。

（二）正文

招标书的正文结构由前言、主体、结尾组成。

1.前言　主要写招标的缘由，包括招标的背景、意义、根据等，然后用承启语"现将（招标）有关事项通告（或公布）如下"或"具体事项如下"领启下文。表述时应注意语言简洁，突出重点，使读者从中可以了解到招标单位的概况，并考虑是否应该与之合作。

2.主体　这是招标书的核心，应详细写明招标的内容、条件、要求及有关事项。不同类型的招标，招标文件的构成也不同，现将通常的写法分述如下。

工程建设项目招标书要写明工程的内容，如工程名称、施工地点、建筑面积（若为桥梁、铁路、高速公路则为长度）、工程结构、承包方式、投标资格

（要求建筑企业具有的级别、资质）、投标日期（包括领取招标文件和送递投标书的时间）、地点、应交费用、开标日期、对投标者的要求等。

采购大宗商品招标书要写明商品的名称、规格、型号、数量、检验方法、交货日期、结算方式、投标日期、地点、开标日期、对投标者的要求等。

承包或承租企业招标书要写清楚企业概况、投标者的条件、承包或承租后经济指标要求，中标者的责权、权利、利益、投标、开标的日期及地点等。

3.结尾 写明招标单位名称、地址、电话号码、传真号码、邮政编码、联系人等，若是两个以上单位联合招标，应依次写明。

如果是国际招标书，还应该写明招标范围，包括哪些国家、用何种货币、付款办法等。

（三）落款

在右下方写上招标单位的名称。

（四）成文日期

在右下方写上招标书的撰写日期。

四、写作要求

招标书是关系招标单位的招标工作能否顺利进行的主要文件，编写招标书首先要熟悉招标的程序，只有了解了招标的全过程，才能清楚招标的来龙去脉，才能写好招标书。招标是在法律的监督和保护下进行的，它的工作程序大致如下。

（一）准备

（1）招标单位经有关部门审批后，设立招标机构，配备工作人员。

（2）确定标的（招标项目），按规定办法测定标底（通常指项目的定价，在开标前要绝对保密，不能泄露）。

（3）确定招标的指导思想、原则及方式、方法。

（4）编制招标文件，包括《招标书》（招标公告或招标邀请通知）《投标单》《投标企业资格审查表》《投标须知》《招标章程》《招标项目说明书》（其中包括招标项目的要求）《项目勘察、设计资源和设计说明书》《承包合同》《总预算表》《书面咨询书》等。

招标的准备工作主要是文书工作。《国际竞争性投标》中特别规定，文书工作是极其重要的步骤。因为编制招标文件，可以贯彻落实招标的政策规章程序，是招标投标的依据，是竞争投标的基础和保证，是招标项目的质量技术规范的准则。文件的分量及复杂性取决于招标项目的规模和性质：规模越大、性质越复杂，文件就越繁多，反之则越简易。以上所列的文件种类可根据实际情况作相应的合并减少或分开增多。

（二）招标

（1）招标单位发出招标公告或邀请通知。

（2）招标单位审查投标单位的资格。

（3）向投标单位提供招标文件，接待咨询。

（三）投标

（1）凡获得投标资格的单位均可填写投标单或撰写投标书参加投标。

（2）投标单位按招标书规定密封寄送投标书；在投标截止前还可补充或修改投标书。

（四）开标

（1）按招标书规定的时间地点，在公证机关的公证员及有关部门的领导、投标单位代表的共同参与监督下，公开开标，并进行登记。

（2）评选小组以标底为依据评标，选出若干个预选中标单位。

（3）公证员宣读公证书，确认预选中标单位。

（五）中标和订立合同

（1）招标单位撰拟并发出预选中标单位通知书，约定时间地点与预选中标单位再次协商。

（2）综合比较预选中标单位的标价、质量、交货期及其他条件，从中选出最佳者，确定为中标单位，并向中标单位发出中标通知书。

（3）与中标单位订立合同。

从以上招标投标工作程序中可以看到，招标投标文书种类繁多，主要有招标公告、招标邀请通知书、投标单、投标书、投标须知、综合说明书、总预算表、书面咨询等。其中，招标公告、招标邀请通知书、投标单和投标书是必备的基本文件。

［实例］ 经××市城乡建设委员会批准，××职业学院将修建一栋教学大楼。工程实行公开招标，为择优选定承包单位，请你为××职业学院制订一份招标书。

任务6.6 投标书

一、阅读

[例文1]

图书馆工程施工投标书

××学校基建处：

根据××学校图书馆工程施工招标书和设计图的要求，我公司完全具备承包施工条件，现决定对此项工程投标，具体的说明如下。

一、综合说明

工程简况(工程名称、面积、结构类型、跨度、高度、层数、设备)。

图书馆一幢，建筑面积 10 650 平方米，主体 5 层，框架结构，楼全长 75 米，宽 26 米。基础系打桩水泥柱，现浇梁柱板，外粉全部，玻璃马赛克贴面，内粉混合砂浆彩面刷涂料，全部水磨石地面。

二、标价(略)

三、主要材料耗用指标(略)

四、总标价

总标价 12 432 365 元，每平方米造价 345.21 元。

五、工期

开工日期：××××年×月×日；

竣工日期：××××年×月×日；

施工日历天数：560 天。

六、工程进度计划(略)

七、质量保证

全面加强质量管理，严格操作规程；加强现场规程的监督，认真保管各种设计、施工资料，确保规程质量达到全优。

八、主要施工方法和安全措施

安装塔吊二台，机吊四台；采取平面流水和立体交叉施工；坚持文明施工，保障施工安全。

九、对招标单位的要求

招标单位提供临时设施占地及临时设施 50 间。

投标单位:×××建筑工程总公司(公章)

负责人:廖××(盖章)

电话:×××-×××××××

电报:×××

×××年×月×日

[点评] 这是一则工程建设投标书。前言说明了投标的根据,主体部分写了工程综合说明,各结构部分标价,所用材料指标,总造价,开竣工日期,工程进度安排,质量保证措施,施工方法,安全措施,对指标单位的要求等。

[例文 2]

投标书

××市××建设发展公司:

在认真研究了××市学府路停车库工程全部招标文件(包括图纸),参加了招标技术说明与招标答疑会并考察了工程现场后,我公司(××省建筑工程公司)愿意以人民币伍佰陆拾万元的总价,按照招标文件的要求,承担该工程的全部施工任务。现我公司正式授权签字人王××(一级项目经理)、张××(一级项目经理)、黄××(施工员),代表我公司向贵方提交投标函正本一份、副本一份。

本投标函由下列文件构成:

一、综合说明书;

二、总报价书;

三、费率投标报价书;

四、××省建筑工程公司建筑工程土建工程土建预算书;

五、××市学府路停车库工程施工组织设计;

六、××市学府路停车库工程施工进度网络计划表。

我公司宣布并且同意下列各点。

（1）如果贵方接受我方投标,我方保证在接到工程开工指令之后,在指标文件规定的限期内开工,在投标文件规定的壹佰伍拾日内完成并交付合同规定的全部工程。该日期从招标文件开工期限的最后一天算起。

（2）如果贵方接受我方投标,我方将按照招标文件规定的金额,在合同签订后壹拾伍日内提交履行合同保证金函。

（3）我方同意从规定的递交投标函之日起壹佰伍拾日内遵守本投标。在该期限满之前,本投标书对我方始终有约束力,可随时被贵方所接受。

（4）如果贵方接受我方投标并将中标通知书送达我方,在正式合同签订之前,本投标函与中标通知书应具有约束贵方与我方的法律效力。

（5）我方随同本投标函交纳投标保证金人民币玖万叁仟贰佰元整。如果我方在规定的递交投标函之日起壹佰伍拾天内撤回投标函,或接到中标通知书后贰拾日内因我方原因而双方未签订合同,或双方合同签订后壹佰伍拾日内我方未向贵方提交履行合同保证金函,贵方有权没收这笔投标保证金。

（6）我方理解,贵方不一定接受最低标价的投标;同时,我方也理解,贵方不承担我方的任何投标费用。

地址:××市××路53号

邮政编码:××××××

电话:×××××××××

传真:×××××××××

代表:王××、张××、黄××(签字)

投标单位:××省建筑工程公司(盖章)

法人代表:陆××(盖章)

投标日期:××××年×月×日

××省建筑工程公司

××××年×月×日

［点评］ 本文标书格式正确,结构合理,主体部分的"投标文件"简明扼要,"承诺部分"较为详细,旨在引起招标者的注意并且表示投标者的诚意。

二、认知

投标书是指投标者根据招标单位对指标项目提出的标准、条件、要求等编制的向招标单位递交的方案性文书。

（一）使用范围

投标书是为适应经济活动中招标的需要，按照一定的格式和要求，编制成的一种经济法律文书。它被广泛地运用于国际商业贸易、租赁业务、工程建设承包、发包以及政府、机关及社会组织的物质采购等经济竞争活动中。

（二）特点

1.保密性　因为涉及竞争，投标者的方案、技术指标、价格底线都是保密的，一旦泄露就会影响到中标的概率，所以投标书的内容要等到开标的时候才能亮出。

2.求实性　投标书一定要实事求是地写，千万不可以有意夸大自己的能力。

3.技巧性　投标的目的是中标，所以要讲究写作的技巧性。在写作时候要尽量把自己的优势体现出来，提高中标的概率。

（三）作用

（1）介绍投标人的情况，让招标机构了解竞争者概况。

（2）让招标机构了解投标人的投标依据。

（3）是实现投标承包的一个关键环节。

（四）分类

按投标的使用对象分，投标书可分为三大类。

（1）生产经营性投标书，如工程投标书、承包投标书、产品扩散投标书、劳务投标书。

（2）技术投标书，如科研课题投标书、最大关键项目投标书、技术引进或转让投标书等。

（3）生活投标书。

【注意】

（1）投标书应当实事求是，不能欺骗对方。

（2）要重点说明那些对投标成功与否起决定性作用的内容，如技术规格、报价表和资格证明等。

（3）文字要精练准确，不可以使用模糊词语，避免产生歧义和误解。

三、结构与写法

投标书由标题、主送单位、正文、落款、成文日期五个部分组成。

（一）标题

标题主要有如下四种形式。

（1）投标单位+投标项目+文种，如《××公司××工程投标书》。

（2）投标单位+文种，如《××集团投标书》。

（3）项目+文种，如《教学楼施工投标书》。

（4）文种，如《投标书》或《投标申请函》。

（二）主送单位

大多写招标单位的招标办公室，在标题下隔行顶格写上招标单位的全称，如：××职业技术学院基建处。

（三）正文

正文一般由前言、主体、结尾组成。

1. 前言　主要写明投标者愿意参加投标的态度。常常写明：经过研究××招标文件，根据自己企业（或者个人）的条件，愿意按照招标文件的要求参与投标；若为工程建设，则表示愿意承担××工程的施工任务；若为承包或者承租企业，则表示愿意参与投标承包或者承租经营。然后用"先提出正式报价如下"或"承包（承租）经营方案如下"等词语领启下文。

2. 主体　这部分要说明具体的投标方案，针对招标书的要求并且结合自己的实际情况，逐一陈述投标方案的内容、措施、方法、技术要求、商品价格、商品规格、交货日期等进行逐项说明。从某种意义上说，这一部分内容直接关系着投标人是否能够中标。注意，在这里所引用的一些数据和论据必须是真实准确的。

3. 结尾　单位的投标书，结尾写投标单位的名称、联系方式等，部分写了单位的名称就可以省略落款。个人的投标书有的写决心，有的写请求评标组织审核评议，个人的投标书写投标者的姓名。

（四）落款

单位的投标书，如果在结尾部分写了单位的名称就可以省略落款，个人的投标书写上个人姓名。

（五）成文日期

在正文的右下方写上投标书的撰写日期。

四、写作要求

投标者在编写投标书的过程中,必须注意以下的问题:

(一)投标者必须熟悉投标的程序

投标的程序一般如下。

(1)及时掌握招标的信息,了解招标项目、工作进度、设备选购等相关情况。

(2)向招标单位递交投标申请书,介绍自己的情况,通过招标单位的前期资格预审。

(3)购买招标文件并且认真研究,根据自己的技术和经济实力,决策投标品目和投标方案。

(4)填写投标文件,编制答辩词。

(5)在规定期限内递交投标书。

(6)参加开标会。

(7)若中标,持中标通知书,按期与招标单位签订合同,并交纳履约保证金或开保函,数额一般为合同价的10%。

(8)中标方执行合同内容,组织生产或者施工。

(二)投标书应该具有针对性

投标书需要针对招标的要求和条件去写作,并且结合自己的实际情况。

(三)要突出重点,发挥优势

在投标书中应该要将自己的特点充分地体现出来,力求能够中标。

(四)写作时应当实事求是、诚恳执著

应当根据自己的实际情况如实地传达自己的能力和信息,并且在文中体现出投标人的要求和诚恳的态度,但是需要掌握尺度。

[实例]　××建筑工程总公司在研究了××大学修建图书馆的招标书以后,根据招标条件、勘察、设计、施工图纸后,经过认真研究核算,愿意承接全部工程的施工任务。请为××建筑工程总公司写一份投标书。

任务6.7　产品说明书

一、阅读

[例文1]

××牌抗病毒口服液使用说明书

本品系以板蓝根、藿香、连翘、芦根、生地、郁金等中药为原料,用科学方法精心研制而成,是实施新药审批法以来通过的、第一个用于治疗病毒性疾患的纯中药新药。

本品经中山医科大学附属第一医院、第一军医大学(已更名为:南方医科大学)南方医院和广州市第二人民医院等单位严格的临床验证,证明对治疗上呼吸道炎、支气管炎、流行性出血性结膜炎(红眼病)、腮腺炎等病毒性疾患有显著疗效。总有效率达91.27%。其中,对流行性出血性结膜炎(红眼病)和经病毒分离阳性的上呼吸道炎疗效均为100%,并有明显缩短病程的作用。

本品疗效确切,服用安全、方便,尤其适用于儿童患者,是治疗病毒性疾病的理想药物。

[性状]本品为棕红色液体,味辛,微苦。

[功能与主治]抗病毒药。功效清热祛湿,凉血解毒,用于治疗风热感冒、瘟病发热及上呼吸道感染、流感、腮腺炎等病毒感染疾患。

[用法与用量]口服,一次10 mL,一日2~3次,宜饭后服用,小儿酌减。

[注意事项]临床症状较重,病程较长或合并有细菌感染的患者应加服其他治疗药物。

[规格]每支10 mL。

[贮藏]置阴凉处保存。

[点评]　这是一份药品使用说明书。对药品的介绍,用了名牌医科大学附院等单位的临床疗效作证明。本文语言明晰、准确,很好地体现了产品说明书的说明性、实事求是性和指导性的特点。

[例文2]

××牌洗洁精

主要成分:表面活性剂、香精。

产品特点:强效去油污浓缩配方,洁净力特强,清除各种餐具表面污渍油腻,轻而易举。

含优质表面活性剂,洁净瓜果、蔬菜,卫生安全。

泡沫丰富,容易过水,无残留。

使用方法:加本品数滴于清水中,将餐具、果蔬浸泡洗涤,再用清水清洗干净。

注意事项:请存放于婴幼儿接触不到的地方。如果误饮,请立即喝水稀释并及时就诊。

执行标准:GB 9985

生产许可证:XK16-113-0092

生产日期:××××年×月×日

保质期:二年

生产企业:××化工集团股份有限公司

服务电话:×××-××××××××

网址:www.××××.cn

地址:××省××市××区××路××号

[点评] 这是我们日常生活中比较常见的日用品说明书,语言表达简洁清晰,内容齐全,并且“注意事项”“地址”“电话”等内容都一应俱全。

二、认知

产品说明书,又叫商品说明书,是对产品的性能、用途、使用和保养方法以及注意事项等作书面介绍的文书。

(一)使用范围

产品说明书是连接生产、流通和消费诸多环节的桥梁,被广泛运用于商品、书刊、服务、文娱和公关等领域。产品说明书可以让消费者熟悉、了解产品的性能,学会使用方法,起到指导的作用。

(二)特点

1. **科学性**　产品说明书主要是介绍说明产品的功用、性能、使用方法、注意事项等的文书,所以在写作时候必须讲究科学性,需要严格地按照科学的要求进行介绍,不可以随意夸大或者缩小甚至篡改产品的数据等各项科学指标。

2. 准确性　对产品的说明文字要进行清晰的表述,不能模糊不清。

3. 平实性　语言的表达要朴实无华,客观实在,不渲染做作。

（三）作用

（1）介绍产品知识,帮助认识了解产品。

（2）介绍产品用法,指导用户正确地使用产品。

（3）宣传产品形象,引导人们认可和购买产品。

（四）分类

根据不同的分类标准,从不同的角度,可把产品说明书分为不同的种类。

（1）按内容分,有产品介绍说明书、产品使用说明书、产品保养说明书。

（2）按表现形式分,有文字式说明书、图表式说明书。

（3）按结构形式分,有文章式说明书、条目式说明书。

（4）按性质分,有日用品说明书、食品说明书、医药说明书、电子产品说明书、机械产品说明书等。

【注意】

产品说明书不能与商品广告混淆。二者都具有介绍和宣传产品的功能,因此产品说明书是一种特殊的广告——"产品介绍广告"。但产品说明书毕竟不是商品广告,二者是有区别的。

（1）写作目的不同。产品说明书的主要目的在于帮助人们了解产品,掌握产品的用法;商品广告的根本目的在于诱导消费者购买商品,以促进销售。

（2）写作侧重点不同。产品说明书往往需全面介绍产品的性能、特点、用途、产地、规格、型号、制作工艺、使用方法、维修保养方法、生产日期、保质期以及其他注意事项,既要让消费者了解产品的各种知识,又要让消费者掌握产品的用法。商品广告则往往只选取其中最富有特征性的因素加以介绍,一般不涉及使用、维修和保养方法、生产日期、保质期等内容。

（3）宣传手段不同。产品说明书往往由生产厂家撰写,或在产品外包装,或置于包装盒内,与产品在一起。商品广告则多委托广告专业部门策划、制作,单独出现在各种媒体上。

（4）表达方式不同。产品说明书以说明为主要表达方式,行文朴实无华,直截了当。而广告则可以使用叙述、描写、议论、抒情等多种表达方式,行文生动形象,富有艺术感染力。

三、结构与写法

产品说明书一般由标题、正文、落款三个部分组成。

（一）标题

产品说明书的标题主要有如下四种形式。

（1）商标＋产品名称＋文种，如《白雪牌超细圆珠笔说明书》。

（2）产品名称＋文种，如《三九胃泰说明书》。

（3）产品名称，如《蛋黄派》。

（4）文种，即只写《说明书》或《使用说明》等。

（二）正文

正文是产品说明书的核心部分，是对产品本身的说明，一般按照"是什么""怎么样""怎么用"的顺序来展开。

1. 开头部分　交代是一种什么样的产品，如产品的名称、产地、性能、特点、用途、设计目的等，要求简要介绍。

2. 中间部分　这是产品说明书的主要部分，说明产品究竟怎么样，如产品的制作工艺、性能指标、主要技术参数、工作原理等。在说明时，要求分项列条，进行全面细致的说明或有所侧重地选择其中几项进行详细说明，并配以各种图像、表格、符号、数据，使解说更具体、形象，便于用户掌握。

正文没有固定的写作模式，要因物而异，各有侧重。例如，药品重在说明其基本功用和服法，电器重在说明其使用方法及维护。

正文写作格式一般有条款式、概述式、复合式三种。

条款式就是对产品的特征分条逐项地介绍，这样列出显得层次分明、条理清楚。

概述式就是对产品进行概括的、科学的介绍，意思连贯，内容完整，可有一定文采和趣味性。

复合式就是既有概述文字说明，又有条款分项说明。这种形式使用较多，因为它具有把说明对象说得具体、周密且清楚的优点，既能给人一个总的印象，又能让人了解具体项目内容。

3. 结尾部分　介绍产品怎么用，如产品的使用方法、维修保养方法及其他注意事项。

（三）落款

写出生产企业名称和联系方式，如地址、邮编、电话、电报挂号、网址等便于用户咨询和联系的相关信息资料。

四、写作要求

1. **用语既要科学又要通俗易懂**　科学就是要正确地使用专业术语,如果涉及各种物质的计量单位时,必须采用国家规定的标准说法进行表述。通俗就是尽量用平实的语言,将专业术语解释清楚。如果是操作性很强的产品,还需要用图文的方式说明操作的步骤和方法。

2. **内容要全面、真实**　对产品的说明应当尽可能做到全面、真实、客观,使消费者正确地认识产品。

3. **以说明为主要表达方式,表述尽量简洁**　产品说明书不要像广告那样进行渲染和铺垫,行文朴实无华,表达直截了当。

［**实例**］　为你所熟悉的某种商品写一份说明书,注意内容全面,语言得体。

第七讲　会务类文体

任务 7.1　演讲稿

一、阅读

[例文 1]

红岩精神,永放光芒

——国庆节演讲稿

敬爱的老师,亲爱的同志们:

大家好!

今天,我能来参加此次演讲活动,感到十分荣幸。我演讲的题目是《红岩精神,永放光芒》。

红岩精神是什么? 红岩精神是以周恩来同志为代表的,老一辈无产阶级革命家、共产党人和革命志士在风雨如磐的斗争岁月中形成的"爱国、奋斗、团结、奉献"的革命精神。

叶挺将军在 1941 年"皖南事变"被捕后,蒋介石曾派心腹陈诚前来劝降,许诺说只要答应他们的条件,就立刻给他"自由",并许以高官厚禄。叶挺将军挥笔写下《囚歌》答复他们道:

为人进出的门紧锁着,

为狗爬出的洞敞开着,

一个声音高叫着:

爬出来吧,给你自由!

我渴望自由,

但也深知

人的躯体怎能从狗洞子里爬出!

我希望有一天

地下的烈火,

将我连这活棺材一起烧掉,

我将在烈火和热血中得到永生。

这首诗,后来被关在歌乐山集中营的同志谱成《叶挺囚歌》,广为传唱,鼓舞了人们的斗志。

江竹筠同志,这位不管老人还是孩子都尊称为江姐的革命先烈,被特务秘密杀害时才 29 岁。

在亿万中国人民的心中,江姐是革命意志坚强的代表。她的许多名言曾打动了无数人的心——"上级的姓名、住址,我知道,下级的姓名、住址,我也知道,但这都是我们党的秘密,绝不能告诉你们!""严刑拷打算不了什么,竹签子是竹子做的,而共产党员的意志是钢做的。"

江姐,一位柔弱的女性,却有那样坚强的表现,依靠的是什么力量? 是一种精神,一种坚贞不屈、追求自由的斗争精神;是一种信仰,一种坚信共产主义必胜的信仰——是我们现在学习的红岩精神。

当中华人民共和国的五星红旗在天安门冉冉升起时,她和渣滓洞的革命战士虽然不知道国旗的图案,仍以憧憬的心情绣了一面代表解放的旗帜——尽管他们知道自己已经看不到胜利那一天了。

许云峰英勇斗敌,舍己为人;刘思扬出身豪门却投身革命;渣滓洞难友团结奋斗,敌人丧胆;白公馆志士奋勇突围,迎来黎明……当所有一切展现在我们眼前,激动、崇敬、悲愤、感叹……从他们身上,我们看到了民族的希望,感受到共产党人作为中国脊梁的人格魅力,感受到一种崇高的精神——红岩精神!

任何社会、任何时代都需要精神力量鼓舞人们前进。红岩精神是老一辈革命家为我们留下的宝贵的精神财富,是社会主义精神文明建设中不可缺少的部分。

当"非典"病魔肆虐的时候,当泄漏的氯气蔓延的时候,当洪水横行的时候,我们看到的是人们昂扬的斗志,它让"红岩"迸发出新的精神力量,它让"红岩精神"注入了新的时代内涵。

"起来,用我们的血肉筑起我们新的长城!"这是时代的强音,是 12 亿中国人民发出的铮铮誓言。"前进,前进,前进!"一个民族再次发出呐喊。这是响彻中华大地的强劲旋律。

"红岩精神",让我学会了做人,真正的中国人;"红岩精神"使我懂得,一个共产党员,决不向任何困难低头,应是"压不扁,折不弯,顶得住,吓不倒"的新时期的共产党人。

鲁迅先生说过:"青年应当有朝气,敢作为。"为了中华民族的伟大复兴。作为新世纪的共产党人,我们要以革命先辈为榜样,把"三个代表"重要思想同弘扬红岩精神结合起来,接过革命先辈手中的旗帜,让红岩精神,世世代代,永放光芒!

谢谢大家!

[点评] 这是一篇参加国庆节演讲比赛的演讲稿。开头部分,直接说明演讲目的和主题。主体部分,通过回顾共产党人英勇斗敌的事迹多层面阐释"红岩精神"的内涵,用英雄们为国捐躯、坚贞不屈的人格力量感染听众。结尾部分,引用鲁迅的话号召青年朋友以革命先辈为榜样,将"红岩精神"发扬光大。全文结构完整,语言精练,主题明确,内容深刻,令人振奋鼓舞。

[例文2]

竞选班长的演讲稿

尊敬的各位领导、老师,亲爱的同学们:

大家好!

我很荣幸能站在这里参加班长的竞选,不仅为能参加这次竞选而荣幸,更为能认识大家而感到高兴。首先,我向大家介绍一下我自己:我叫付振,来自黄冈——被称为教授之县及医圣李时珍故乡的蕲春县。

小时候,父亲曾对我说过:"做事要脚踏实地,一步一个脚印地去做。"于是,我从一名中学生到今天走进大学一年级、走上这一神圣的地方,我深感机会来之不易,需要好好珍惜。正是由于这种动力,当我站在这里的时候,倍感自信。当然仅仅有自信是不够的,还要有一定的能力。从什么都不会到今天能独立策划活动,从不会到会,从不好到好的过程,就是凭借着自信和虚心的态度,通过认真完成每一件工作而锻炼出来的。

我在高中时期当过班长,我深知,班长应该是架在老师与同学之间的一座桥梁,能及时向老师反映同学们的合理化建议,向同学们准确传达老师的要求。我也总是试着从他们的角度来组织活动,这样班级活动总是开展得热火朝天。但"人非圣贤,孰能无过",我也犯过错,但我敢于面对自己的错误,从同学与老师的帮助中虚心地接受批评,并改正错误,而且绝不允许自己第二次在同一地方跌倒。当同学之间、师生之间发生误会和矛盾时,我敢于坚持原则,明辨是非。即使有的时候老师的说法或做法不尽正确时,我也敢于积极为同学们谋求正当的权益。在做班长的过程中,我从未有过"高高在上"的态度,我除了有敢作敢为的闯劲外,还特别具有民主作风。因为,我的竞选口号是"做一个彻底的平民班长"。

作为一个班级的核心人物,班长应该具有统领全局的能力,我的治班纲领是:在以情联谊的同时,以"法"治班,最广泛地征求全体同学和老师的意见,在此基础上制订出班委工作的整体规划;然后严格按计划行事,同学们可以推选代表对每个实施过程进行全程监督,责任到人,奖罚分明。

今天我之所以在这里参加竞选。我希望把我们的班委会建成学校领导与学生之间心灵的桥梁,成为师生的一条纽带。在此,我不会下什么决心,只会在自己的位置上实干和巧干,用自己的能力服务大家,锻炼自己。

谢谢大家!

[点评] 这是一则竞选班长的演讲稿。开头部分,直入主题,通过介绍自己家乡的名望,引发同学对自己的关注。主体部分,运用层进式结构,一层深入一层地论述,先从小时候父亲的教诲讲起,再讲到自己高中担任班长的经历,最后引出现在竞选班长的决心和能力,由小及大,由表及里,层层推进,造成波澜。结尾处,再次表明自己的就职信念及努力方向,具有较强感召力。这篇演讲稿围绕竞选,既以充沛的自信心表现出胜任班长的能力,又以谦虚的态度表达出为班级服务的迫切愿望,贴近现实,情感真挚,能够赢得同学的尊重和信任。

二、认知

(一)概念

演讲稿又叫演说词、演讲词,它是演讲者在公共场合、集会或会议上,就某一问题宣传自己的主张,表达自己的感情或阐说某种事理的讲话文稿。一篇好的演讲稿是演讲成功的基础。

（二）特点

1. **针对性** 演讲是演讲者与听众的双向交流，这就决定了演讲稿必须观点鲜明，主题突出，针对听众，根据听众的职业、年龄、文化修养和兴趣爱好，就听众关心的问题进行论述；听众向往什么，厌恶什么，追求什么，担心什么，都是写演讲稿必须顾及的。

2. **鼓动性** 演讲以感染人、教育人为目的，因此必须富于鼓动性。演讲稿要充满真挚深厚的情感，内容起伏跌宕，才能引起听众的强烈共鸣，达到开阔视野、启迪思想、焕发激情和坚定意志的作用。

3. **真实性** 演讲稿必须以事实打动听众，尽量以实取胜，寄情于实。通过采用事实材料，使演讲更生动、感人，因此演讲稿中采用的材料必须是真实的，不允许虚构、杜撰。

4. **口语化** 演讲稿是通过"讲"来传达思想、观点和见解的，听众则依靠"听"来领会演讲者的思想、观点和见解，而"讲"和"听"都具有"一次性"的特点，听众不可能在"听"的过程中时常停下来回味演讲内容。为了听众能集中注意力听讲，演讲稿的语言要简明扼要、通俗易懂，要风趣、口语化，少用复杂长句，多用精辟短句和大众口语。

（三）作用

演讲稿的作用主要体现在：一方面，可以帮助演讲者理清思路，使演讲的内容清晰而有条理，对演讲者有备忘、提示的作用。另一方面，可使演讲的主题更集中、更突出、更具说服力，增强演讲效果。如果在演讲前事前写好文稿，演讲中就能有的放矢、重点突出，不偏离主题，并能通过形象生动的语言打动人、感染人，达到以理服人、以情动人的目的。此外，演讲稿还能帮助演讲者根据演讲稿的字数，掌握演讲的节奏和速度，提高演讲质量，增强演讲效果。

三、结构与写法

演讲稿一般由称谓、开头、主体、结尾四部分构成。

（一）称谓

演讲的对象不同、场合不同称谓也就不同。常见的有"各位领导""各位来宾""同志们""朋友们""女士们、先生们"等，通常在称谓前加上"尊敬的""敬爱的"等词，以示友好和尊重。

（二）开头

演讲稿的开头又叫开场白，是演讲稿的导入部分，要力求抓住听众，要有较强的吸引力。开头方式灵活多样，常用的有以下几种。

1. 直接式　开门见山地直奔演讲目的，提出中心论题。如例文 1 和例文 2 都直接写明演讲的目的。

2. 提问式　通过提问，制造悬念，激发听众去积极思考。如德国社会主义者察特金在《保卫祖国就是幸福吗》一文的开头写道："劳动人民的妇女们！你们的丈夫在哪儿？你们的儿子在哪儿？"

3. 引用式　引用名人名言、故事、成语、格言、诗词等语言材料作为演讲的开头。如一位学生的演讲稿《生命之树常青》是这样开始的："伟大的诗人歌德曾有这样一句著名诗句：'生命之树常青。'是的，生命是阳光带来的，应该像阳光一样，不要浪费它，让它也去照耀人间。"

4. 幽默式　用风趣、活泼的语言开始，争取尽快吸引听众。如约翰·罗克是美国著名的黑人律师，他在《要求解放黑人奴隶的演说》中这样开头："女士们，先生们——我到这里来，与其说是发表讲话，还不如说是给这一场合增添一点颜色。"

（三）主体

这是演讲稿的主要部分，要围绕主题，根据演讲对象、内容的特点收集材料，选择有生命力的材料说透问题，要条理分明，层次清晰。如果演讲的内容较多，要分项来谈，使层次清楚，便于听众掌握。常见的演讲稿主体结构如下。

1. 并列式　即一个问题一个问题分开论述，最后归纳。如例文 1 通过叶挺将军写下《囚歌》、江姐的英勇就义和其他共产党人的英勇斗敌等事例来阐释"红岩精神"的内涵。

2. 层进式　即一层深入一层地论述，或由小及大，或由表及里，或由此及彼，层层逼近，造成波澜。如例文 2 先从小时候父亲的教诲讲起，再讲到自己高中担任班长的经历，最后引出现在竞选班长的决心和能力，层层推进，扣人心弦。

3. 对比式　把两种不同情况、意见进行对比。如毛泽东的《改造我们的学习》中，将主观主义与马列主义两种态度进行对比，收到很好的效果。

（四）结尾

演讲稿的结尾是演讲内容自然收束的部分，通常也是全篇的高潮，起着深化主题的作用,同样更需要鼓动性。常见的结尾方式有以下三种。

1.归纳总结式　即在最后总结归纳自己的见解、主张,强化演讲中心,力求最后一次打动听众,语言要斩钉截铁,言已尽而力无穷,如例文2。

2.号召式　即在结尾时提出希望要求,展望未来,鼓舞斗志。

3.引用式　用名言、诗句做结尾,如例文1。

四、写作要求

(1)针对听众特点,围绕主题,用材料阐述。演讲的主题是演讲者通过具体材料表达出来的,因此在撰写演讲稿之前要学会收集材料,要收集能支持主题、有吸引力、真实典型的材料。

(2)语言上,要口语化、通俗易懂,要准确朴素、生动感人。

(3)以情动人,扣人心弦。演讲就是为打动人、感染人,从而起到宣传和鼓动的作用。因而,要求在表达上注重感情色彩,营造浓郁的情感氛围。

[实例]　1.谈谈你对以下几种演讲开场白的看法。

①"大家让我来讲几句,本来我不想讲,一定要讲就讲吧。"

②"同志们,我没什么准备,实在说不出什么。既然让我讲,只好随便讲点,说错了请大家原谅。"

③"同志们,这几天实在太忙,始终抽不出时间,加上身体欠安,恐怕讲不好,请大家原谅。"

2.谈谈你对以下几种结束语的看法。

①在第二次世界大战中,戴高乐在英国伦敦向法国人民发表《反法西斯广播演说》,最后他说:"无论发生什么情况,抵抗法西斯的火焰不应该熄灭,也绝不会熄灭。"

②郭沫若在《科学的春天》中这样结尾:"春天刚刚过去,清明即将来临。'日出江花红似火,春来江水绿如蓝。'这是革命的春天,这是人民的春天,这是科学的春天! 让我们张开双臂,热烈拥抱这个科学的春天吧!"

3.班上竞选班长,两位同学竞选的演讲稿内容的侧重点不同,请问你会选择那位同学做班长,为什么。

甲:如果我当上了班长,一定能让咱们班在全校、全区、全市闻名!

乙:我很佩服刚才那位同学的勇气和胆量。和他相比,我真是自愧不如! 那么,我凭什么竞选呢? 一定有人要问,我的回答是:我有三颗红心,那就是:热心、责任心和上进心。

4.假设你当选为班级或学生会的某一职务的干部,请在班级中发表一次就职演讲。

任务7.2 开幕词

一、阅读

[例文1]

第三届学生代表大会开幕词
(2009年5月4日)
校团委副书记 ×××

尊敬的各位领导、老师、同学们:

大家好!

新世纪的钟声已经敲响,在这春暖花开之际,在学校各级领导的殷切关怀和亲自指导帮助下,经过全体师生的共同努力,本校第三届学生代表大会隆重召开了。出席这次大会的有学校领导、老师和各班学生代表,在此,请允许我代表全体同学向出席这次大会的各位领导、老师们表示热烈的欢迎和衷心的感谢!

各位代表,这次大会是在全国大力推动素质教育,深入贯彻学习邓小平理论和江泽民同志"三个代表"大好形势下召开的。因此,大会的召开有着非常重要的意义。这次大会的主要任务有两项:一是听取上届学生会的工作报告,全体代表共同研究,制订出我校学生会工作的任务和措施;二是全体代表投票选举产生新的一届学生会。

各位代表,这次大会是全校学生政治生活中的一件大事,它将在我校学生会的历史上写下光辉的一页,对我校学生会工作起很大的推动作用。让我们团结一致,共同努力,履行代表职责,行使代表权利,使大会预定的任务顺利完成。

预祝大会圆满成功!

谢谢大家。

[点评] 这是一篇会议的开幕词。首先,对第三届学生代表大会的召

开表示热烈的祝贺,向与会者表示欢迎和感谢。接着,用简短的语言阐述了本次会议的主题和安排,通过强调会议的意义提出对与会者的希望,最后表达了对会议顺利举行的良好祝愿。

[例文2]

2009 年秋季运动会开幕词

（××××年×月×日）

副校长 ×××

老师们、同学们:

大家好!

今天,我们苏州立达学校近 3 000 名师生员工,带着对中华人民共和国成立 60 周年的欢欣喜悦,在丹桂飘香、硕果累累的金秋季节,迎来了我校2009 年秋季运动会的隆重召开。在此,我谨代表校党总支、校行政,向校运会的胜利召开表示热烈的祝贺! 向为本次校运会胜利召开而精心筹备的裁判员、教练员、运动员和所有工作人员表示衷心的感谢和崇高的敬意!

校运会是我校全面贯彻实施素质教育的具体内容之一,更是学校打造品牌意识的基础和保证。在过去的一年里,我校在德、智、体、美、劳等方面都获得了优异成绩,仅体育方面,便在全国、省、市各级比赛中获得了个人及团体奖项共 47 个,其中有全国定向城市系列赛初中男子组百米定向团体第一名,江苏省"测绘杯"定向越野锦标赛初中女子组中距离团体第一名,苏州市田径运动会团体总分 36 分、名列第 11 名,值得一提的是在此次运动会上,男子铅球、男子 200 米、女子三级跳远、男子 4×100 米接力均取得了前三名的成绩,在苏州市第十二届运动会上获男子足球第二名和女子足球第一名,在"江苏银行"杯中学生篮球比赛中获男子第四名等优异成绩,为我校赢得了荣誉。

老师们,同学们,体育运动历来被人们誉为是一种力量的角逐,智慧的较量,风采的展示,理想的放飞。希望同学们充分利用校运会这一契机,以我国奥运健儿为榜样,以饱满的激情、昂扬的斗志、勇于拼搏的信念、团结向上的精神投入到本届运动会中去,把健康的体魄展示出来,把青春的活力表现出来,把活动的风采闪亮出来。

校运会组委会希望,本届校运会应该是一个能充分体现团队综合素质和精神文明风范的大会;应该是一个人人都奋勇争先、再接再厉、赛出风格、赛出水平的大会。

最后,预祝大会取得圆满成功!

[点评] 这是一篇学校运动会的开幕词。首先,以饱满的情感对运动会的召开表示祝贺,并对运动会的相关人员表示感谢。接着,通过回顾过去一年学校在各类体育比赛中取得的成绩,阐明运动会的目的和意义,用极富鼓动性的语言号召同学积极参与运动会。最后对运动会顺利举行表示祝愿。

二、认知

(一)概念

开幕词是大会的序曲,在大型会议开始时,由组织召开会议的单位主要领导向大会全体代表发表的公开讲话。

(二)特点

1.简明性 开幕词的特点是简洁明了,短小精悍,最忌长篇累牍,言不及义。

2.口语化 开幕词作为领导讲话稿,要写得通俗易懂,鲜明生动,适于口头表达,语言应通俗、明白、上口。

(三)作用

开幕词的主要功能是阐述会议的指导思想、宗旨、重要意义,向与会者提出开好会议的要求,或祝愿会议成功。开幕词对开好会议具有重要的指导作用。

三、结构与写法

开幕词由标题、题下签署、称谓以及正文构成。

(一)标题

标题可直接写"开幕词",也可在"开幕词"前加上会议或活动名称。

(二)题下签署

开幕词的题下,通常要表明致词人的姓名、日期(致词日期)。

(三)称谓

称谓视与会对象而定,如"各位代表""朋友们""女士们,先生们""老师们,同学们"等。

(四)正文

1. 开头部分　一般开门见山地宣布会议开幕,并对会议的召开及对与会人员表示祝贺。需要说明的是,开头部分即使只有一句话,也要单独列为一个自然段,将其与主体部分分开。

2. 主体部分　这是会议开幕词的核心部分,通常包括三项内容。

(1)阐明会议的意义,通过对以往工作情况的概括总结,对当前形势的分析,说明会议是在什么形势下,为了解决什么问题和达到什么目的召开的。

(2)阐明会议的指导思想,提出大会任务,说明会议主要议程和安排。

(3)为保证会议顺利举行,向与会者提出会议的要求。

3. 结尾部分　结尾部分即结束语,常用"预祝大会圆满成功"。

四、写作要求

(1)以说明、议论为主要表达方式,语言简洁有力、通俗易懂。

(2)围绕会议或活动的主题展开,要阐明会议的目的、内容、安排,指导会议的顺利开展。

[实例]　由校团委、学生会共同举办的"东方之星校园歌手大赛"正式开幕了,你作为校团委书记,被邀请致开幕词,请你就此写一篇开幕词。

任务7.3　闭幕词

一、阅读

[例文1]

运动会闭幕词

(××××年×月×日)

副校长　×××

全体运动员、裁判员、老师们、同学们:

首先,我代表大会领导组,对我校"庆祝校庆49周年学生田径运动会"

即将顺利闭幕,对在本次大会中取得优异成绩的各个班级和运动员们,表示热烈的祝贺!

在历时一天的比赛中,全体运动员发扬"更高、更快、更强"的体育精神,积极参赛、顽强拼搏,在所有竞赛项目中,有12个班级比赛成绩突出,获得团体总分优胜奖,有72人次获得个人比赛优胜奖。全体师生团结友爱、精诚协作,赛场上奋力拼搏,赛场下加油鼓劲,在比赛过程中,充分体现了"友谊第一,比赛第二"的运动精神。

本次运动会是我校塑胶运动场建成后的第一场盛会,也是历届参加单位和参加人数最多,最隆重、最圆满和最成功的大会。各班级积极筹备、刻苦训练,认真参赛。在体育老师和班主任老师的精心组织下,运动会的气氛浓郁,同学们纪律井然,为运动员摇旗呐喊,加油助威,热情服务,充分展示了我校师生的精神面貌。

在大会进行过程中,全体裁判员兢兢业业、秉公执法,公正裁判;全体大会工作人员认真负责、忘我工作,确保了大会的良好秩序和顺利进行。让我们对他们的努力和付出,再次表示衷心的感谢!

希望全校师生以本次运动会为契机,发扬成绩、克服不足,在今后的各项工作和活动中,为侨中更加美好的明天而努力拼搏、再创佳绩!

谢谢大家!

[点评]　这是一篇运动会的闭幕词,其主要内容是运动会的成功举行。首先,在开头处表达了对此次赛事成功举行的祝贺;其次,把主要笔墨放到对运动会的总结上,既对参赛的运动员给予肯定,又对相关的老师、裁判表示感谢;最后,对全校师生发出"努力拼搏、再创佳绩"的号召。

[例文2]

闭幕词

(××××年×月××日)

工会副主席　×××

各位代表:

经过全体代表的共同努力,公司第二届职工暨会员代表大会第三次会议顺利完成了各项议程,会议马上就要闭幕了。

会议听取和审议了董事长兼总经理刘澜明同志作的《行政工作报告》,工会主席贺运华同志作的《工会工作报告》,副总经理过建光同志作的《2007

年福利费使用情况的报告》，会议还听取了副总经理、总工程师李晓东同志作的《2007 年招待费使用情况的报告》，副总经理方新华同志作的《2007 年厂务公开情况的报告》，副总经理何斌全同志作的《职工代表提案解答报告》。

会议期间，代表们积极建言献策，对公司的改革发展和其他各项工作提出了很多宝贵的意见和建议。这充分体现了我们员工高度的责任感和全局意识，同时也体现了我们公司民主政治建设迈出了新的步伐。

大会表决通过了《关于行政工作报告的决议》《关于工会工作报告的决议》《关于 2007 年福利费使用情况报告的决议》，会议内容丰富、纪律良好，开得非常圆满成功。

会议既总结了成绩，也客观地分析了公司当前存在的困难和问题，更展示了企业面临的发展前景和希望，并提出了奋斗目标和工作要求，为我们今年和今后一段时期的工作指明了方向、明晰了思路、坚定了信心。

各位代表，这次大会是一次团结的大会、鼓劲的大会，也是一次更新观念、统一思想的大会！会议闭幕后，希望各位代表要认真领会这次会议精神，及时把会议精神传达贯彻到广大员工之中去，特别是要结合本单位、本部门、本岗位的实际情况，以改革创新的精神、昂扬向上的斗志、奋发有为的行动，抢抓机遇、努力工作，全面实现这次大会所部署的各项目标和任务，为开创我公司又好又快更加广阔的发展前景作出更大的贡献，创造更优异成绩，续写更辉煌的华章！

各位代表，现在我宣布——湖南柿竹园有色金属有限责任公司第二届职工暨会员代表大会第三次会议胜利闭幕！

［点评］　这是某公司职工代表大会的闭幕词。开头部分，对职代会的顺利举行表示祝贺；主体部分，先概述了会议进行的情况，再对会议的收获、意义作出评价，最后向与会人员提出贯彻会议精神的要求；结尾处，宣布会议闭幕。

二、认知

(一)概念

闭幕词与开幕词相对应，是会议结束时由主要领导人向全体会议代表所作的总结性讲话，其主要内容是对会议概括性的评价和总结，并向与会者提出贯彻落实会议精神的要求，向与会单位提出奋斗目标和希望。

（二）特点

闭幕词的特点与开幕词相同。值得注意的是,致闭幕词的领导不一定与致开幕词的是同一人,通常与致开幕词的领导身份相当或略低。

（三）作用

闭幕词对会议成果进行总结,可对下一阶段工作进行简要部署。

三、结构与写法

闭幕词与开幕词的写作格式基本相同,由标题、题下签署、称谓、正文构成。

（一）标题

标题可直接写"闭幕词",也可在"闭幕词"前加上会议或活动名称。

（二）题下签署

闭幕词的题下,通常要表明致词人的姓名、致词日期。

（三）称谓

称谓视与会对象而定,如"各位代表""朋友们""女士们,先生们""老师们,同学们"等。

（四）正文

1. 开头部分　说明会议已经完成预定任务,宣布会议闭幕。

2. 主体部分

（1）概述会议的进行情况,即会议通过的主要事项和基本精神。

（2）恰当地评价会议的收获、意义及影响,即会议的重要性和深远意义。

（3）向与会人员提出贯彻、落实会议精神的基本要求。

3. 结尾部分　以坚定语气发出号召,提出希望,表示祝愿,最后郑重宣布会议闭幕。

四、写作要求

（1）写作时要掌握会议情况,有针对性地对会议内容予以阐述和肯定,同时可以对会议未能展开的重要问题作出适当强调或补充。

（2）行文要热情洋溢,文章要简洁有力,起到激发斗志,增强信念的作用。

（3）闭幕词用在会议结束,因此要写得与开幕词前后呼应、首尾衔接,显示大会开得很圆满、很成功。

[**实例**]　这是一篇某学校团代会的闭幕词，请指出它在格式和内容上的不足。

各位代表、各位领导：

共青团××职业技术学院第二次代表大会，在学院和党委的亲切关怀下，在筹委会全体成员和全体代表的共同努力下，已经圆满地完成了各项预定的任务，现在就要胜利闭幕了。

大会始终洋溢着团结、民主、求实、活泼的气氛，是一次团结的大会、胜利的大会、催人奋进的大会，这次大会的胜利召开，必将进一步激励全院团员青年奋发向上、积极进取，把我院的团工作推向新的高潮。

共青团是学院团结、组织青年学生的核心，是人才培养、改革与发展的重要力量，是全面贯彻党的教育方针，实施素质教育的一支生力军。新的时期已经来临，我们正处于世纪之初的历史性时刻，党的"十七大"已经召开，时代赋予我们团员青年更高的历史使命。真诚期望并相信新当选的团委委员不负众望，紧密团结在学院党委的周围，脚踏实地、富有成效地工作。也希望广大团员青年坚定正确的政治方向、成才方向，在学院党委、新一届团委的带领下迎着风浪，锐意进取，努力拼搏，为黑龙江北开职业技术学院的共青团工作再创辉煌而奉献各自力量。

代表们、同学们，当前我院正处在迎评促建的关键攻坚阶段，人心齐，泰山移，我们坚信，只要我们全校1 000多名团员积极行动起来，从我做起，从小做起，迎评争创工作一定能高质量完成。我们坚信，全院广大团员青年一定能够以这次大会为新的起点，胸怀发展大局，争做时代先锋，勇敢地肩负起历史重任，信心百倍地完成大会确定的各项任务，为××的建设和发展而贡献自己的力量和谱写出更加灿烂的青春篇章。

在大会即将结束之际，我谨以大会的名义，向各位代表表示衷心的感谢和崇高的敬意，向为大会筹备付出辛勤劳动的同志表示由衷的感谢。

谢谢大家！

第八讲　礼仪类文体

任务8.1　欢迎词

一、阅读

[例文1]

致香港驻军文艺演出队的欢迎词

同志们：

香港驻军业余文艺演出队带着驻军首长、机关的亲切关怀和问候，带着精心编排的文艺节目，不辞辛劳来到石岗营区，为我们全体官兵作慰问演出，让我们对演出队的到来表示热烈的欢迎和衷心的感谢！

今年，真可谓盛年盛事。7月1日，历经沧桑的香港顺利回归祖国；9月，党的十五大又奏响了迈向21世纪的凯歌；10月，本世纪末中国最后一次体育盛会——八运会又隆重拉开了帷幕，举国上下，喜庆欢腾。作为人民解放军代表的驻港部队官兵同样为祖国的昌盛繁荣和民族的振兴富强而欣欣鼓舞，今晚的演出，就是我们美好心愿和喜庆之情的最好表达。

江泽民同志在党的十五大报告中指出，营造良好的文化环境，是提高社会主义文明程度、推进改革开放和现代化建设的重要条件。军营文化作为军队精神文明建设的重要组成部分，既吸收了我们民族文化的精华，又独具我们军队的风格和特色，是社会主义文化中的一束亮丽奇葩，对军队全面贯彻邓小平新时期建军思想起着重要的推动作用。我们香港驻军文艺演出队就是这束奇葩中的典型代表，它不仅为塑造香港驻军威武文明的良好形象起着积极的"窗口"作用,而且在保证我们香港驻军精神文明走在全社会前列,争做十亿人民榜样的事业中,扮演着重要的角色。今晚,演出队的精彩表演,将极大地鼓舞我们全体干部战士更好地履行防务职责,更好地立足本职开拓进取。我们要以这次慰问演出活动为契机,进一步加强部队文化建设,丰富军营文化生活,从而带动部队各项建设全面发展。

让我们再次以热烈的掌声向演出队的同志们表示最诚挚的谢意!

最后,预祝演出圆满成功!祝大家度过一个开心愉快的夜晚!

梁纪铭

1997 年 12 月 20 日

[点评]　这是一篇现场讲演欢迎词,主要包括称呼、正文。精彩得体的讲话不仅对文艺演出队是极大的鼓舞,同时对出席的宾客来说也是令人振奋的。无疑这次精彩的欢迎词将会对文艺演出起到推动作用。首先,致词人用愉快、富有激情与真诚的语言介绍参加慰问演出的宾客并致以热烈欢迎与衷心的感谢。其次,就这次慰问演出来表达自己美好心愿及对祖国繁荣昌盛的喜悦之情,进而又阐述军营文化同演出的密切关系。最后,再次向来宾表示诚挚的谢意及表达自己美好祝愿。总体而言,这篇欢迎词是非常精彩的,真诚热情地表达了代表者的内心感受,说出了所有与会成员的心声及意愿。

[例文 2]

大一新生欢迎词

16 年新入学的同学们:

欢迎你们,欢迎你们来到北京师范大学珠海分校,欢迎你们加入北师大珠海分校这个大家庭!我们知道,同学们,特别是第一次进入北师大珠海分校的同学们,心情一定非常激动。是的,因为你们即将踏入的是一个繁花似锦的校园,一所令人向往的学校,一片生生不息、蓬勃向上的热土。在这里,我们向你们表示由衷的祝贺和热烈的欢迎!

但是,生活就总体而言总是朴素的,因此也是平凡的。当这个激动期过去之后,你会发现,即使大学的生活也不像想象中那么令人激动。也许公寓宿舍有种种不便;也许食堂的饭菜不合自己的口味;也许有些课程、甚至一些原来很看好的课程也很乏味;也许发现原来大名鼎鼎的教授也很平常;也许满怀热情提出的某些建议久久没有回复;也许考试成绩不很理想;也许老师都可能太忙,根本注意不到你的麻烦和困扰;也许你们很多人在入校之前暗暗下的决心很快就忘了……

我这么说,是因为我们也曾这么走过。生活注定会溶化许多激情、理想、决心和追求,甚至会使"生活"变成仅仅"活着"。

刚刚跨入大学校园,我想你们都会问自己这样两个问题:"我来这儿做什么?""我将成为一个怎样的人?"

是的,人生犹如夜航船,一个个始终警醒自己的问题就是一座座灯塔基,而你的回答,就是点亮自己的灯塔。当思索这两个问题时,你们正是在为大学四年或者更加长远的未来树一座灯塔,尽管前路漫漫,航灯迷烁,但一步步走来的你们将不断地修正航向,向着那个人生的坐标原点进发。

兴趣是学习的动力。我们希望同学们能够发现自己的兴趣,兴趣才是主动学习和知识创新的真正来源。其实,刻苦学习的人并不是因为他懂得了要刻苦,最主要是因为他从来没有感到学习的苦,"刻苦"从来都是局外人对行为的概括,而不是刻苦者的自我心理感受。

如果你们在北师大珠海分校的几年间能够找到这种感觉,那么,你的内心、你心目中的世界每一天都会是鲜亮的。

"长风破浪会有时,直挂云帆济沧海。"同学们,让我们揽万卷文采,汲百代精华,踏实地走好每一步,共同携手,在新世纪的伟大征程中谱写壮丽的青春之歌!

祝大家在大学的四年里快乐、幸福!

学生代表:×××
2016 年 9 月 1 日

[点评] 这是欢迎新生入学的致词。开头部分对入学新生表示欢迎,将友好、热烈的情感传递给听众;接着,以自己的亲身体验介绍大学生活的特点,帮助新同学解疑释惑、确立努力方向;最后,鼓励新同学展望美好未来,并给予真诚祝福。全文条理清晰、通俗易懂、情感丰富而真诚,给予入校新生极大启发和鼓舞。

二、认知

(一)概念

欢迎词是在欢迎仪式上由东道主出面,对宾客的到来表示欢迎的讲话稿。一般,欢迎词发表在正式的欢迎仪式(包括仪仗、会议、宴会等)之前。

(二)特点

1. 欢迎性　古语云"有朋自远方来,不亦乐乎",因此致欢迎词表达的是一种愉快的心情,言词用语务必富于激情,表达出致词人的真诚。这样才能给宾客一种"宾至如归"的感觉,为下一步活动的举行打下良好的基础。

2. 交往性　欢迎词是东道主与宾客见面交流所举行的第一项正式活动,因此致欢迎词的重要功能就是通过欢迎词展现东道主的盛情,通过欢迎词介绍双方的基本情况,为进一步活动交往作好铺垫。

3. 口语化　由于欢迎词是在欢迎仪式上通过口头表达完成的,语言应该通俗易懂、生动形象,简短而不失节奏感。

(三)作用

欢迎词的作用在于对宾客的到来表示热情真诚的欢迎,客人来了,主人表示欢迎,以便增进感情,加深友谊,为以后双方的业务、交往奠定基础。

(四)分类

根据欢迎对象的不同,欢迎词可分为两类:一是欢迎宾客的致词,如例文1;二是欢迎单位或组织新成员的致词,如例文2。

三、结构与写法

欢迎词一般由标题、称呼、正文、署名四部分构成。

(一)标题

标题有两种写法:一种直接以文种命名如"欢迎词",一种由欢迎场合加文种构成,如例文1。

(二)称呼

在标题下第二行顶格书写,写明来宾的姓名称呼,对宾客宜用尊称,如"尊敬的先生们、女士们""亲爱的朋友""尊敬的领导"等。

(三)正文

欢迎词的正文可由开头、主体和结尾三部分构成。

1.开头部分　说明宾客来访或致词的背景,并对宾客表示热烈欢迎,力求营造热烈、欢快、友好的气氛,为进一步交往做好铺垫。

2.主体部分　致词的中心内容,主要根据双方的关系和致词的场合,回顾双方共同的立场、观点、目标等内容,阐明宾客来访对加强双方合作交流的意义,并说明欢迎的理由,如例文1。欢迎新成员的致词,应该对欢迎对象表示赞赏,然后介绍本单位或组织的情况和特点,简要说明本单位的发展走向,也可以帮助新成员解难释疑,共同展望美好的未来,如例文2。

3.结尾部分　再次表示欢迎和祝愿。如果是宾客,祝愿来访成功,如果是欢迎新成员,则表达对其施展才能、取得成绩的希望。

（四）署名

用于讲话的都无须署名,若需刊载,则在标题下面或文尾署名并写上日期。

四、写作要求

（一）措辞要有针对性

欢迎词由于欢迎的理由和场合不同,表达也应随之不同,该严肃则严肃,该轻松则轻松,因此写作前要了解欢迎对象的基本情况、来访目的,做到有的放矢,将欢迎词说到宾客的心坎上。

（二）表达热情诚恳、通俗礼貌

欢迎词要用真诚的欢迎营造热烈的气氛,加深双方的往来和友谊,措辞中要讲究礼节,通过亲切、谦虚、诚恳的语言达到加深情感的目的。由于致词多为口语表述,还应注意语言通俗化、口语化,生动形象富有节奏美。

（三）篇幅简短

欢迎词主要在于营造热烈的欢迎气氛,不能解决实质的问题,所以内容应集中、概括。

［实例］　以下这篇欢迎词在内容和表达上存在一些问题,请指出。

在公司成立 30 周年纪念会上的欢迎词

女士们、先生们:

我是飞达公司董事长王毅,今天是我们公司成立30周年的纪念日,大家跋山涉水来到这里参加庆典,辛苦了。

正如大家所知,我们公司在社会上有着良好的声誉与一定的影响。但是我们依旧不断进取,毫不懈怠,所以才能 30 年屹立不倒。今天,见到朋友们不顾路途遥远专程前来贺喜并洽谈贸易合作事宜,使我颇感欣慰。

朋友们,为增进双方的友好关系做出努力的行动,定然有助于使本公司更上一层楼。

在此,我向朋友们表示热烈欢迎,并希望能与新朋友们密切协作,发展相互间的友好合作关系,为我们的生意兴隆,干杯。

飞达公司董事长　王毅

2017 年 5 月 18 日

任务 8.2　欢送词

一、阅读

[例文 1]

在中师毕业生毕业典礼上的欢送词

亲爱的同学们:

今天,你们就要告别几年的师范生活了。别时容易见时难,这时我们难免有几许凄凄,几许依恋。然而,当我想到你们告别了母校将走向高山,走向平原,走向碧波荡漾的水乡,去开辟你们崭新的生活的时候,我又有几分释然,几分激动,我祝福你们走向新的生活。

几年来,同学们在学校的摇篮里,在老师们的辛勤培植下,刻苦学习,成了德、智、体、美全面发展的新人。我永远忘不了你们在运动场上龙腾虎跃的英姿,忘不了你们挑灯夜战的灯光,忘不了你们展现在母校的美好的心灵。此时此刻,我想起了:你们被白色领奖台托起的健美的身躯;想起了变幻的彩灯下,你们踏出的青春旋律;想起了你们在奖学金领奖大会上,送给校领导羞涩而自豪的一笑;想起了更多的同学,那默默无声却沉稳有力的身影;我还想起了你们有时皱起的眉头,我更想起了你们渴求未来的闪着异彩的眼神。啊,一切都过去了,一切都那么铭心刻骨。亲爱的同学们,你们的汗水浇灌过母校美丽的玉兰，你们的脚印深深地刻在母校厚实的土地上，作为母校的老师，我祝贺你们取得的成绩，也感谢你们为学校作出的贡献。

同学们喜欢唱"我们今天是桃李芬芳，明天是国家的栋梁"。我亲眼看到你们从带着泥土气息的农村娃子变成了健壮的小伙子、亭亭玉立的大姑娘。变化的不仅是你们的外表，知识的琼浆玉液，滋润了你们的心灵，使它日益成熟，日益深邃。你们将给广袤的大地，带去青春的朝气和时代的气息。新的事业在召唤你们，千百双渴求的眼睛在企盼着你们，像那天上的明星。在这片闪烁的星光里，你们将找到清澈如山泉的真、善、美。你们像那饱满的种子，播在祖国的山山水水，我相信，春风化雨，你们会生根、发芽、开花、结果。征程漫漫，我不能断言你们的未来一切如意，也许校舍是破旧的，桌椅是粗糙的。但我要说：坐享其成，只能是纨绔子弟的品性，在没有路的地方最容易踩出令人惊奇的新路。让我们坚信："艰难困苦，玉汝于成。"

这几天同学们忙着写毕业留言，字里行间流动着行将离别的缠绵悱恻，作为刚送走第一届学生的我，其心情又何止惘然若失呢？但我知道羽翼已成的小鸟是属于蓝天白云的，我深情地目送你们离去，我更盼着听到你们成功的喜讯。最后送大家两句诗："莫愁前路无知己，天下谁人不识君。"

××校长

2016 年 6 月 28 日

[点评]　这是欢送毕业生的致词，是发言人代表校方对中师毕业生所讲的话。开头部分表达了对学生学习的肯定和对学生即将告别母校的惜别，主体部分回忆了师生共处的几年时光中令人难忘的时刻，并在对学生未来的祝愿中，表达了对他们殷切的期望。结尾处通过引用诗文来表示对学生的鼓舞并加强欢送的情感。

[例文2]

欢送史密斯教授的致词

同志们、朋友们：

时间过得多么快啊！20 天前我们大家曾高兴地在这个礼堂集会，衷心欢迎史密斯教授。今天，在史密斯教授访问了我国的许多地方之后，我们再次欢聚一堂，感到特别亲切和愉快。史密斯教授将于明天回国。

史密斯教授是我们的一位老朋友,他非常熟悉我们各个方面的情况。他在我国逗留期间,仔细地考察了我们的政治、经济、文化和教育。

大家知道,我们的社会主义国家是非常年轻的,它脱胎于封建主义和资本主义影响根深蒂固的旧社会,尽管中华人民共和国成立后我们做了巨大的努力去消除它,但是还有许多困难要我们去克服,还有许多缺点亟待改进。我们诚恳地希望史密斯教授给我们提出批评、指导和宝贵意见,以便我们改进工作。

在向史密斯教授告别时,我们借此机会请求他转达我们对他的国家和人民的深厚友谊,还请他转达我们对他们的亲切问候和敬意。祝史密斯教授回国途中一路平安,身体健康。

×××

××××年×月×日

[点评] 这篇欢送词是欢送外国宾客的致词。开头部分,对访问结束的史密斯教授表示欢送;接着概述了史密斯教授访问的情况,并对其来访产生的作用给予肯定;最后,表达了我方深厚的友谊以及对史密斯教授的祝福。

二、认知

(一)概念

欢送词是在欢送聚会或欢送仪式上,团体或个人送别宾客或学生毕业时发表的表示欢送、惜别和祝愿的致词。

(二)特点

1. 惜别性　欢送词以送别为目的,因此真诚的依依惜别的情感是其突出的特点。

2. 欢愉性　虽然致欢送词要表达惜别的心情,但言词应充满激情,展现东道主的热情,给宾客一种希望下次再来的感觉。

3. 交往性　欢迎词是东道主与宾客见面交流所举行的最后一项正式活动,因此另一个主要功能就是通过欢送词,促进双方今后进一步的交往和合作。

(三)分类

欢送词根据表达方式不同,可分为现场讲演欢送词和报刊发表的欢送词。根据欢送对象不同,可分为欢送来访宾客的致词,如例文 2;欢送学生、同事的致词,如例文 1。

三、结构与写法

欢送词一般由标题、称呼、正文、署名四部分构成。

(一)标题

标题有两种写法:一种直接以文种命名如"欢送词",一种由欢送场合加文种构成如例文 1。

(二)称呼

在标题下第二行顶格书写,写明来宾的姓名称呼,对宾客宜用尊称,如"尊敬的先生们、女士们""亲爱的朋友""尊敬的领导"等。

(三)正文

欢送词的正文可由开头、主体和结尾三部分构成。

1. 开头部分　说明欢送的原因、欢送何人,并表达惜别和祝福之意。

2. 主体部分　欢送宾客的致词主要回顾宾客来访期间友好交往的过程,阐述双方在本次合作交流的意义,肯定宾客的努力与成绩,对宾客来访产生的作用给予高度评价,表达增进交往、加强合作的信心。欢送同事或学生的致词,主要是肯定和评价被欢送者的工作、学习成绩和个人品格,简要回忆以往相处的时光,说明被欢送者即将开始的新工作、学习的意义,表达自己依依不舍但又欢欣鼓舞的感情。

3. 结尾部分　向被欢送者表示祝福和勉励,并表达期待再次合作的心愿,亲朋远行则要表达希望早日相聚的心情。

(四)署名

用于讲话的都无须署名。若需刊载,则在标题下面或文尾署名并写上日期。

四、写作要求

(一)感情要真挚

要表达出惜别之情,也要富有激情地展望未来、相互勉励。切不可过分低沉伤感。

(二)措辞要慎重

注意场合和对象,该严肃则严肃,该轻松则轻松。

(三)篇幅要短小,言简意赅

欢送词只是礼节性的公关辞令,不必长篇大论,短小精悍更宜表达主人的尊重和礼貌。

[实例] 以下这篇欢送词在内容和表达上存在一些问题,请指出。

欢送词

各位同事:

今天,是一个让我们非常伤感的日子。因为我们的同事马××小姐荣升为我公司上海分公司经理,这样一个优秀的人才和亲密的同事,就要与我们分开了。

往事不堪回首:马小姐的能力与才华,对我们有多么重要。我们部门的成就,离开了她的贡献,将难以想象。马小姐的离去,是我们部门的巨大损失。

"苟富贵,毋相忘",我们相信马小姐必定会如此。我们都会想念她,希望她也能记着我们大家。

希望马小姐多多保重!再见了,马小姐。

××公司经理×××
2016 年 5 月 18 日

任务 8.3　答谢词

一、阅读

[例文 1]

答谢词

女士们、先生们:

首先请允许我感谢你们的盛情邀请及款待,今天能够出席你们的招待会，我感到十分荣幸，能够有机会与在场的中国朋友畅谈，感到非常高兴。

随着中国改革开放的进程不断深入，我们两国之间的交往越来越频繁，许多政府官员、科学家、艺术家、体育代表团和商人的互访，更加深了我们的友谊。多年来，我一直盼望着能有机会来中国，现在终于圆了我中国之行的梦。

这次在华一年时间的访问学习是卓有成效的，我能够有机会见到许多知名人士，聆听许多专家、学者的教诲，我们之间互相探讨、学习，并向中国专家、学者请教，收获很大。

我的到访，得到了热情好客的中国朋友的热情接待，我深深感受到了勤劳、善良的中国人民的热情、友好，我们彼此之间的深情厚谊，令我终生难忘！

借此机会请允许我再一次向大家表示衷心的感谢！

祝愿我们两国人民世代友好下去！

×××

2016 年 8 月 8 日

［点评］　这是一篇答谢主人盛情及对自己工作提供帮助的致词。开头部分，对主方给予的邀请和款待表示感谢；主体部分，表达了自己访华的愿望以及在主方帮助下获得的收获，并通过切身体会赞美了主方的热情友好；结尾处，再次表达谢意，并对双方关系的进一步发展表示祝福。

［例文2］

在接受救灾粮仪式上的答谢词

亲爱的××领导，远道而来的客人们：

今天，我们怀着无比激动、无比振奋的心情，在这里迎接××红十字会给我县师生捐赠救灾粮的亲人。

今年 7 月以来，我国遭受了百年未遇的大旱灾。7、8、9 三个月，炎阳连天，滴雨不下，池塘干涸，溪河断流，田地龟裂，禾苗枯死，真是赤地千里！虽经我们奋力抗灾，但自然灾害的肆虐，使 10 多万人饮水困难，30 多万亩田地颗粒无收。我们县的中小学生，就有 1 万多名因受灾辍学，还有几万名同学、教师依靠亲属的接济度日。然而，党和政府没有忘记我们，兄弟县市的乡亲没有忘记我们，省市领导多次亲临，视察灾情，组织救援，市县国家干部职工争相解囊,捐粮捐钱。今天,我们又接到了你们无私捐助的大批救灾粮食。"一方有难,八方支援",团结互助,无私奉献,只有在今天优越的社会主义制度下,只有在我们伟大的社会主义中国才能办到!

谢谢你们,远方的亲人!我们全县中小学生、全县人民,一定从你们的援助中吸取力量,奋发图强,重建家园;努力学习,奋勇登攀,以崭新的成绩,来报答党和人民的关怀,报答你们的深情厚谊!

×××
××××年×月×日

[点评] 这是在捐赠仪式上的答谢词。开头部分,对捐赠方表示感谢;主体部分,回顾了受灾情况以及各级政府和单位对自己的帮助,表现出真挚的谢意;结尾处,再次向捐赠方致谢,并展望未来的努力方向。

二、认知

(一)概念

答谢词是指在特定的公共礼仪场合,主人或客人为表示感谢而发表的致词。答谢词作为对欢迎词的回应,一般都出现在东道主的欢迎词之后。

(二)特点

1. 欢愉性 作为客人,答谢词是要对东道主的盛情表示感谢,并为自己的到来对东道主带来的不便和增加的负担表示歉意。这些都属于必需的礼节,在礼尚往来之间体现出宾客对于参加此次活动的欢愉之情。

2. 交往性 答谢词通过对东道主的答谢,展现交往的礼节和风范。

(三)分类

根据致词场合不同,答谢词可以分为两类:答谢主人盛情及对自己工作提供帮助的致词,如例文1;捐赠仪式、授奖仪式、奠基仪式或毕业典礼上的答谢词,如例文2。

三、结构与写法

答谢词一般由标题、称呼、正文、署名四部分构成。

(一)标题

标题有两种写法:一种直接以文种命名如"答谢词",一种由仪式场合加文种构成如例文2。

（二）称呼

答谢词的称呼是指答谢的对象，要突出被答谢的主要人物，同时要注意处理好排名次序，对象人数较多时可用团体名称或泛称。

（三）正文

答谢词的正文可由开头、主体和结尾三部分构成。

1. 开头部分　简单概括答谢事项，并直接向有关方面表示感谢。

2. 主体部分　对主人所作的安排给予高度评价，对主人的盛情款待表示衷心感谢，对在其帮助下取得的收获给予充分肯定，然后谈自己的感受和心情。在授奖典礼或毕业仪式上的答谢词，要回顾单位对自己关怀、教育、帮助的经过以及自己的收获，对单位表示深切的谢意，还可谈谈自己的获奖感受以及今后的努力方向。

3. 结尾部分　再次表示感谢，并对双方关系的进一步发展表示祝福。

（四）署名

用于讲话的都无须署名，若需刊载，则在标题下面或文尾署名并写上日期。

四、写作要求

（一）选用必要的能够体现真情的客套话

在礼仪场合，必要的客套话是不能省略的，比如"感谢""致敬"之类，但客套话不宜过多，更不宜过分，以免造成对方的反感。

（二）注意照应欢迎词

答谢词一般是在东道主的欢迎词后致词，既然东道主已经致词在前，那么作为客人不能"充耳不闻"。要注意与欢迎词的某些内容照应，这体现对主人的尊重，即使预先准备好的答谢词也要在现场做修改补充，或临场应变发挥。

（三）篇幅短小

答谢词和欢迎词、欢送词一样都是应酬性的讲话，篇幅力求简短，不宜冗长拖沓。

［实例］　以下这篇答谢词在内容和表达上存在一些问题，请指出。

答谢词

尊敬的董事长、总经理、各位领导、同事们：

此时此刻，我兴奋得几乎讲不出话来。直到现在，我依然无法相信自己的运气,我这样一名普通的推销员,竟然成了本公司去年的新产品销售状元。我也想象不到,公司在业务如此繁忙的时刻,居然抽出宝贵的时间,专门召开嘉奖我的表彰大会,我太感动了。

其实,我没有做多少工作,只是完成了本职任务而已,而且这主要归功于各位领导的信任、同事的支持。比如说,如果不是我们销售部的张经理派我去深圳,不是公关部的李小姐向我介绍了那里的客户,我就不可能在深圳取得成功。所以,我要借此机会,感谢领导、感谢同事们。谢谢大家。

我清楚地知道,自己工作中尚有不少漏洞。去年新产品的推广不利,就与我直接有关。

再次感谢领导,感谢同事们!

×××

××××年×月×日

任务8.4　请　柬

一、阅读

[例文1]

请　柬

（正文部分）

×××先生:

兹订于××××年8月10日上午9时30分在本厂会议室召开新产品鉴定会。

敬请光临指导!

××市奎阁酒厂敬约

××××年×月×日

[点评]　这封请柬,既严肃庄重,又显得对知名人士的尊重。时间、地点和具体内容在短短一句话中全部表达出来,显得简洁明确。

[例文2]

> 婚宴请柬
>
> ×××先生：
>
> 我俩谨定于××××年×月×日下午×时在××饭店举行婚宴，
>
> 敬请光临。
>
> ×××
> ×××
> 谨邀

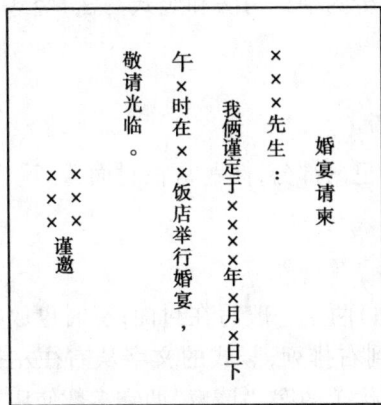

[点评]　这是一封竖式写法的请柬，典雅不俗，符合中国文化传统，内容用语不多，却将所要告知的信息全部写出，简洁明快，不拖泥带水。

二、认知

(一)概念

请柬的"请"字是邀请的意思，"柬"则通"简"，古人称竹片写成的短小书信为"简"，现代将之理解为信件、帖子。请柬，也称请帖，是机关、团体或个人邀请有关人员参加会议、庆典或某项重要活动而专门制发的礼仪性专用文书。

(二)特点

1. 内容简明　"柬"本身就有短小简短的含义，内容的简洁明确是请柬的主要特点。

2. 庄重礼貌　一般举行重大活动才需要印制请柬，因此措辞要文雅庄重，热情有礼，才能更好地配合活动气氛。

3. 设计印制精美　机关、团体和个人发请柬多数涉及寿庆、开业、庆典等喜事，因此请柬在款式和装帧设计上必须要美观、精致，向客人传递主方热情的邀约。同时，请柬也是促进交流的载体，别出心裁的设计能给对方留下深刻印象，起到宣传企业文化的作用。

(三)分类

请柬按内容分，可分为喜庆请柬和会议请柬。喜庆请柬如结婚请柬，是婚宴时男女双方用于邀请亲友的;会议请柬则用于比较正式的会议。

请柬按形式分,可分为横式写法和竖式写法,竖式写法是从右边向左边写,如例文2。

三、结构与写法

请柬分为封面、封里两部分,标题写在封面,称呼、正文、结尾、落款必须写在封里。

(一)标题

标题"请柬"(请帖)两字一般写在封面,有时也放在封里的上部居中位置。横式的文字从左到右排列,竖式的文字从右往左排列。封面一般会做一些艺术加工,如绘制优美图案,"请柬"两字多数使用艺术字或烫金装饰。

(二)称呼

顶格书写被邀请者(单位或个人)的姓名及称谓。要在姓名后写上职务、职称等称谓,以表示尊重,如邀请夫妇两人,应将两人的姓名并列书写,加"伉俪"两字。

(三)正文

正文是请柬的主体,要写明邀请事由,如开座谈会、联欢晚会、企业开张、结婚典礼等,并把具体时间、详细地点、活动内容和注意事项等写上。

(四)结尾

结尾要写上"敬请光临""恭请莅临指导"等敬语,可用普通写法,也可另起一行来写。或另起一行写上"此致",下一行顶格写上"敬礼"等礼貌用语。

(五)落款

在结尾的下一行写上邀请者的单位名称或个人姓名和日期,有时也可在姓名后加"鞠躬""敬约"等习惯用语,以示尊重。

四、写作要求

(一)要确认时间、地点、人名准确无误

写好后一般提前3~5天发送,以便让受邀请者有安排时间的余地。

(二)措辞注意"雅""达"

既要写得明白通顺,恳切得体,又要庄重文雅。请柬是礼仪交往的媒

介,粗俗乏味的语言无法产生美感,因而可以借鉴旧式的请柬使用雅致的文言词语,但也必须以语意清楚为前提,不可一味追求典雅而堆砌辞藻或套用公式化语言。

(三)请柬制作应力求美观大方

一般用红纸或鲜艳的彩色纸张传递热情亲切的气氛,使用恰如其分的装饰,表示对被邀请者的尊敬。

[**实例**] 请指出以下这份请柬内容及表达上存在的问题。

请　柬

×××:

谨定于2016年7月25日晚7时到中山大学附属第一医院看望病入膏肓的×××科长,届时请准时亲临指导。

行政科
2016年7月22日

任务8.5　邀请函

一、阅读

[**例文1**]

邀请函

××大学:

根据省委宣传部关于今年重大活动宣传的统一部署,我厅将举办"五月的鲜花——纪念'五·四'运动八十周年大型歌咏会",由××教育电视台等单位负责承办,本活动时间拟订于5月2日下午,在××工业大学室外演出并电视直播。

因演出活动的需要,经编导与贵单位领导初步协商落实,今正式向贵单位发出参加活动邀请函,请将回执单填好传真给××教育电视台节目编导组。因本次演出纪念活动为全省电视直播,恳请贵单位认真抓好节目的整体质量,节目审查时间为 4 月 20 日左右,具体事宜请与编导组联系。

联系电话:×××××× 联系人:王×、周××、陈×

另外,请贵单位领队及节目指导教师于本月 23 日(星期二)下午 2:00 到××教育电视台四楼会议室参加节目协调会。

此致

敬礼

×× 广播电视厅(印章)

2016 年 4 月 19 日

[点评] 这是一篇活动邀请函。开头部分,交代了活动的目的及活动的时间地点,接着,直接向对方发出邀请,介绍了活动的内容和具体安排,并对邀请对象提出希望和要求,最后以"此致敬礼"作结。

[例文2]

校园招聘会邀请函

尊敬的××单位:

首先感谢贵单位长期以来对我校就业工作的大力支持和帮助。

我校有 2013 届应届毕业生五千余人,定于 2013 年 6 月 28 日举办"常青大学 2013 届毕业生校园招聘会",诚邀贵单位莅临参加,具体事宜安排如下:

一、时间:2013 年 6 月 28 日上午 9:30—16:30,会期一天。

二、地点:常青市青云街 232 号(常青大学校本部)。

三、其他有关事宜:

1. 首次来招聘的单位请带工商营业执照(副本)及相关证明材料。

2. 因学校需要提前安排展位,请参会单位将招聘相关信息及参会代表名单于 2013 年 6 月 20 日前告知我校招生就业处。

3. 我们将免费为用人单位提供一个展位,并免费提供工作午餐。

4. 联系人及联系方式。

联系人:李敏

联系电话:0871-66054351

常青大学

2013 年 6 月 10 日

[点评] 这是一篇校园招聘会邀请函。开头部分向用人单位发出了邀请,然后交代了参加活动的时间、地点,以及相关事宜。

二、认知

(一)概念

邀请函,又称邀请书、邀请信,是团体或个人邀请有关单位、个人参加某项活动所使用的礼节性书信。它除了有邀请的作用外,还有提供信息的作用,有利于拓展人际环境,提高工作效能。

(二)邀请函与请柬的区别

邀请函与请柬都有邀请作用,都具有庄重性和礼仪性的特点,但也存在区别。

1.**邀请函的使用范围比请柬广泛**　邀请函涉及国家元首互访、大小会议、庆典、报告等社交生活的各个方面,而请柬多用于喜庆活动,且多为个人使用。

2.**邀请函的内容比请柬复杂,信息容量更大**　邀请函除了要像请柬一样写明活动时间、地点外,还包括介绍活动举行的背景、意义,活动的具体安排等,有更详细的邀约内容,因而一般采用书信体格式。

3.**邀请函的措辞及制作比请柬更朴实**　邀请函的语言较之请柬更为平实晓畅,较少使用文言词语;邀请函可有艺术性装饰,也可是一张普通的礼仪信函,没有请柬制作所要求的精美性。

三、结构与写法

邀请函通常由标题、称谓、正文、落款组成。

(一)标题

标题有两种形式:一是直接写出文种,如例文 1;二是"事由+文种"构成,如例文 2。

（二）称谓

在标题的下一行顶格书写被邀请人的姓名和称谓,姓名后应加职位、职称或"先生""女士"等相应称谓,有的也可只写单位名称或统称,如例文1、例文2。

（三）正文

正文由开头、主体、结尾三部分构成。

1.开头部分　说明活动目的和活动名称,直接向对方发出邀请。

2.主体部分　说明活动举办的原因和意义,介绍活动的时间、地点、内容、具体安排、邀请对象及希望邀请对象所做的工作。活动的具体事宜必须在邀请函中写清楚,如果内容较多,要分条列出。

3.结尾部分　结尾处再次表示真诚邀约,或写上礼节性问候语,如"恳请光临""此致敬礼"等。

（四）落款

落款要署上发出邀请函的单位名称或个人姓名,并写上成文日期。

四、写作要求

（一）考虑事务必须周详

在撰写邀请函前,要对有关情况做详细了解,尽可能把活动内容、对被邀请人的要求和希望,报到的时间、地点、食宿安排在邀请函上写明,让受邀者有备而来,减少不必要的麻烦。

（二）语言恳切、热情、朴实,切忌口气生硬

邀请函的内容与会议通知相似,但含有商量的口吻,没有行政约束力,所以用词一定要礼貌,不能有行政命令式的态度。

[实例]　请指出以下这份邀请函在内容和表达上存在的问题。

邀请函

刘飞先生:

经企业家协会理事会研究决定,拟订于2016年2月12日至20日在广州市举行企业家协会2016年年会。有关事项通知如下:

一、年会的中心议题是:全球金融危机后我省的经济发展的趋势及对策。若有论文或发言提纲,请打印100份后送来。

二、报到时间:2016 年 2 月 11 日。

三、报到地点:广州市友谊宾馆一楼大厅。

四、接此通知后,请将回执撕下,寄回大会秘书组,如五天内不见寄回,即视为不出席会议,不再安排食宿。

某省企业家协会理事会
2016 年 1 月 20 日

第九讲 司法类文体

任务 9.1 起诉状

一、阅读

[例文1]

民事起诉状

原告:王××,男,生于19××年×月×日,汉族,个体,现住××市××街58号。

被告:朱××,男,出生日期不详,汉族,××公司职工,现住北京市××区××街。

联系方式:×××××××

诉讼请求:

1.依法要求被告返还钱款的本金6 000元及利息××元(按银行贷款利率0.008)。

2.被告承担本案的诉讼费用。

事实及理由:

原告与被告是朋友关系,××××年×月×日被告朱××找到原告请求借钱急用,于是原告就借给被告6 000元,被告并给原告出具了一份借条,现今原告急于用钱,遂找到被告请其返还所借的钱款,被告一直推脱不给,拒不履行还款的义务,为此根据我国《民法通则》的有关规定起诉至贵院,请求依法保护原告的合法权益不受侵犯。

此致

北京市××区人民法院

具状人：×××

2015 年 8 月 5 日

[点评] 这是一份民事起诉状。这份民事起诉状诉讼请求分条列项，明确而具体地写明要求法院裁判的事项和权益。事实与理由交代清楚，诉讼请求合理。

[例文 2]

交通事故民事起诉状

原告：马××，男，生于 1982 年 5 月 2 日，汉族，住址：××省××县×××镇小李店村，北京×××机电工贸有限责任公司职工。

联系方式：1312×××××××

被告：李××，男，生于 1969 年 10 月 1 日，汉族，住址：北京市顺义区××××号，系肇事车司机。

联系方式：13521×××54

被告：杨××，男，生于 1976 年 3 月 11 日，住址：北京市昌平区××镇××路××号，系肇事车车主。

联系方式：13196×××67

诉讼请求：

一、判令二被告连带赔偿原告医疗费、误工费、护理费、交通费、住院伙食补助费、营养费等各项费用共计 17 000 元整；

二、判令被告向原告支付精神损害赔偿费 20 000 元；

三、赔偿原告两轮摩托车损失费 3 000 元；

以上费用共计 40 000.00 元整。

四、本案诉讼费由被告承担。

事实与理由：

2016 年×月×日上午 7：50，当原告马××在上班途中，骑摩托车正常行经昌平区顺沙路赖马庄大桥东 200 米处时，遭遇被告李××驾驶的小客车（牌号为京 GAD×××）撞击，致使原告颈部大面积挫裂伤及身体多处受伤，并致使原告的摩托车严重损坏。事故发生后原告被送往北京市昌平区天通苑中医医院,后转院至××市红十字会急诊抢救中心进行治疗。经门诊诊断,造成原告颈部大面积皮肤挫裂伤伴异物存留、右小腿软组织损伤、右胫前、右踝部部位皮擦伤等,住院 13 天。其间,被告除支付原告医疗费用后,未再负担原告因伤所发生的费用。

经××市公安局公安交通管理局昌平交通支队沙河大队认定,被告李××对上述事故承担全部责任,原告无责任。

另外,由于事故原因,原告摩托车损坏严重,至今仍未修复,且由于被告未履行修复义务,现已造成摩托车报废,使原告经济损失 3 000 元。

由于被告的过错,发生了此次交通事故,给无辜的原告带来了经济上和精神上的巨大损失。为维护原告的合法权益,现依据《中华人民共和国民事诉讼法》《最高人民法院关于审理人身损害赔偿案件适用法律若干问题的解释》等法律的有关规定,特诉至贵院,请求法院依法支持原告的上列诉讼请求。

此致
北京市昌平区人民法院

具状人:马××
2016 年×月×日

[点评]　这是一份交通事故民事起诉状。诉讼请求合理,事实及理由充分,符合起诉状的格式,使人一目了然。

二、认知

起诉状亦称"诉状",是指公民或法人因自身合法权益遭受侵害而向人民法院提起诉讼请求的文书。

(一)分类

根据诉讼性质和目的不同,起诉状可以分为民事起诉状、行政起诉状和刑事起诉状三类。

民事起诉状是指公民、法人或其他组织,认为自己的民事权益受到侵害,或与他人发生争议时为维护自己的合法权益,依据事实和法律形成的法律文书。

行政起诉状是行政机关或行政机关工作人员的具体行为所涉及的公

民、法人或者其他组织向人民法院递交的,请求人民法院对该行政行为是否合法予以裁决,用以保护当事人合法权益的行政诉讼文书。

刑事起诉状是被害人或其法定代理人直接向人民法院起诉,要求追究被告人的刑事责任或者附带民事责任,其诉讼书状就叫刑事起诉状,也称刑事诉状。刑事起诉状限于侮辱、诽谤、暴力干涉婚姻自由、虐待等诉讼处理的案件,以及其他不需要侦查的轻微刑事案件。

(二)作用

1.起诉状是维护当事人合法权益的手段　国家的法律赋予了公民、法人和其他组织依法保护自己合法权益不受侵犯的权利,当纠纷发生时,当事人如果不能通过协商的办法解决问题,就可以使用自己享有的诉讼权利,依法获得法律的保护。

2.起诉状是法院进行审理或调解的依据　起诉状既是原告用来陈述案件的事实、表达诉讼请求的文书,又是人民法院进行审理或调解的依据。没有起诉状,诉讼程序就无法发生。

3.起诉状是被告人进行答辩的依据　进入诉讼程序后,被告人要进行答辩。而被告人的答辩一般只要针对原告的起诉中提出的问题进行辩驳即可,所以起诉状又是被告人进行答辩的依据。

三、结构与写法

起诉状的结构通常是由首部、正文和尾部三部分组成。

(一)首部

首部包括标题和当事人的基本情况两个项目。

1.标题　居中书写,应当写明"民事起诉状"等起诉状的性质。

2.当事人的基本情况　当事人是公民的,应当一次写明姓名、性别、出生年月日、民族、籍贯、职业或工作单位和职务、住址等内容,原告列前,被告列后。

当事人是法人或其他组织的,原告应当写明单位或组织的名称、地址以及法定代表人的姓名、职务,接着还要依次写明企业性质、工商登记核准号、经营范围和方式、开户银行和账号等。被告应当写明单位或组织名称、地址、法定代表人或代表人的姓名和职务以及联系电话。

如果有第三人,应当写明第三人的姓名、性别、出生年月日、民族、籍贯、职业或工作单位和职务、住址等。第三人是法人或其他经济组织的,应当写明法人或其他经济组织的名称、地址以及法定代表人或代表人的姓名和职务。

（二）正文

正文主要包括诉讼请求、事实与理由、证据三方面内容。

1. **诉讼请求**　诉讼请求是指诉讼请求的原告请求人民法院解决的具体问题,书写诉讼请求要明确具体,合法合理。

2. **事实与理由**　事实与理由是民事起诉状的核心内容,一般要分开写。事实是提起诉讼、实现诉讼请求的基础和依据,也是人民法院进行裁判的基础和依据。叙写事实应当写明原告、被告法律关系存在的事实,以及双方发生民事权益争议的时间、地点原因、经过、情节和结果。

3. **证据**　证据是证明事实的真实性、可靠性的依据。写证据应当注意三点:一是证据的名称应当规范,必须符合法律规定;二是不仅要写明证据的名称,还要写明证据的来源;三是涉及证人证言的,应当写明证人的姓名和住址。

（三）尾部

尾部包括结尾和附项。

（1）结尾主要应当写明致送法院名称,起诉人签名或者盖章,并注明年、月、日等。

（2）附项应当写明起诉状的副本数、附送证据的名称及件数等。

四、写作要求

（一）实事求是

人民法院审理案件的基本原则是"以事实为依据,以法律为准绳",为此,起诉状的写作必须遵循真实与合法的原则,忠于事实的本来面目,陈述事实时客观、全面、实事求是,不能为求胜诉而歪曲事实。在提出诉讼理由及请求时,必须符合有关的法律规定,不能狮子大开口——漫天要价。

（二）具体明确

诉讼请求是原告请求法院解决纠纷所要达到的目的,应明确具体,逐项列出,以便法院作出裁决和依法执行。

（三）逻辑严密

起诉状是法院依法作出判决或调解的依据,所以必须层次清楚,逻辑严密,交代清楚纠纷的起因、后果和被告人违法行为造成的后果与应承担的责任,写作时要抓住关键、突出焦点,既方便法院抓住问题实质,又体现自己的起诉和请求是合理合法的。

(四)语言得体

起诉状的语言应准确、通俗、简洁,一方面遣词造句要准确,特别是一些法律术语的使用更要恰如其分;另一方面用语应简洁,用尽可能少的文字讲清事实、讲明道理。

[实例] 有一对兄妹各自成婚后因父母有自己的工资收入,不需要儿女负担,虽然没有与父母生活在一起,但对父母都很孝顺。一天,父母双双生病住院,兄妹轮流护理。不久父母去世,兄妹二人共同负责办理丧事,所花费用由兄妹平均负担。父母去世后,哥哥一家突然搬回家居住,独占了父母遗留下来的一栋80万元的别墅,妹妹提出共同等额继承父母遗产,却遭到哥哥的断然拒绝,因此引起纠纷。无奈之下,妹妹准备借助法律起诉。请你以妹妹的身份写一份起诉状。

任务9.2　答辩状

一、阅读

[例文1]

民事答辩状

答辩人:××市××××房地产开发总公司代表何××,公关部经理。

案由:上诉人张××因房屋拆迁一案,不服××市××区〔20××〕民字第19号的判决,提出上诉。现答辩如下:

答辩理由:为了适应本市商业发展的需要,我公司于20××年12月向市城建规划局提出申请报告,要求拓宽新建丝绸百货大楼前面场地150平方米。市城建局于12月25日以市城建字〔20××〕71号批文同意该项工程。同年在拓宽场地过程中,需要拆迁租住户张××一户约18平方米的住房,但张××提出的要求过于苛刻。几经协商,不能解决。答辩人不得已于20××

年 1 月××日投诉于××市××区人民法院。××市××区人民法院于 20××年 2 月以〔20××〕民字第 19 号判决书判处张××必须于 20××年 3 月底前搬迁该屋,并由市房地产开发总公司提供不少于原居住面积的房屋租给张××居住,但张××仍无理取闹,据此,答辩人认为张××的上诉理由是不能成立的。

一、张××说我们拓宽新建丝绸百货大楼前面的场地是未经批准的,这是没有根据的。一审法庭曾审查过房地产开发总公司要求拓宽新建丝绸百货大楼前面场地的报告和市城建局城建字〔20××〕71 号的批文,并当庭概述了房地产开发总公司的报告内容,还全文宣读了市城建局的批文。这些均有案可查。张××不能因为要求查阅市城建局的批文,未获准许,而否认拓宽工程的合法性。

二、张××说我们未征得她本人同意,与房主×××订立房屋拆迁协议是非法的。这更无道理。张××租住此屋,只有租住权,并无房屋所有权。所有权理当归属房主×××。我们拓宽场地,拆毁有碍交通和营业的房屋,理当找产权人处理,张××无权干涉和过问。

应当指出,对于张××搬迁房屋一事,我们已作了很大的让步和照顾。我们答应她在搬迁房屋时提供离现居住房屋 500 米的××新建宿舍大楼底层朝南房间一间,计 20 平方米,租给她居住。而张××还纠缠不清,漫天要价,扬言不达目的,决不搬迁。

综上所述,答辩人认为××市××区人民法院的原判决是正确的,合法而又合情合理,应予维持。

此致
××市中级人民法院

答辩人:××市房地产开发总公司
代表:何××
20××年 4 月 25 日

[点评] 这份民事答辩状是被上诉人的答辩,所以属"被上诉答辩状"。状文先说明拓宽新建丝绸百货大楼前面的场地是经市城建规划局批准的;再陈述上诉人不服判决,提出的上诉理由是站不住脚的,为下面的答辩奠定了基础。理由部分,将上诉状的无理和歪曲事实的主要方面扼要地叙述出来;然后提出根据,列条论证,讲明道理,驳斥上诉人的无理要求;最后用"综上所述……"提出答辩请求,即要求二审法院维持原判。总之,

这份答辩状针对性强,目的明确,表述清晰,文字简洁,格式正确,可供借鉴。

[例文2]

交通事故损害赔偿答辩状

答辩人:赵××,男,1958年2月5日生,汉族,下岗职工现无业,住沈阳市于洪区杨士街道。

因曹××诉我交通事故人身损害赔偿纠纷一案,提出答辩如下:

答辩人在2015年9月10日15时10分左右,驾驶辽A×××8号小货车由北向南行驶,在通过×××××开发区昆明湖街花海路交通岗时,当时交通信号灯是绿灯,是正常行驶,车速约40公里/小时,当发现左侧原告的摩托飞奔过来时及时踩刹车,但仍被原告的摩托车撞向左前转向灯,造成答辩人车左前转向灯损坏,原告受重伤的严重后果,答辩人没有任何违章行为,答辩人没有任何过错,原告受伤,是由于原告自己闯红灯所造成的,并且原告没有及时采取刹车措施,现场没有原告驾驶的辽××6008轻便摩托车刹车痕迹,原告的损失是原告自己所造成的,原告应自己承担事故的全部损失,原告起诉答辩人,让答辩人赔偿医药费费等3 040 457.7元,赔偿精神损失费200 000元,没有事实和法律依据,请求法院依法驳回其诉讼请求。

一、交通事故发生在昆明湖街花海路交通岗,在有信号灯的交叉路口,×××公安局交通警察支队开发区大队民警××和×××对现场证人张××于2015年9月19日所作的询问笔录证明,答辩人通过昆明湖街花海路交通岗时是绿信号灯,答辩人对造成事故无责任。从询问笔录可以证实证人张××在下班回家也是由北向南骑自行车通过昆明湖街花海路交通岗,证人在进入路口前停住等信号,绿灯时骑自行车中速通过交叉路口,出路口六至七米就听到后边"咣当"一声,回头一看,一辆小货车与一辆摩托车撞上了,且该证人回头时也看到了南北方向是绿灯;这足以证明答辩人是绿灯通行昆明湖街花海路交通岗,答辩人不应承担事故赔偿责任。

二、根据公安机关对证人张××的询问笔录,可以推定原告曹××驾驶辽××6008号轻便摩托车由东向西通过昆明湖街花海路交通岗时是闯红灯。十字交叉路口的交通信号灯,两个方向不能同时是绿灯,也不能同时是红灯,只能是一方向绿灯时另一方向是红灯。公安机关对张××的询问笔录证明了答辩人是绿灯通行,完全可以推定原告是闯红灯。

《中华人民共和国道路交通安全法》第二十六条规定:"交通信号灯由红灯、绿灯、黄灯组成。红灯表示禁止通行,绿灯表示准许通行,黄灯表示警示。"第四十四条规定:"机动车通过交叉路口,应当按照交通信号灯、交通标志、交通标线或者交通警察的指挥通过。"《中华人民共和国道路交通安全法实施条例》第五十一条规定:"机动车通过有交通信号灯控制的交叉路口,应当按照下列规定通行:(五)遇停止信号时,依次停在停止线以外。没有停止线的,停在路口以外。"

原告违反上述道路交通安全法,闯红灯,有严重过错行为应承担事故的全部责任。

三、机动车之间发生交通事故,事故责任者承担的是过错责任。过错责任是民事责任的一般归责原则,除法律另有规定之外,均适用过错责任原则。适用过错责任原则时,受害人不但要证明自己所受损害是由加害人的行为所造成的,而且要证明加害人有过错。

《中华人民共和国道路交通安全法》第七十六条规定:"机动车发生交通事故造成人身伤亡、财产损失的,由保险公司在机动车第三者强制保险责任限额范围内予以赔偿。超过责任限额的部分,按照下列方式承担赔偿责任:(一)机动车之间发生交通事故的,由有过错的一方承担责任:双方都有过错的,按照各自过错的比例分担责任。"从该条第(一)项法律规定看,原告与答辩人之间在有交通信号灯的花海路交通岗发生的机动车之间的交通事故,应适用过错责任原则,原告必须证明答辩人有过错,才能让答辩人承担事故责任。《最高人民法院关于民事诉讼证据的若干规定》第二条规定:"当事人对自己提出的诉讼请求所依据的事实或者反驳对方诉讼请求所依据的事实有责任提供证据加以证明。没有证据或者证据不足以证明当事人的事实主张的,由负有举证责任的当事人承担不利后果。"第七十三条规定:"双方当事人对同一事实分别举出相反的证据,但都没有足够的依据否定对方证据的,人民法院应当结合案件情况,判断一方提供证据的证明力是否明显大于另一方提供证据的证明力,并对证明力较大的证据予以确认。因证据的证明力无法判断导致争议事实难以认定的,人民法院应当依据举证责任分配的规则作出裁判。"

在本案中原告应对答辩人是否有过错负举证责任,现原告提供的证据不能证明答辩人有过错,具体说原告不能证明答辩人有闯红灯的行为存在,应由原告承担不利后果,答辩人不承担赔偿责任。

四、×××交通肇事车辆检测鉴定中心于2015年9月16日作出的沈检肇字〔2015〕第05006135号《交通肇事车辆检测鉴定报告》对答辩人的辽A×××8号小货车鉴定结论证明，答辩人初速度不低于36公里/小时，各项车检结果合格，也证明答辩人没有交通违法行为。

五、《中华人民共和国道路交通安全法实施条例》第五十二条规定："机动车通过没有交通信号灯控制也没有交通警察指挥的交叉路口，除应遵守第五十一条第(二)项、第(三)项的规定外，还应当遵守下列规定:(二)没有交通标志、标线控制的，在进入路口前停车瞭望，让右方道路的来车先行。"

沈阳市公安局交通警察支队开发区大队于2015年9月10日绘制的昆明湖街花海路口事故现场平面图证明小货车辽A××××8由北向南、摩托车辽××6008由东向西行驶，答辩人的小货车是在原告摩托车的右方道路来车。假如该交叉路口没有交通信号灯，答辩人的小货车也有优先通行权。

综上，答辩人的小货车是绿灯通行花海路交通岗，车速约40公里/小时，各项车检结果合格，及时采取刹车措施，没有交通违法行为，没有过错。原告受到伤害是其闯红灯且没踩刹车所造成的，原告有严重过错行为(A类行为闯红灯)，请求法庭依法驳回原告的诉讼请求。

此致
沈阳经济技术开发区人民法院
附:本答辩状副本2份

答辩人:赵××
2015年12月20日

[点评]　本答辩状结构完整，分条列款，理由充分，有理有据，论据确凿，论证有力，具有较强的说服力。

二、认知

答辩状，就是被告和被上诉人针对起诉的事实和理由或上诉的请求和理由进行回答和辩解的文书。

(一)分类

答辩状分民事答辩状、刑事答辩状和行政答辩状。

(1)民事答辩状是民事被告、被上诉人针对原告或上诉人的起诉或上诉，阐述自己认定的事实和理由，予以答复和辩驳的一种书状。

（2）刑事答辩状是相对于刑事自诉状而言的，被告人进行答辩的书面依据就是刑事答辩状。

（3）行政答辩状是行政诉讼中的被告（或被上诉人）针对原告（或上诉人）在行政起诉状（或上诉状）中提出的诉讼请求，事实与理由，向人民法院作出的书面答复。

（二）作用

在诉讼中，被告收到原告起诉状副本、被上诉人收到上诉状副本后，都有权进行答辩。答辩状就是行使答辩权的有效工具。通过答辩状可以充分阐述自己的观点与主张，从而使人民法院全面了解案情，作出公正裁决。

三、结构与写法

答辩状由首部、正文、尾部三部分组成。

（一）首部

1. **标题**　居中写明"民事（刑事、行政）答辩状"。

2. **答辩人的基本情况**　写明答辩人的姓名、性别、出生年月日、民族、职业、工作单位和职务、住址等。如答辩人系无诉讼行为能力人，应在其项后写明其法定代理人的姓名、性别、出生年月日、民族、职业、工作单位和职务、住址及其与答辩人的关系；答辩人是法人或其他组织的，应写明其名称和所在地址、法定代表人（或主要负责人）的姓名和职务。如答辩人委托律师代理诉讼，应在其项后写明代理律师的姓名及代理律师所在的律师事务所名称。

3. **答辩的由来**　写明答辩人因××一案进行答辩，一般写法是"因……一案，提出答辩如下：……"。

（二）正文

1. **答辩的理由**　应针对原告或上诉人的诉讼请求及其所依据的事实与理由进行反驳与辩解。被上诉人的答辩主要从实体方面针对上诉人的事实、理由、证据和请求事项进行答辩，全面否定或部分否定其所依据的事实和证据，从而否定其理由和诉讼请求。一审被告的答辩还可以从程序方面进行答辩，例如提出原告不是正当的原告，或原告起诉的案件不属于受诉法院管辖，或原告的起诉不符合法定的起诉条件，说明原告无权起诉或起诉不合法，从而否定案件。无论一审被告，还是二审被上诉人提出答辩理由，要实事求是，要有证据。

2. **答辩请求**　答辩请求是答辩人在阐明答辩理由的基础上，针对原告的诉讼请求,向人民法院提出应根据有关法律规定保护答辩人的合法权益的请求。一审民事答辩状中的答辩请求主要有:①要求人民法院驳回起诉,不予受理;②要求人民法院否定原告请求事项的全部或一部分;③提出新的主张和要求,如追加第三人;④提出反诉请求。如果答辩状中的请求事项为两项以上,在写请求事项时应逐项写明。对上诉状的答辩请求应为支持原判决或原裁定,反驳上诉人的要求。

3.证据 答辩中有关举证事项,应写明证据的名称、件数、来源或证据线索;有证人的,应写明证人的姓名、住址。

(三)尾部

(1)致送人民法院的名称。

(2)答辩人签名。答辩人是法人或其他组织的,应写明全称,加盖单位公章。

(3)答辩时间。

(4)附项主要应当写明答辩状副本份数和有关证据情况。

四、写作要求

1.突出针对性,有问有答 答辩状是被告人或被上诉人为自己进行的辩护,要使辩护有效,就必须针对起诉状或上诉状中对方对自己的指控,不仅对对方的问题给予肯定或否定的答复,更要对对方起诉状或上诉状中不实之词给予辩驳,同时也举出证据,证明对方行为的不合理、不合法,从而证明自己行为的合法性。

2.实事求是,客观全面 答辩状的目的是帮助法院了解事实的真相,从而作出正确的判断,恰当地行使审判权。答辩状的写作必须充分地尊重事实,实事求是,客观全面地反映纠纷的实际情况。对原告人或上诉人合理的诉讼请求应予接受,不能无理抵赖;对原告人或上诉人提出的诉讼请求、事实与理由中不合理、不合法的部分,应予以揭示,并根据事实和法律提出确凿的证据,援引恰当的法律条文加以反驳。

3.尊重法律,有理有节 在阐明事实的基础上,被告人或被上诉人援引法律为自己进行辩护,对对方进行反驳,这中间要注意的是事实的陈述、证据的列举和法律法规法人援引应有逻辑关系,要充分尊重法律,有理有节,既不能为自己的目的而歪曲法律,也不能得理不饶人,言语过激、言过其实。

4.抓住关键,灵活应对 答辩状必须抓住问题的关键或主要问题,摆事实、讲道理,有针对性地进行辩驳,不能面面俱到。抓住了关键,找出对方的漏洞所在,其他就迎刃而解了。

[**实例**] ×××学校与飞鱼电脑公司签订了一份购销合同,×××学校购买飞鱼电脑公司 50 台奔腾计算机,学校使用后,发现计算机配件质量差,经常发生各类硬件故障,而飞鱼电脑公司的技术力量又不能解决,导致这些计算机无法使用,故×××学校决定起诉,并已向法院递交了起诉状。

但飞鱼电脑公司认为,×××学校所述理由不实,学校认定计算机存在硬件质量问题,不是事实。实际多数是使用不当与软件问题,对这类问题飞鱼公司不能承担责任。请根据上述材料,为飞鱼公司写一份答辩状。

任务 9.3　上诉状

一、阅读

[**例文 1**]

交通事故上诉状

上诉人:××,男,汉族,19××年 10 月 20 日生,住××市×城××区货栈街××号。

被上诉人:×××,女,汉族,1994 年 5 月 1 日生,住××市×城××区南五里堡北街×××号。

法定代理人:×××(系×××之母),女,汉族,住××市×城××区南五里堡北街×××号。

上诉人因与被上诉人交通事故人身损害赔偿纠纷一案,不服××市×城××区人民法院〔2010〕管民初字第×××号民事判决书,特依法提取上诉。

上诉请求:

1. 请求二审法院依法撤销一审错误判决,并予以改判或者发回重审。

2. 诉讼费判由被上诉人承担。

事实与理由:

一、一审判决认定事实错误

1. 一审判决径直采纳交巡警四大队作出的错误的第××××号交通事故认定书,认定上诉人承担全部事故责任,错误。

发生交通事故时,被上诉人仅系 11 周岁的未成年人,驾驶自行车的技术、熟练程度及经验等均不能达到常人的技术水平、标准,再加之被上诉人驾驶自行车高速在机动车道上行驶,导致本案交通事故的发生,我国《道路交通安全法实施条例》第七十二条规定:"在道路上驾驶自行车、三轮车、电动自行车、残疾人机动轮椅车应当遵守下列规定:(一)驾驶自行车、三轮车必须年满 12 周岁。"因此,被上诉人未满 12 周岁擅自在机动车道上驾驶自行车高速行驶,是发生事故的主要原因,应承担事故的部分责任。而一审法院对此不予认定,径直采纳交巡警四大队作出的错误的第×××号交通事故认定书,认定上诉人承担全部事故责任,显然错误。

2. 被上诉人的法定代理人未尽监护职责,导致本案事故的发生,应承担部分事故责任。被上诉人发生交通事故时,年仅 11 周岁,在道路上驾驶自行车行驶本身就是非常危险的事情,作为被上诉人的监护人应对其进行监护。我国《民法通则》第十八条规定:"监护人应当履行监护职责,保护被监护人的人身、财产及其他合法权益;监护人不履行监护职责或者侵害被监护人的合法权益的,应当承担责任。"因此,作为被上诉人的法定代理人没有履行监护义务,没有保护被上诉人的人身安全,致使违反法律规定驾驶自行车在机动车道上高速行驶。显然,被上诉人的监护人应承担部分事故责任,而一审法院判令上诉人承担全部责任,显然错误,应予纠正。

3. 一审判决认定本案事故车辆的车主承担全部赔偿责任,肇事司机不承担任何赔偿责任,错误,应予纠正。

上诉人与肇事司机虽系雇佣关系,但本案事故的直接侵权人是肇事司机,而不是车主上诉人,根据"谁侵权,谁赔偿"的基本侵权法原则,肇事司机应当承担事故责任,上诉人应承担连带赔偿责任。河南省高级人民法院《关于雇主责任、义务帮工责任在交通事故损害赔偿案件中的适用》第一条第三项规定:"赔偿权利人只起诉了机动车所有人或者机动车驾驶人之一的,人民法院应当向赔偿权利人释明另一方应当参加诉讼的必要性,经释明后,仍坚持不起诉另一方的,视为其放弃对另一方的诉讼请求,人民法院应当尊重当事人的选择并列明当事人。在判决承担责任时只需根据查明的事实,对赔偿权利人起诉的一方应承担责任的份额作出认定即可,对赔偿权利人坚持不起诉的另一方应当承担责任的份额不予判决。"而一审判决对直接侵权的肇事司机不予追加参加诉讼,对其肇事司机的重大过失也不予查明,不认定肇事司机承担任何赔偿责任,仅认定上诉人承担事故的全部责任,显然错误,应予纠正。

二、一审判决适用法律错误

一审判决认定上诉人承担全部事故责任,而肇事司机、被上诉人的监护人拒不承担任何责任,严重错误,致使适用法律错误。

三、一审判决程序违法

被上诉人申请一审人民法院进行伤残鉴定时,未经上诉人和被上诉人协商选择鉴定机构,一审法院就径直委托××市陇海法医临床司法鉴定所进行鉴定。《最高人民法院关于民事诉讼证据的若干规定》第二十六条规定:"当事人申请鉴定经人民法院同意后,由双方当事人协商确定有鉴定资格的鉴定机构、鉴定人员,协商不成的,由人民法院指定。"因此,一审法院未经双方协商就径直委托鉴定机构进行鉴定,且上诉人认为鉴定机构出具的鉴定结论严重错误,被上诉人的伤情根本不构成9级伤残。显然,一审判决程序严重违法。

综上所述,一审判决不论认定事实,还是适用法律均存在错误,且程序违法,因此,上诉人特依法提起上诉,请二审人民法院依法查明事实后,予以改判或者发回重审。

此致
××市中级人民法院

上诉人:××
2010年3月8日

[点评] 该上诉书格式规范,上诉缘由清楚明白,请求具体且合法,对原判决不当之处进行分析论证理由充分,说服力强。

[例文2]

民事上诉状

上诉人:××县××农村信用合作社,住所地:××县××镇××村。
法定代表人:田××,主任。
被上诉人:丁××,女,汉族,196×年7月15日出生,住址:××县××镇×××村。
上诉请求:
1.撤销〔200×〕×经初字第1025号民事判决书并依法改判。

2. 判令被上诉人立即偿还拖欠上诉人的借款本金 4 500 元、利息 1 552 元（利息按日万分之三顺延至实际还款之日）。

3. 本案一、二审诉讼费用由被上诉人承担。

上诉人不服××县人民法院〔200×〕×经初字第 1025 号民事判决，特提出上诉，具体事实与理由如下：

一、原判决认定事实错误

一审判决确认"2009 年 1 月 13 日，被告丁××在原告处借款 4 500 元，办理了农业贷款明细账和贷款合同为一体的贷款手续，在贷款手续上加盖了丁巧玲印章"，但其判决理由却认定"原告未按照规定，办理合法的借款手续"，其事实认定与判决理由互相矛盾。贷款合同虽然条款简单，但其已经构成合法有效的合同，而不能仅仅依据条款简单就认为未办理合法借款手续，正如保证合同可以是独立的一个合同，也可以是主合同中的一个保证条款，我们不能说保证条款内容简单而否认保证合同的合法性，同样不能以贷款合同条款简单而否认贷款手续的合法性。

二、被上诉人提供的证据不应当被采纳

根据最高人民法院关于民事证据若干规定，人民法院在送达应诉通知书时必须向被告送达举证通知书，并指定举证期限，本案中不存在双方协商确定举证期限的情形，只有法院指定的举证期限，根据宝丰县人民法院的制式举证通知书，法院指定的举证期限统一为 30 日，被上诉人在庭审中提供的证据明显超过了举证期限，根据证据规则，超过举证期限提供的证据除对方当事人同意之外，不能作为定案依据。本案中，要么被上诉人超过举证期限，要么一审法院未送达举证通知书，违反了法定程序。

本案所涉贷款合同的签订日期为 2009 年 1 月 13 日，而被上诉人提供的为 2010 年度信用社使用的贷款手续，上诉人在 2009 年发放贷款时不可能使用 2010 年的合同格式，因此该证据与案件事实没有关联性，不能作为定案依据。

三、该笔借款事实清楚，被上诉人应当承担还本付息义务

上诉人一审提供的证据明确记载，被上诉人于 2010 年 9 月 15 日清偿 8 153.10 元的利息，该记载在证据上能够免除被上诉人这部分利息的履行义务，属于对上诉人不利的证据，上诉人提供不利于自身的证据，该证据的效力毋庸置疑。如果上诉人未向被上诉人发放贷款，那么被上诉人是不会履行清偿利息义务的，被上诉人清偿利息的行为充分证明了上诉人已经按照贷款合同约定全面履行了付款义务，因此被上诉人应当承担还本付息

义务。

综上所述,一审法院认定事实不清,从而导致错判,请求贵院依法撤销原判,改判被上诉人承担还本付息义务,维护上诉人的合法权益!

此致

×××市中级人民法院

上诉人　××县××农村信用合作社

××××年 12 月 18 日

[点评]　该上诉书请求合理,且具体明确,对原判决进行了科学分析与论证,以司法条款为依据,具有很强的说服力。

二、认知

上诉状是民事、行政或刑事案件的当事人对地方各级人民法院作出的第一审民事、行政或刑事判决或裁定不服,按照法定的程序和期限,向上一级人民法院提起上诉时使用的文书。

(一)分类

上诉状可以分为民事上诉状、刑事上诉状和行政上诉状。

(1)民事上诉状是指诉讼当事人,有独立请求权的第三人和被人民法院判决承担法律责任的无独立请求权的第三人在上诉期限内不服第一审判决裁定,请求上一级人民法院撤销、变更原审判决或裁定而写的司法文书。

(2)刑事上诉状是刑事公诉案件的被告人、被害人和刑事自诉案件的自诉人、被告人不服一审法院的裁决,在法定的上诉期内,向原审法院的上级法院提出的要求重审改判的法律文书。

(3)行政上诉状是当事人要求上一级人民法院进行审理,撤销、变更原判决内容所提交的诉讼法律文书。

(二)作用

上诉状是当事人行使上诉权、维护合法权益的有力工具,也是一级人民法院依法对下级人民法院第一审判决或裁定进行全面审查、经审查并依法作出裁判的依据。

三、结构与写法

上诉状由首部、请求和理由、尾部三部分构成。

（一）首部应按顺序定出下列事项

1. **标题**　居中写明"民事（刑事、行政）上诉状"。

2. **当事人的基本情况**　先定上诉人，后定被上诉人，包括姓名、性别、年龄、籍贯、住址等内容，特别注意应把当事人在一审中的诉讼地位加以备注，例如："上诉人（一审被告）""被上诉人（一审原告）"。

3. **不服原审判决或裁定的事由**　如"上诉人因××一案，不服×××人民法院于××××年×月×日×字第×号民事判决（或裁定），现提出上诉，上诉的请求理由如下：……"即转入正文。

（二）**请求和理由**

这部分应先写提出上诉的诉讼请求，后说明上诉的理由。诉讼请求应明确、概括、简洁，使人一目了然。上诉的理由关系到上诉请求能否成立，是用以论证上诉请求的，因此要充分有力、击中要害。上诉理由应根据具体情况从三个方面或其中一方面来阐述。首先，应针对原判认定的事实是否有错误，有没有遗漏的重要事实，用以认定事实的证据是否可靠进行分析论证。其二，分析原审对案件定性是否正确，运用法律有没有错误。最后，分析一审案件在审理过程中有无违反诉讼程序，可能影响审判的正确性。

（三）**尾部**

要写清"此致""×××人民法院"，并在右下方由上诉人签名盖章，注明年、月、日。

附项。写明下列事项：①上诉状副本××份；②书证、物证各××件。

四、写作要求

1. **针锋相对，有的放矢**　上诉的目的是为了改变一审的判决，维护自己的合法权益，所以写上诉状时应针对原审裁定的不当，提出自己的理由和诉讼请求。把原审判决内容中不当之处引下来，依据事实和法律提出自己的意见，抓住关键问题，逐层辩驳，所提观点应足以影响二审法院对案件的处理。

2. **摆事实、讲道理、以理服人**　上诉的成功与否取决于有无理由和理由是否充分。因此辩驳原审判的错误，一定要有实事，有证据，材料统一，并依据法律条文来阐释自己的观点和主张。

3. **条理清楚，逻辑性强**　上诉状要能引起二审法律程序，并达到上诉的目的。写作时要注意条理清楚，有什么原因，推导出什么结果，逻辑严密，具有说服力，上诉状的语言表达应简洁、流畅、准确。

［**实例**］　根据下面的事实材料写一份上诉状。

××市××饭店经理王××(女,25岁,在本市汽车站工作,住车站宿舍)租用张××的房子五间,双方签订了租赁合同:房租每月3 000元。从2009年5月至2009年12月,王均按期如数交付房租。但后来王××从2010年1月起停止付房租。其理由为张××的房间有失窃隐患,张××未履行告知义务,致使2010年元旦发生一起盗窃事故,王××因此损失上万元。张以王不付房租赖占住房为由,向法院起诉,市人民法院于2010年5月16日第65号民事判决书判决:维护双方2009年4月25日签订的合同,令王××将欠张××的五个月租金15 000元一次付清,王不服判决,于2010年5月25日向市中级人民法院上诉。

任务9.4　申诉状

一、阅读

［**例文1**］

民事申诉状

申诉人:唐××,女,××岁,××省××县人,××县××村××厂合同工。住××县××路30号。

申诉人因房屋产权一案,不服××省××县××人民法院(××)民终字第××号民事判决。现依法申诉如下:

1.我和余××婚姻关系存续期间所住的房子,房款是我独自筹措,也是我独自承担偿还的,有债权人吴××、马××证明。

2.买房子时,我的丈夫和对方当事人的父亲余昌富公开表态:不与我共买此房。我坚持要买,故请刘××代写了不愿共买房的声明。声明内容请见代写人刘××的书面证明。

3.一审法院只是简单地认定了事实,援引法律条文,对我提出的证人证言则不加调查,不作分析。这样主观武断地认定案件事实、作出的判决怎能使人信服呢?

4.夫妻关系存续期间所得财产,应理解为包括双方或一方的劳动所得。如属这样的性质,其产权应归夫妻所共有。我买的房子虽在婚姻关系存续期间,但买房用款是由我个人借债来支付的,还债则是在我丈夫死后,靠我个人的劳动所得偿还的。一审法院引用我国《婚姻法》第十三条,只讲"夫妻在婚姻关系存续期间所得财产,归夫妻共同所有",不提该条的最后一句"双方另有约定的除外",是不适当的。

以上理由陈述,敬请地区中级人民法院按审判监督程序调卷审理,依法判处,以维护法制,保护公民合法财产。

此致
×××地区中级人民法院

申诉人:唐××

××××年×月×日

附件:

一、证明材料4份。

二、房产影印本一份。

三、一审判决书副本各一份。

[点评]　上述申诉状格式规范,申诉理由充分,针对判决不当处进行了分析论证,有较强的说服力。

[例文2]
刑事申诉状

申诉人:赵丁,男,30岁,汉族,G省××县××乡人,农民,住G省××县××乡××村,现在押。

申诉人赵丁对××县人民法院2016年8月1日作出的〔2016〕×刑初字第10号刑事判决书,提出申诉。

请求事项:

请求对此案再审,依法公正处理,予以改判。

事实和理由:

2016年7月5日,申诉人在自家责任田里挖井取水,人在井底用铁锹往外送土。恰逢同村青年李甲路经此处,并将头凑在井口看热闹,申诉人在井下对此全然不知。不想往外送土的铁锹正中李甲的头部,引起颈动脉血管破裂大出血,经紧急抢救无效,在送往医院的途中死亡。×县人民法院认定申诉人为过失杀人,判处8年有期徒刑。申诉人认为法院认定的罪刑性质不当,但申诉人在整个过程中惊恐不定,未能在上诉期内提起上诉。申诉人在此事件中虽有一定的责任,但既非故意也不属于过失,而纯属不能预见的意外事故。因此,×县法院认定申诉人犯有过失杀人罪与法不合,判刑8年量刑过重,且对申诉人有机会设法补偿李甲死亡的不幸遭遇,照顾其双亲极为不利。有鉴于此,特向贵院提出申诉,请对此案进行再审,依法公正处理,予以改判。

此致
×省×市中级人民法院

申诉人:赵丁
2016年12月1日

附件:
1.本申诉状副本1份。
2.原一审判决书抄件1份。
3.书证×份。

[点评]　上述申诉状请求合理具体明确,且运用司法条款对判决不当之处辩驳,说理充分,说服力强。

二、认知

申诉状亦称"诉状",是公民或法人因自身合法权益遭受侵害而向人民法院提起诉讼请求的文书。申诉状是诉讼当事人对已生效的裁定、判决、调解书,认为有错误,请求原审人民法院或上级法院给予复查纠正而写的司法文书。

（一）分类

申诉状可以分为民事申诉、刑事申诉状和行政申诉状。

（1）民事申诉状是当事人对已经发生法律效力的民事判决书和裁定不服,但又超过两年再审申请时效,依法向审判人民法院及任何上级法院提出的要求变更或撤销原判决和裁定的一种法律文书。

（2）刑事申诉状是指当事人及其近亲属或其法定代理人,对已经发生法律效力的刑事判决和裁定不服,向人民法院或人民检察院提出的要求重新处理的书面请求。

（3）行政申诉状是指行政诉讼当事人和法律规定的其他人,对人民法院已经发生法律效力的裁定或判决,认为有错误而向人民法院要求复查纠正的一种法律文书。行政申诉状不受时间限制,接受申诉状的机关是原审法院或上一级人民法院。

（二）作用

民事申诉状是当事人申诉的书面文书，同时也是人民法院受理申请请求的法律依据。

三、结构与写法

申诉状由首部、正文和尾部三部分构成。

（一）首部

（1）注明文书标题民事（刑事、行政）申诉状。

（2）申诉人和被申诉人基本情况，写明申诉人姓名、性别、年龄、民族、籍贯、职业、工作单位和住址。

（3）案由：写明申诉的案件名称，作出生效判决、裁定的人民法院的名称、判决、裁定编号及制作日期，并表明对该裁判不服，提出申诉的态度。

（二）正文

1. 请求事项　概括写出请求人民法院解决什么问题，从原则上说明申诉要求达到的目的。

2. 事实和理由

（1）如实写明客观事实，在叙述事实时，应做到求全、求实、求准、求新，因果一致性。

（2）列示证据。为了说明申诉事实属实，申诉人应将与请求目的相符的人证、物证、书证等明确列示，具体说明以利于再审法院正确地查明案件的真实情况和准确认定案件性质。

（3）依法说理。写申诉理由，切不可离开事实和法律条款去编造，一定要紧扣原审判决、裁定在适用法律方面的错误，用正确的法学原理和具体的条款进行辩驳、论证和纠正。

（三）尾部

（1）致送人民法院名称。

（2）申诉人签名、盖章。

（3）申诉日期。

（4）附项。

四、写作要求

事实和证据必须绝对真实可靠，这是申诉状写作的最主要的要求。申诉能否取胜,全在案件事实和证据是否真实可靠。有了客观真实、铁证如山的证据,申诉就在理了,否定原审法院的判决、裁定,就有了坚实的基础,申辩和反驳也就有了力量。反之,事实和证据不真实,加以夸大或缩小,甚至歪曲、捏造,那申诉就站不住脚,失败是必然的。所以申诉的事实和证据必须绝对真实可靠。

[实例] 2008 年 10 月 19 日,徐州市卷烟厂与苏州利达公司签订了一份《烟草过滤机买卖协议》。2008 年 10 月 25 日,徐州市卷烟厂从苏州市利达公司购入三套烟草过滤设备,2008 年 10 月 29 日,过滤机安装调试完毕,开始使用。前两周内运转比较正常,但从 11 月中旬起,过滤机频出故障,如停机、过滤效果差等。徐州市卷烟厂通知苏州市利达公司后,苏州市利达公司派员来检修过,但过滤机仍旧无好转。经徐州市某研究所检测,这三台过滤机为质量不合格产品,其中 c、f 两项技术指标达不到国家标准。徐州市卷烟厂因过滤设备质量问题起诉利达公司,一审卷烟厂胜诉。利达公司提出三台过滤机是他们公司从美国原装进口的,有经美国权威机构检测的质量合格证书,一审中的质量检测机构徐州市某研究所的检测报告没有审核说服力,他们属于同一地区,不能保证检测的公正性。请以上述材料写一份申述状。

第十讲 新闻类文体

任务 10.1 新闻报道(消息)

一、阅读

[例文1]

昆山 31 万农民刷卡看病

每人每年缴纳 50 元,最多可得到 1 100 倍补偿

苏州日报讯(记者高坡) 从昨天起,昆山 31 万多农民也可以和城里人一样"刷卡"看病了。

昨天,该市 7 个农村发放点的上千名老百姓都领到了一本墨绿色的《昆山市农村居民基本医疗保险证》和一张 IC 卡。此举标志着昆山农村基本医疗保险工作开始进入全面运作阶段。凭着这张 IC 卡,昆山的农村居民在该市的任何一个医保定点医疗单位都可以自由"刷卡"就医。根据该市的具体实施办法,农村居民每人每年只要缴纳 50 元,如果不幸遭遇大病,最高可以得到近 1 100 倍的补偿,也就是说,最高可以报销近 55 000 元!

昨天下午,在该市北村的社区卫生服务站,村民张燕君拿着刚刚领到的医保 IC 卡开始了自己 70 岁生涯中的第一次"刷卡"看病经历。经过一番"望闻问切",社区医生给她开了处方,一盒是感冒清胶囊,一盒是珍菊降压片。收银处是一套崭新的电脑设备、输入处方,卡一刷,随即打出一张清单,显示划卡消费 9.5 元,卡上余额 140.5 元。老太太开心得合不拢嘴:"没想到政府为我们老百姓考虑得这么周到,送钱给我们看病!"

根据昆山的农村区保施行办法,筹资标准为每人每年 200 元,这个标准目前是全国最高的,其中市镇两级财政各补贴 65 元,村集体补贴 20 元,农民自己支付 50 元,今年该市财政将拿出 6 000 万元用于医保补贴。

据悉,昆山农村医保覆盖了包括居住在农村的小城镇户,其中,16 岁以下的儿童 4.3 万多人,17～60 岁的 18.9 万多人,60 岁以上老人 7.7 万多人,另外还有 6 000 多名人均年收入在 2 000 元以下的农村低保人员,均采取倾斜政策,不用缴纳一分钱,进入这个保障体系无门槛。为 60 岁以上的老人建立个人账户,由保险基金每年每人自动注入 150 元。

昆山医保中心工作人员介绍说,昆山的农村医保,除了筹资标准低于城镇职工,因而报销补偿的具体数额不一样外,在运作管理模式上已经与城镇职工的医保没什么两样,就连报销的医药范围和 5 000 元报销起付线都是一样的。

(摘自 2002 年 3 月 4 日《苏州日报》)

[点评] 本文在第 15 届"中国新闻奖"的评选中,被评为消息类一等奖。这是一篇动态消息,反映的是江苏昆山农民刷卡看病的事。该消息导语点出了本文的主旨,正文部分的叙述条理清晰、重点突出、结构合理,全文洋溢着"新"的特征,其赞誉之情溢于言表。由于具有很高的新闻价值,报道刊出后,引起了国内外多家媒体的关注,在社会上引起了强烈反响。

[例文 2]

云南多地警方整治学校周边"牙签弩":具杀伤力可射穿纸板

新华社昆明 2017 年 6 月 21 日讯 近日,一种名为"牙签弩"的玩具出现在一些中小学生手中,因其可射穿纸板、纸盒,具有一定杀伤力,让许多家长颇为担心。为此,云南多地警方着手整治"牙签弩",昆明警方最近就在学校周边商铺中查获了 134 把这样的"牙签弩"。

"万一有孩子拿到学校玩怎么办?""太吓人了,射到眼睛不就完了!"近日,微信朋友圈、微博上不少家长目睹"牙签弩"的发射过程,对其巨大威力表示担忧,并呼吁禁止销售。"牙签弩"包装中配备的多为牙签,据昆明警方介绍:经检测,从"牙签弩"上射出的木制牙签在短距离内能射穿纸板、纸盒等物体,如射出的是金属针甚至能射穿石膏板等硬物,具有一定杀伤力,对人身安全构成威胁,属于危险物品。

　　昆明市公安局新闻发言人办公室 21 日表示,最近昆明警方针对部分中小学校周边商店、玩具店售卖的"牙签弩"等危险玩具物品展开专项整治行动,截至 6 月 20 日,警方共排查城区 512 所学校周边 1 327 家商店、玩具店、文具店,查获"牙签弩"134 把,塑料及木制玩具弓弩 69 把等一批违禁物品,并依法对售卖经营者作出了处理。

　　类似整治行动也在云南多地展开。公安机关提醒:若发现非法生产、销售"牙签弩"的情况,可拨打"110"或到辖区派出所报警,警方将依法查处。

　　[点评] 　这是一篇动态消息,反映的是中小学出现危险玩具"牙签弩"。该消息使用叙述式导语,点明主旨。主体从"牙签弩"的危害性、整治过程和处理办法几个方面展开,条理清晰,内容全面,言简意赅。

二、认知

　　消息是一种常见的新闻体裁,是对最新发生的社会活动、重要事件作出快速、客观、简明报道。

(一)使用范围

　　消息在报社、广播电台、电视台等新闻机构广泛使用,企事业单位、社会组织和个人也经常利用消息对外传递信息,进行广泛的社会宣传。消息已经成为现代社会经常使用的一种非常重要的信息传播手段。

(二)特点

　　消息的特点可用四个字来概括,即新、短、快、实。

　　1.新　新鲜是消息的个性,最新鲜的事一般用消息发布。因此,新与不新是判断消息价值高低的首要标志。所谓"新",一是内容新,它把首次出现的新鲜事物报道给人们,给人以新鲜感;二是认识新,新闻事实所反映的思想、报道的问题,要有新意,给人以新的启迪;三是角度新,选择新的报道角度,变换新的表现手法,从平常的事物中发掘出新的东西,给人以耳目一新之感。

　　2.快　消息是所有新闻文体中时效性最强的一种。快,是消息的基本特征,是消息的优势,也是消息质量高低的重要体现。因为新闻是"易碎品",稍一延误,"新闻"就变成了"旧闻"。可见,消息报道的时间应快捷迅速。

　　3.短　消息要快,就须篇幅短。要用尽可能少的文字传达尽可能多的信息。多数消息的篇幅在三五百字之间,有时一句话就是一条消息。消息一般是一事一报,即一条消息写一件事,内容集中,多用概括的方法叙述事实。

4.实　实,就是要客观真实。消息的本源是客观存在的事实,消息报道的内容,无论是重大事件,还是寻常小事,都要真实可靠,不允许有任何虚构和夸张。客观真实是消息的灵魂和生命,是它的第一特性。

（三）分类

消息的种类较多,从不同的角度,可以对消息作出不同的分类。按写作特点可分为四类。

1.动态消息　动态消息报道的是突发性事件或者其他新情况、新成就和新变化。这些新闻事实,特别是突发事件,发生和变化的过程短暂,时间性很强,这就要求对它的报道必须迅速、及时。一些重大事件,常常是先发动态消息,然后再写特写、通讯等后续报道,是消息中报道量最大、时效最快的。

叙述事实是动态消息写作的基本特点。它所报道的多是一个人、一件事、一个点,内容集中,单一短小,主要向读者报道发生了什么事,而不必回答为什么和怎么样等问题,所以它比其他体裁的消息篇幅要短小精悍。

2.经验消息　经验消息是用消息的形式报道新鲜经验的体裁,主要反映一些具体部门、单位在一定时期内的工作成效、典型经验或深刻教训,用以指导全局,带动一般、具有较强的针对性和指导性的新闻报道。它最主要的特点,就是政策指导性与新闻事实的融合汇一。经验消息往往由事实引出道理,从个别事例中总结经验,其主题比较突出,表达方法主要是叙述和夹叙夹议。

3.综合消息　综合消息主要是指综合反映带有全局性的事情、情况、动向、成就、经验和问题的新闻报道。它往往以若干动态消息为基础,把动态消息的点和面结合起来,将一个地区某方面的情况或某项工作的情况系统地报道出来。综合消息是动态消息的宏观发展,其报道面宽,给人以总体印象。其时效性要求相对低些,篇幅相对长些。

三、结构与写法

消息的结构比较固定、简单,大多数消息的结构都采用"倒金字塔"式。所谓"倒金字塔"结构,是指将消息中最重要的内容,概括性的内容放在最前面,然后再具体展开内容的阐述。一般写作结构有标题、电头、导语、主体、背景、结尾几部分。

（一）标题

消息的标题十分重要，它好比消息的眼睛，也是消息的内容提要，是对消息主要事实的概括，要求简明、准确、新颖、醒目。标题拟写得好，可以吸引读者的注意，实现信息传播的最佳效果。

消息的标题写作非常灵活，常见的有三种形式。

1. 多行标题　多行标题一般由引题、正题、副题组成，它基本概括了消息为读者提供的丰富信息，常用于重要信息。例如：

第一位在奥运会上破举重世界纪录的中国选手（引题）

唐灵生堪称举重金刚（正题）

力举170公斤"忘情"地挺立10秒钟，赢得满堂掌声（副题）

引题又称"眉题""肩题""领题"，是在正题之前引出正题的，是正题的前奏，用来交代背景，说明原委，烘托气氛，揭示消息的指导思想或事件的意义。

正题又称"主题""母题""主标题"，是标题的主体和核心。正题对消息中最主要的内容和意义作出概括与说明，其特点是明确、简练、突出，揭示了消息所报道的新闻事实的主旨。

副题又称"子题""辅题"，位于正题之下，主要说明正题的来源、依据或结果，是对正题的补充。

2. 双行标题　一般有两种组成形式。

第一，引题+正题：引题位于正题之上，常从一个侧面对正题进行引导、说明或烘托。例如：

见面会火暴背后有隐忧（引题）

本科生直面就业压力（正题）

第二，正题+副题：副题位于正题之下，对正题起着补充和解释的作用。例如：

白沙洲大桥主塔胜利封顶（正题）

建设速度创全国之最（副题）

3. 单行标题　单行标题指只有一行字的标题。这种标题以叙事为主，要求简洁明了地反映消息的主要内容或意义，让读者一目了然。例如：

医疗改革方案即将出台

(二)电头

消息的开头,常冠以"本报讯"或"××通讯社×月×日电",即为电头,也称"消息头"。电头是版权所有的标志,主要有"讯"与"电"两类。"讯"是指通过邮寄或书面递交的形式向媒体传送的报道;"电"是指通过电传、电话、电脑、电报等传输的报道。

(三)导语

导语是消息开头的第一自然段,用一句话或几句话概括消息中心内容,起提示全文作用。导语中要概括说明消息的时间、地点、人物、事由、结果等内容,用最简洁的文字将消息中最新鲜、最重要的事实反映出来。导语是全文最关键的部分,具体写法上,可以用叙述式、提问式、描写式、评论式等多种方法。

1. 叙述式   即把新闻最主要的事实简要地写在开头,主要交代何人、何事,这是最常用的一种导语类型。

如:昨天,市消协公布了北京市住宅商品房消费者满意调查报告。报告显示,近八成消费者认为本市较为合理的房价在 3 000 ~ 6 000 元/平方米之间;近六成消费者对物业管理收费标准与收费透明度不满意。

2. 提问式   首句提出问题,然后解答这个问题,问题答完了,导语也就结束了。这类导语提的问题一般很尖锐、很明确,能立即引起读者的注意。此外还可以在提问以后不马上解答,造成悬念,吸引读者读下去。例如:

"那些'小黄楼'好气派,全部建在我们国家粮食储备库一侧,那块地原来是国家粮库的,那些干部咋建起了私人别墅? 他们建房手续齐全吗?"连日来,永修县粮食系统职工及当地市民纷纷打电话向记者反映,该县粮食局多名干部在永修国家粮食储备库一角建起了多栋豪华别墅。

3. 描写式   即通过对事情的某一方面加以描写来开头。这种描写是很朴素的,并不像文学作品那样诉诸形象或使用一些夸张的字眼,只是对事物所处的特定时间和环境作简要描述,引出报道的具体内容。例如:

昨日上午 10 时 30 分左右,记者来到京城某知名媒体一楼大厅里时,这里已聚集了数十人,一位小姐正在发放致该媒体的公开信及相关资料。

4. 评论式   运用夹叙夹议的方法,对消息事实进行评论,说明其意义。这种导语可以深化消息的主题,帮助读者认识其意义,发挥消息的指导作用。例如:

"千万别以为骗子都是'铁公鸡',为了把您兜里的钱骗出来,他们什么
手段都能用上。"

(四)主体

主体是消息的主干,是导语的展开或续写部分,因此主体承接导语对消
息事实作进一步报道,以满足读者对事实进一步了解的需要。

导语为整条消息的写作定了基调,规定了方向。在消息写作中,主体需
展开哪几个要素,回答哪几个问题,都必须根据导语所铺设的轨迹来写,不
能和导语脱节。

主体部分材料较丰富,涉及多种事物的多个方面,以及纵向、横向等多
种关系。无论采用什么结构方式来安排这些材料,都必须理顺这些关系,做
到层次分明,眉目清楚。

主体是叙述新闻事实的主要部分。它要解释说明导语,回答导语提出
的问题,所以,一定要有充实的内容和充足的论据。但并非材料越多越好,
而是要求材料具有典型性和说服力。

主体的写作手法要求灵活多样,要善于借助生动的形象来说明抽象的道理。

主体部分的内容要尽量避免和导语重复,要用真实的、新鲜的材料,对
导语进行扩展、补充和说明。

(五)背景

消息经常需要通过背景材料来向读者介绍事件发生的历史、原因、环
境、条件,使读者能全面地把握消息中所提供的信息。背景材料可以单独作
为一个段落,也可以穿插在消息的各部分当中,有的消息比较简短,可以不
用背景材料。

(六)结尾

结尾是消息的一个组成部分,虽然有些消息无结尾,自然结束,但为了
表现事物的完整性和严密的逻辑性,大多数消息都应有一个好的结尾,以增
加消息的传播效应。结尾可在叙述完新闻事件之后,以一两句精辟的议论
点化新闻的主题,加深读者对新闻的理解;也可在叙述基本的新闻事实之
后,再对事物发展的前景予以展望,指明事物发展的趋势、动向,提醒人们注
意事态发展;或不把话说尽,给读者留下思索回味的余地,或是从新闻事实
中提出问题,引人思考,或用启发激励的话作结尾,唤起读者奋发向上的思
想感情。

四、写作要求

(一)要素齐全

每一篇消息都应具有一些不可缺少的要素,即时间、地点、人物、事件、原因、结果六要素必须齐全。这也就是世界新闻界通常所说的 5 个"W"和 1 个"H":when(何时)、where(何地)、who(何人)、what(何事)、why(为何)和 How(何果)。消息写作,要把六要素交代清楚,而且必须写得准确、真实。

有时六要素中的某一个或几个也可以省略,但必须是在一定的前提和条件下才行。如消息的个别要素是人所共知的,不会使读者产生误解,也可以省略。

(二)结构合理

消息的结构安排,应以最大限度地突出中心和表现内容为原则,按实际需要来选择最佳的结构方式。消息的结构方式经过长期的演变与发展,形成了固定的结构类型和模式,即倒金字塔式结构、金字塔式结构和混合式结构等三种。其中最常用的是倒金字塔式结构,一般是把最重要、最新鲜或最精彩的事实放在开头,其他事实按重要程度递减顺序来安排,形成前重后轻、上大下小的格局,形如倒过来的金字塔。这种结构方式有利于加快写作和编辑的速度,保证新闻的时效性,并能满足读者的新闻需求。金字塔式结构和倒金字塔式结构刚好相反,通常是把最重要或最精彩的事实放在最后,以增强读者的期待感,并采用"剥笋式"的方法层层深入,给人一种渐入佳境的感觉。混合式结构是倒金字塔式结构和金字塔式结构的混合形式。它集合了这两种结构方式的全部优点,使用日益广泛,越来越受到人们的欢迎。

(三)叙述简明

读者阅读消息主要是为了了解事实真相,而不需要艺术赏析,因此,消息的叙述一般不需要详尽地描写事件的全过程,而是简明扼要地舍去一切可以舍弃的成分,以便更准确地概括出事情的发生和发展的概况,以及事实本身的内在联系。当然,在特殊情况下,消息中也可以有一些描写,用以渲染气氛,增强感染力。

(四)形式精悍

短小精悍的消息有利于抢时间、争速度,向读者提供更多的新信息,扩大报道领域。报道的内容要精,要善于剪裁,要舍得割爱。

[**实例**]　1. 分析下列病文,指出其不足之处。

流浪汉火烧变压器

×报×月×日讯　今天早上,一个流浪汉为了取暖,拾来干柴枯草在变压器下点火取暖,市民发现后劝阻,他举起燃烧的树枝吓唬对方,市民只好报警。市中心巡警二中队的民警接到警情后赶到现场,把点火的男子带离现场,并拿灭火器将火扑灭。据民警了解,点火的男子是一个流浪乞讨人员,点火是为了取暖。他拒绝告诉民警他的情况,民警表示可以将他送到社会救助站,他予以拒绝。

2. 下面是一则消息的原稿和修改后的见报稿,阅读后完成后面的练习。
[原稿]

地理图像数据库系统通过国家鉴定

我国以图像数据库最新技术思想为指导研制的地理图像数据库系统即System—w,取得突破性成果,今天在北京大学通过了由国家自然科学基金委组织的鉴定。

这是一项具有国际先进水平的科研高技术成果,具有实用价值,有广阔的应用前景,可为国家的规划管理部门和地理学研究单位建立资源管理、区域规划、环境监测等实用地理信息系统提供全套软件,也可用于军事部门作战指挥的辅助决策,为科研人员减少大量野外工作量。

地理图像数据库系统以图示语言与用户见面,具有创造性。这种对图像、数据操作的统一处理的数据库系统,使得对地理实体综合信息检索和空间数据信息的复合运算的处理功能比国内外现有地理信息系统有显著提高,为进一步实现资源与环境动态监测预报等方面的更高智能化目标创造了良好的环境。

这项科研成果是在北京大学视听觉信息处理国家实验室主任石青云教授的指导下用 4 年时间完成的。这项成果获得与会专家的高度评价。

［修改稿］

地理图像数据库系统通过国家鉴定

新华社北京 12 月 20 日电 由北京大学研制的地理图像数据库系统获得成功,今天通过了由国家自然科学基金委组织的鉴定。

这是一项以图像数据库最新技术思想为指导研制的高技术成果,有广阔的应用前景和实用价值。它不仅可为科研人员减少大量的野外工作量,而且还能为建立资源管理、区域规划、环境监测等实用地理信息系统提供全套软件。

地理图像数据库系统以图示语言与用户见面。它的优点是能把图像、数据有机地合为一体,复合运算的处理功能比国内外现有地理信息系统有显著提高。

［练习题］

1.原稿和修改稿相比,哪一则功能价值或新闻价值更大? 为什么?

2.逐段分析说明修改稿删去了哪些内容,为什么要删除?

任务 10.2 特 写

一、阅读

［例文 1］

纽约展开大救援

中国国际广播电台报道:在世贸大厦被恐怖分子劫持的飞机撞塌后,纽约市市长米利安尼斩钉截铁地说:"寻找幸存者是当务之急。"12 日,紧张的救援工作在纽约市全面展开。

虽然世界贸易中心的废墟无法靠近,但它那像座小山似的断垣残壁从老远就看得一清二楚。几条水柱射向依然冒着白烟的地方,大型垃圾车一辆接一辆装运着瓦砾,许多身穿工作服的消防队员在废墟上不停地搜寻幸存者。在不远处,上百名医务人员和志愿者等候在那里,发现幸存者后,就立即冲上前去，用担架将他们抬上救护车。往常，救护车的尖叫听起来令人毛骨悚然，然而在今天，人们却盼望听到这种声音。毕竟，它向人们传递了这么一个信息：又找到了一个尚有生存希望的幸存者了。

从大楼倒塌开始，纽约市的消防队员、警察、医务人员一直试图寻找生还者。11日晚，他们挑灯夜战，不愿放弃任何一线希望。消防队员马修在忙碌了一个夜晚之后筋疲力尽。他说："很多次，我看见了残肢断臂，简直惨不忍睹。"他为自己没有找到生还者而失望。由于110层的大楼坍塌现场产生巨大的撞击力，所以，两座塔楼的受困者生存的希望十分渺茫。但是，奇迹还会出现。纽约警察局12日宣布，他们已经从瓦砾中救出了两位警察。这无疑给了救援人员巨大鼓舞。据报道，另外还有几人生还，其中包括一位孕妇。

离记者住处100米远的百琉医院是离世贸中心最近的一家综合医院，那里收留了大量伤员。记者试图凭着市警察局签发的记者证进入警察层层把守的医院，看看能否找到华人伤员，然而警察毫无商量余地地说，这个记者证"不管用"。这时，我在大门的另一边发现近200人的长队，一个个都神情严肃，一打听才知道他们是到医院寻找亲属的。许多年轻的姑娘和许多老人手里都拿着几本名单，为不断赶来的人们查找亲人的名字，或者向他们送上饮料、点心。白发苍苍的科恩老太太曾经做过护士和教师，她对我说，从昨天开始，她就打听如何帮助这个城市的人们渡过难关，因为她知道失去亲人的痛苦。

纽约血库几个月以前就因为存量不足而告急。发生了世贸中心的惨剧后，血液从11日中午开始再次短缺。为了解居民献血的一些情况，我根据科恩老太太的指点，乘车来到曼哈顿岛上的一个大型血站，等待献血的人大都是中青年人。我在人群中发现了一个华人，他叫张君显，在曼哈顿唐人街的一家餐馆工作，他是专程从唐人街赶来的。张君显话不多，但很朴实。他说："纽约发生了这么大的事，献血是我最可能做到的事了。"张君显1988年从福建省来到纽约，现已成为美国公民。

血站门前的路上，来往的人群络绎不绝，七八个志愿者不停地向前来献血的人们解答问题。其中一位黑人青年告诉我，由于献血者大多，大大超过了血站采血能力的极限，因此，除非是O型血，否则他们必须在得到一个献血序号之后改日再来，而目前申请献血者已经被安排到了两天之后。有报道说，为了采集更多血液，纽约市抽出人员，在学校和教堂临时设立了许多血站。但即使这样,献血的人们也必须等待。

在经历了噩梦一般的惨剧之后,曼哈顿岛现在不再是车水马龙。但纽约并不平静,人们都在为抢救生命而紧张地忙碌着。

(记者李培春 2001-09-14 7:35:06)

[点评] 这是一篇"9·11"事件后仅三天就快速写出的新闻特写。作为特写,该文紧紧抓住事件之后的救援主题,通过典型情节、场景的生动细致描写,给人以强烈的现场气氛感,把人们特别关注的"9·11"事件之后的纽约救援现状,真实地展现在读者面前。

[例文2]

在新西兰听曹文轩讲故事

新华社新西兰奥克兰 2016 年 8 月 21 日电 新华社记者田野 宿亮

21 日午后,南半球冬日阳光正暖。新西兰最大城市奥克兰市中心奥特亚会议中心一隅,前一晚刚获得国际安徒生奖的中国作家曹文轩正在讲述一只蝴蝶的故事……

"一只蝴蝶一心要找花田,飞过荒漠,越过大河,在气流中挣扎,翻过高山,终于见到那片花田,却被大水淹没。水中的花田,花朵在水波的折射下,大而艳丽,蝴蝶一次次俯冲到水中,一次次挣扎飞向空中,最后一次,蝴蝶漂在水中……"

"你们觉得这个故事美吗?"曹文轩向在场几十名听众发问。

"美。"

听众以西方人居多,其中既有儿童,也有头发花白的老年夫妇。一个头戴礼帽、衣着讲究的老奶奶好奇细节,问作家:"当它停在白马耳朵尖上时,你的想象中,它有多大呢?"

曹文轩笑而未答,让坐在身边的巴西插画家罗杰·米罗回答,他将为本书的英文版插画。米罗却用另一个问题回应:这只蝴蝶究竟是雌是雄?

在曹文轩看来,这个名为《柠檬蝶》的故事有一个绝妙的结尾:巧合的是,世界上有一种鱼,也叫柠檬蝶。

"这是真的,这个世界上的确有一种名为柠檬蝶的鱼,"他认真地告诉记者。

听众中，一名新西兰读者急切问道，这本书的英文版什么时候面世。曹文轩笑笑，指着身旁的米罗说："这取决于他了。"

这将是两人第二次合作绘本。2013 年，米罗执笔为曹文轩的故事《羽毛》插画，次年米罗获得国际安徒生奖插画奖。今年，曹文轩获得国际安徒生奖文学奖后，曾与米罗开玩笑说"这是一根幸运的羽毛"。

故事虽然简短，中文讲述、英文翻译，但现场的听众仍然"读"到了这个故事的"眼"——对美和梦想的追求，不懈怠、不妥协，始终不渝。

现实世界中，曹文轩说他在文学中对美的坚持"近于固执，乃至傲慢"，但对于写作保持"谦卑"，《羽毛》讲述哲学的基本命题，而《柠檬蝶》在讲他自己。

曹文轩讲故事似乎有一种魔力。他的普通话不尽标准，仍带有苏北一带特有的口音；他也不是优秀的朗诵家，但是声音平稳，声调偶有起伏，悄然间令狭小的空间充满诗意与悬念，寂静之中，令人感受到美的流淌。

这种效果，在他 19 日作客奥克兰大学孔子学院讲《羽毛》的故事、20 日颁奖晚宴讲文学与造屋、21 日讲《柠檬蝶》，无一例外。

曹文轩从来不认为包括《草房子》《青铜葵花》《火印》《蜻蜓眼》等一系列长篇小说在内的作品应被局限为少儿文学。但是，背负少儿文学作家标签的他的确对童书的理解更为透彻。

"在意大利博洛尼亚书展上，童书书架上 70% 的书籍是绘本，这是一种独特的形式，是文学与艺术的结合，"曹文轩说，"用我的话来讲，它就是大善大美大智慧，是为一个孩子成长打底的书"。

"它是一个非常非常特殊的方式，薄薄的一本绘本所产生的能量，对一个孩子成长起到的作用很可能比纯粹的文字书，厚厚的两三本还要大，"他说，"可惜的是，中国在过去十几年间才认识到这一点"。

可以说，图画书或者绘本，是儿童文学里的"奢侈品"。一方面，它的故事极其讲究，短小故事的背后，作者必须有广博的知识，对人生、生命和人性有深刻理解，之后才能产生一个"眼"，而这个"眼"大都与哲学相关。另一方面，绘本制作成本高昂，只有图书编辑、主编们认定，这是一个好故事，才能动手进行插画，从而令绘本成为儿童文学门类里最高贵的样式。

不论是接受新华社记者专访，还是颁奖当晚接受媒体采访，曹文轩都认定，中国绘本的"黄金时代"已经到来。这一结论，提炼自他自己的几十本绘本每年不间断的印刷;以及中国各地的绘本馆正蓬勃兴起。

曹文轩认为,绘本在所有的文学艺术门类里,离哲学最近,回答最基本的问题,"我说的是那些最好的绘本"。

与《草房子》中的主人公桑桑一样,曹文轩的父亲是一所小学的校长,拥有两个书架的书,其中包括影响他至今的鲁迅的系列作品。在北京大学读书时,他在北大大兴基地劳动时偶尔发现一座"宝藏":一个帐篷内几书架的书籍,这些马列著作成为他没有选择的选择,而哲学阅读此后一直延续了15年。从苏格拉底、柏拉图、费尔巴哈,到维特根斯坦的语言哲学,一路读下来。

这也似乎解开了曹文轩在创造高峰期,突然放下《草房子》系列的写作,一口气写出40多本绘本故事的谜团。他说:"这些绘本,与这15年的哲学阅读极其相关,是这段漫长哲学阅读积累的迸发。"

[点评] 这篇特写现场感很强,局部突出,重点描绘而又层层深入,富有镜头感。是一篇能够体现特写特点的佳作。

二、认知

"特写"一词,源于电影摄影,指的是对人或物的局部进行放大拍摄,叫"特写镜头",以获得特殊视觉效果。新闻特写是对被报道对象富有特征的片断,或细节,或瞬间动态,予以鲜明而突出、形象而生动再现的新闻报道体裁。

(一)使用范围

在新闻写作中,为了增强作品的表现力,使之具有形象化的特点,裁取新闻人物一个侧面、新闻事件一个片断或一个场面,采用电影特写镜头的表现手法,把最富有意义、富有特征的部分突现在受众面前,取得清晰、强烈的视觉印象,这样就形成了一种新闻体裁,即新闻特写。

(二)特点

1. 现场感 特写在报道新闻事实时,特别强调用描写的手法去再现报道对象。通过精心的描绘,渲染气氛,使其达到情景交融的效果,使人如临其境、如闻其声、如见其人。与一般以叙述手法为主的报道不同,特写则必须对报道对象的具体状态作真实的再现,用描写手法,将实况描绘得栩栩如生。

2. **局部化**　特写就是要对报道的某些局部作突出的、重点的描绘,而不是面面俱到的泛泛而谈。从时间上来说,局部化意味着对生活作片段的截取。它不是去展示事件发展的前前后后,而是选取那种最具包孕性的片断,让人们通过一个典型的镜头、一个画面,获得对其前后经过的了解和深刻印象。

3. **可视性**　特写由于借鉴了影视手法,将对象镜头化,所以能产生很强的可视性,人们常把它称为"视觉新闻"。可视性,就是借助描写手法,让读者将文字的内容转换为可视的画面。其中关键在于描写必须写形传神。这个"神",就是报道对象的个性、特色、本质。不抓住这些,即使用大量的笔墨去细描一些外在的东西,简单地追求形似,也是无法产生出电视报道的视觉效果的。

（三）分类

特写通常分为三种,即人物特写、事件特写、专题特写。

三、结构与写法

特写的基本结构与其他新闻体裁相似,主要包括标题、正文,标题的写法参见"消息"部分,下面主要说明正文的写法。

1. **人物特写**　人物特写的取材,一般不考虑人物的整个成长过程及人物事迹的来龙去脉,只报道人物的某一特征、某一行为、某一生活片断、某一成就等。材料不求包罗万象,唯求精彩、形象、典型、集中。

人物特写离不开生动的细节,好的细节是使人物形象生动、传神的关键,所以,它是特写镜头对准的焦点。选准了富有表现力的细节,如同找到了关键的穴位,能于细微处见精神。

2. **事件特写**　事件特写只截取事件的一两个片断、一两个场面,使之形象化再现。事件特写不仅要用事实说话,而且要具体、生动形象,使人感到看得见、摸得着,真实可信,才能激起人们感情上的波澜。

3. **专题特写**　专题特写是写一个问题的一个侧面或者抓取一种现象向纵深开掘,笔墨集中,问题单一,有透视感。

四、写作要求

1. **深入研究新闻题材**　特写是一种极富特色的新闻文体,它具有强烈的现场感和震撼力,所以要想写好一篇特写,首先要对新闻事件进行深入的研究,力求发现事件内在的价值和特色。

2.抓住最典型的情节　要让一篇特写能抓住读者的心,一定要有典型情节。这个情节往往是事件中最有代表性的一瞬,或是人物最富特色的动作和表情,它们会强化事件的感染力,在读者心目中留下深刻的印象。正因为典型情节的重要性,所以如何选择和表现这些情节,成为特写的关键。

3.注意营造现场气氛　特写是一种技巧性很强的文种,在写作时要注意运用铺垫、烘托、渲染、悬念等写作技巧来营造出现场的气氛,增强文章的真实感和感染力。

4.语言力求生动细致　特写着重在于刻画人物和场景。在语言运用上有着较高的要求,通常采用工笔细描的方式,形象生动地展现人物的性格特征和精神风貌,一篇好的特写往往近似于一篇优美的散文。

［实例］　分析以下特写,指出不足之处。

八仙过海　各显神通

——记我校主持人 PK 大赛决赛

××校报讯(学生记者××)　经过报名、激烈的初赛和复赛,历时 5 天,终于迎来了激动人心的时刻,"主持新声代——主持人 PK 大赛"决赛于 6 月 11 日在校大学生活动中心举行。著名主持人×××、×××担任此次大赛评委。

决赛在 8 位选手别开生面的出场中拉开序幕。大赛分为载歌载舞、伶牙俐齿、过目不忘、唇枪舌剑四个环节。每位选手都有一段自我介绍:模拟主持和才艺展示,然后是 PK,最后是陈述比对方更适合当主持人的理由。2 号选手×××多才多艺,以霹雳舞出场,用自习室故事的形式对比赛进行了风趣的描述。3 号选手×××非常专业地分别用电台版、电影版、现场版主持《音乐不断》,还演绎了风格独特的《如梦令》,尽显她的睿智、才华和个人魅力。

任务 10.3　简　报

一、阅读

[例文1]

××简报

第二期(总××期)

×××厂主办
《××简报》编辑部编印　　　　　　　　　　　　　　××××年3月5日

提高素质　优化结构　我厂调整一批中层领导干部

　　为适应企业转换经营机制和工厂承包经营形势,推动工厂民品发展再上新台阶,春节前后,我厂对中层领导干部进行了调整。共免去7名中层干部的领导职务,8名党政中层领导由副职提为正职;2名中层干部被任命为厂长助理,还选拔了7名年轻干部担任中层领导职务,他们平均年龄37.7岁,文化程度平均在大专以上。这次中层以上干部调整的特点是:

　　1.一批老干部退居二线,但不"一刀切"。目前,工厂正处于艰苦创业时期,虽然新的形势给工厂经济好转带来了机遇,但工厂面临着更多的困难:资金严重不足;企业严重亏损;企业走向市场;产品开发任务艰巨;领导工作的难度更大。为使中层干部队伍更好地适应形势,肩负起开发民品的重任,工厂安排了一部分年龄较大的干部退出领导岗位,同时选拔了一批年富力强的中青年干部充实干部队伍。个别老同志干劲大,积极性高,工作岗位又确实需要,因此仍留在领导岗位上。

　　2.重实绩,一批年轻干部被大胆起用,有的走上了重要领导岗位。承包后的各单位被工厂推上了市场、要想在市场竞争中夺得显著效益,就需要那些精力充沛、头脑清醒、思想解放、敢闯敢干有能力的同志做带头人。这次新提拔和副职提正职的干部,就具有这些特点,他们在过去一年的工作中做出了突出的成绩得到厂领导和职工群众的公认,工厂注意发现并给这些同志提供发挥才干的机会,给他们表演的舞台,放手让他们在创业中为工厂作出贡献。

3. 大胆尝试,逐步增加党政担子一肩挑的干部。加快经济发展的新形势,要求企业政工干部必须熟悉生产经营,生产经营中的思想政治工作也需要由党、政干部共同去做好,党、政干部都应成为生产经营和思想政治工作的内行。党政担子一肩挑,有利于企业领导干部真正成为"内行",有利于企业生产经营和思想政治工作的开展,促进工厂经济发展。这次干部调整,有16名中层领导干部挑起了党政两副担子。

经过这次干部调整,我厂中层领导干部的结构渐趋合理,整体素质得到进一步提高,从而为我厂的经济发展提供有力的组织保证。

(人事部供稿)

上报:(略)

抄送:(略)

(共印×份)

[点评]　这是一篇企业人事动态简报。正文前言表述目的,概括叙说"春节前后,我厂对中层干部进行了调整",简述了中层干部的任免情况,接着用"这次中层以上干部调整的特点是"导出主体内容。主体内容为"特点"的展开。

[例文2]

中国××函授大学全国教学工作会议简报

第1期

会议秘书组编　　××××年×月×日

"函大"全国教学工作会议在京召开

经过一段时间的积极筹备,中国××函授大学全国教学工作会议于××××年×月×日在北京正式召开。

参加今天会议的有中国××研究会的部分理事、各地辅导站代表、学员代表和校部教职员共70余人。

今天上午和下午都召开了全体会议。

上午,校务委员会主任××同志在开幕词中讲了这次会议的宗旨。他说:"我们召开这次会议,是要交流、总结各地辅导站的工作经验,研究如何提高教学质量,明确今后的办学方向,讨论执行、考试问题。希望大家畅所欲言,为'函大'开创新局面献计献策。"

紧接着,各地代表分组进行了讨论。讨论会上,××同志对如何开好这次大会,还提出了许多宝贵意见。

在下午的会上,教务长×××同志结合一些辅导站的情况,进一步强调:要办好面授辅导站,必须争取当地文教部门领导的支持,必须要有一个坚强的领导班子和高水平的教师队伍,以切实保证教学质量的稳定,以质量取信于社会,同时还必须严格财务管理制度,坚持勤俭办学的原则。

"函大"顾问、××大学教授×××先生,虽已年逾80,但仍不顾气候炎热,到大会看望大家并讲了话。他指出,函授教育是一种很好的形式,这种形式有很多好处:一是节约人力,学员可以边工作边学习;二是花钱不多,却能为国家培养出大量人才;三是面授辅导要搞好,就得搞资料交流,资料要有针对性,要解决学员提出的实际问题。×老的讲话给了与会者以巨大的鼓舞,受到大家的热烈欢迎。

上报:(略)

抄送:(略)

(共印×份)

[点评] 这是一篇会议简报,简要说明了会议的时间、地点、参会人员等基本要素。选取重要的发言,重点突出又不失简洁。

二、认知

简报,顾名思义,就是简要地报告已发生的事实。简报是党政机关、企事业单位、人民团体汇报工作,反映情况,交流信息的一种简短的具有一定新闻性的机关内部事务文书,也叫《动态》《简讯》《工作通讯》《内部参考》等。

（一）使用范围

简报不是正式的公文，常作为一种临时性的刊物在机关、团体的内部发行，起到上传下达、左右互报的作用。通过简报，上级机关可以了解工作的进展，下级机关可以了解领导的意图，平级机关可以沟通情况、传递信息。

简报一般在编报机关管辖范围内各单位之间交流，不宜甚至不能公开传播，特别是涉外机关和专政机关主办的简报更是如此。有的简报，往往是专给某一级领导人看的，有一定的保密要求，不能任意扩大阅读范围。

（二）特点

1. **内容专业性强**　简报一般由有关单位、部门主办，专业性十分明显。如《人口普查简报》《计划生育简报》《水利工程简报》《招生简报》等，分别由主办单位组织专人撰写，传递该项工作的各种信息，包括情况、经验、问题和对策等，一般性的东西少说，无关的东西不说，专业性的东西多说。这样，对一般读者来说，能使他们了解工作的进展情况，增强责任感。对领导机关来说，各级领导接到这样的简报，掌握了情况，有问题就有办法处置了。

2. **篇幅简短**　简报姓"简"。简，是它区别于其他报刊的最显著的特点，读者可以用很短的时间把它读完，适应现代快节奏工作的需要。一期简报甚至只登一篇文章，几段信息，或一期几篇文章，总共一两千字，长的也不过三五千字，简报的语言必须简明精炼。不仅是指文字少、篇幅短，更主要的是它追求用最少的文字概括出充实的精髓和意义，简短而不疏漏。

3. **讲究时效**　只有快速地反映工作中出现的新情况、新问题，简报才能为上级机关的决策提供依据，才能与平级机关和下级机关沟通信息。

（三）分类

简报的种类很多，从不同的角度可以把它分为不同的种类。一般按内容把简报分为以下三类。

1. **情况简报**　情况简报又称为工作简报，是一种反映本地区、本系统、本部门日常工作或问题的经常性简报。它包含的内容较广，工作情况、总结成绩、经验教训、表扬批评，对上级某些政策或指示执行的步骤、措施都可以反映。它常以定期或不定期的形式出现，在一定范围内发行，如《财务工作简报》《安全工作简报》。

2. **动态简报**　动态简报主要反映单位的工作或活动的新情况、新动态、新趋势,可分为思想动态简报和业务动态简报。思想动态简报反映员工对工资、福利等问题的认识与看法等。业务动态简报主要反映与本部门、本企事业有关的业务动向、人事变动等。这类简报的时效性、机密性较强,要求迅速编发,发送范围有一定限制,在某一个时期、某一阶段要保密。

3. 会议简报 会议简报是会议期间反映会议情况的简报,它是一种临时性的简报,内容包括会议中的情况、发言及会议决定等。规模较大、时间较长的会议常要编发多期简报,以起到及时交流情况,推动会议的作用。小型会议一般是一会一期简报,常常在会议结束后,写一期较全面的总结性的情况反映,如《××市财政工作会议简报》。

三、结构与写法

简报的格式较为固定,一般分为报头、报身、报尾三个部分,每部分用横线隔开。

1. **报头** 报头占简报首页上方三分之一的版面,包括简报名称、期数、密级、编号、编印单位、印发日期等项目。

(1)简报名称,用套红大字将其印在简报第一页上方居中的位置,可直接写作《简报》,也可写作《××简报》,如《防汛工作简报》。

(2)期数,位于简报名称正下方,按简报编发的顺序写作"第×期"。

(3)密级,主要分"内部参考""绝密""机密""秘密"等级别,写在简报名称的左上方。

(4)编号,有的简报为了保密需写上编号,编号是将同一简报印制若干份时,每份简报的顺序编号,编号的目的是为了便于掌握每份简报的去向。

(5)编印单位,位于简报名称的左下方。

(6)印发日期,位于简报名称的右下方。

2. **报身** 报身是简报的主体部分,一般包括标题和正文两个部分,有的简报在报头与标题之间还要加上编者按语。

(1)按语,是简报编制机关的立言,是对文稿及使用作出说明、评价,比如说明材料来源、转引目的、转发范围,表明简报内容的倾向性意见及表示对所提问题引起讨论、研究的希望等。按语的位置在报头之下、标题之前,视需要而使用,并非每篇必有。一般在涉及转引、总结或重要的报道会、汇编性简报文章前才会使用按语。

(2)标题,简报的标题要做到醒目、简明,能吸引读者的视线,能表达文中的关键内容。标题的拟定通常采用新闻式的形式,可以是单行标题,也可以是双行标题或是三行标题。

（3）正文,简报的正文类似于新闻消息的写法,由开头、主体和结尾组成。

①简报的开头同新闻的导语相类似,要用简短的文字对简报内容先作概括的交代,写明白时间、人物、事件、结果,评价其意义、价值等,给人一个明确的印象。

②主体是简报的中心部位,它要承接开头,将前面的内容具体化,用典型事实或可靠数据来充实简报的内容。由于主体部分所涉及的材料多,在写作时要注意合理地划分层次,确定层次之间的关系。一般说来,各层次之间常有以下几种关系。

a. 先后关系。以时间先后为序,把材料按事件由发生、发展到结局的过程,逐层予以安排。这种写法多用于典型事件及一次性全面报道某一会议的简报。其优点是时序清楚、一目了然。

b. 逻辑关系。按事物之间的逻辑关系,从材料的主从、因果、递进等关系入手,安排层次。这种写法的优点是便于揭示、表现事物的内在本质,突出主要内容和思想意蕴。应注意的是,采用此法要对事物的本质和材料之间的关系有深入透彻的认识。特别是在材料较多的情况下,如何取舍、安排各层内容,更要注意在认真分析材料的逻辑关系的基础上进行。

c. 并列关系。将全部材料按并列的关系,一一予以列举。一些侧重于情况反映或情况交流的简报,多采用这种写法。

3. 报尾　报尾包括发送单位和印发份数两项内容,写在简报最后一页的末端。

（1）发送单位。发送单位名称位于报尾的左边,分别标明"报:×××"（对上级单位）、"送:×××"（对同级或不相隶属的单位）、"发:×××"（对下级单位）,也可不加区别,一律写为"发送单位:×××"。

（2）印发份数。印发份数在发送单位的右边,注明"（共印×××份）"。

简报样式如图 10.1 所示。

```
┌─────────────────────────────────────────────────┐
│ ┌──────────┐                                      │
│ │ 内部资料 │                                      │
│ │ 注意保存 │                                      │
│ └──────────┘                                      │
│                                                   │
│                   ×××简报                         │
│                                                   │
│                      第×期                        │
│                                                   │
│    ×××(单位)编              ××××年×月×日        │
│   ─────────────────────────────────────────────  │
│    按语：××××××××××××××××××××××××××× │
│   ××××××××××。                                │
│                                                   │
│            ×××××××××(标题)                       │
│                                                   │
│      ××××××××××××××××××××××××××××××    │
│   ×××××××××××××××××××××××××××             │
│      ××××××××××××××××××××××××××××××    │
│   ××××××××××××××××。(正文)                      │
│                                                   │
│   ─────────────────────────────────────────────  │
│                                                   │
│    报：××××                                     │
│                                                   │
│    送：××××                                     │
│                                                   │
│    发：××××                                     │
│   ─────────────────────────────────────────────  │
│                                       (共印×份)    │
└─────────────────────────────────────────────────┘
```

图 10.1   简报样式

四、写作要求

1. **内容要新**   简报中反映的事件要有新颖性，要写新情况、新经验、新趋势。唯有"新"的东西，才值得编发简报。

2. **选材要精当**   简报的篇幅较小，要在有限的篇幅中反映较多的信息，就要精心地挑选材料，要选择最具代表性、最能说明问题、最能揭示事物本质特征的材料。那些次要的、不具典型意义的材料要舍去。

3. 内容要简明　简报应当突出一个"简"字,即编写简报时,要做到语言简洁、内容精要,字数一般在 1 000 字以内,提出观点要开门见山,不罗列现象。

4. 编写要迅速　简报具有新闻消息的特点,非常讲究时效性。只有及时地反映工作的新情况、新问题、新经验,简报才能起到上传下达、互相沟通的作用。如果简报的内容过于陈旧,所写的情况也时过境迁,简报就会失去意义。

[实例]　就所在学校或单位最近举行的一次活动(如运动会、文艺晚会、技能竞赛、球赛等),写一份简报。

第十一讲　学术类文体

任务 11.1　申　论

一、阅读

[例文]

仔细阅读给定的资料,按照后面的申论要求依次作答。

(一)资料

1.回扣是指卖方从买方支付的商品款项中,按一定比例返还给买方的价款。按照是否采取账外暗中的方式,回扣可以简单分为两种,即"账内明示"的回扣、账外暗中的回扣。在《反不正当竞争法暂行规定》中规定的回扣,都是账外暗中的回扣,也就是商业贿赂的典型行为方式。《暂行规定》第五条第二款规定:"本规定所称回扣,是指经营者销售商品时在账外暗中以现金、实物或者其他方式退给对方单位或者个人的一定比例的商品价款。"但是,如果断章取义地从"本法所称回扣"或"本规定所称回扣"中提取回扣的概念,那么得出的结论将是片面的,因为它忽略了记入账内的"账内明示"回扣,也就会产生所有回扣都能构成商业贿赂的错误印象。

2.近日,家乐福8名肉类采购负责人因收受供货商黑钱被警方抓捕。此案的背后,是隐藏在卖场采购环节的商业贿赂黑洞,作为行业"潜规则",供货商要想进入卖场、降低扣点,需要打点课长、处长等多道关口。零售业内,处于强势地位的零售商向上游供应商收取进场费、扣点的赢利模式被认为给员工带来腐败空间。此类腐败并不是家乐福的"专利",国家有关部委明令禁止的进场费、促销费、海报费等"乱收费",但在扣点模式经营下的卖场依然存在。被腐蚀的链条带来的是商品价格的虚高和质量的难以保证,但为此埋单的最终还是消费者。

3. 某医院一年内部分回扣药品目录清单表：

序号	药品名	市场零售价	医院零售价	药贩子给回扣
1	头孢哌酮舒马坦钠针	7.00 元/支	32.10 元/支	6.00 元/支
2	加替沙星针	15.00 元/瓶	75.00 元/瓶	20.00 元/瓶
3	头孢他啶针	8.00 元/支	38.00 元/支	4.00 元/支
4	那琦针	0.70 元/支	65.00 元/支	10.00 元/支
5	西咪替丁针	0.30 元/支	16.00 元/支	3.00 元/支
6	罗红霉素分散片	7.00 元/盒	16.00 元/盒	5.00 元/盒
7	头孢呋辛针	7.00 元/支	23.00 元/支	4.00 元/盒
8	凯兰欣针	6.80 元/支	33.00 元/支	6.00 元/支

4. 据报道，在一些行业和领域，商业贿赂在一定程度上已成为"潜规则"。为遏制商业贿赂发展态势，中央近年来多措并举重拳出击，并将其作为反腐倡廉的重中之重来治理，然而由于商业贿赂涉及面广，系统复杂，加之立法局限、执法取证困难等一系列因素，破解这一社会"顽症"依然任重而道远。

5. 近94%的人认为在中国做生意，给回扣、好处费和请客送礼的现象普遍存在；六成公众对反商业贿赂的成效信心不足。这是南开大学国际经济法研究所与中央党校《中国党政干部论坛》编辑部日前进行的一项问卷调查结果。被调查人群包括来自不同省市和地区的部分中央党校学员、公司企业人员和普通民众。绝大多数被调查者认为，做生意如果不请客送礼就做不好，只能勉强维持或肯定做垮。这说明商业贿赂已成为一种市场潜规则，阻碍了我国国民经济的健康发展，严重破坏了正常的市场竞争秩序。商业贿赂在我国滋生蔓延，已到了非治理不可的地步。

6. 近日，某啤酒有限责任公司涉嫌巨额商业贿赂，被市工商局立案查处，并被暂扣了1万多件、价值30多万元的啤酒。这是该局自开展商业贿赂专项整治活动以来调查的涉及区域最广、金额最大的案件。由于该地在啤酒销售方面历来竞争激烈，此事被媒体披露后，立即引起轩然大波，许多观点认为市工商局此次行为是地方保护，将正当的促销定性为商业贿赂，从而打击品牌系列啤酒。该啤酒有限公司也发表声明，认为遭到"不公平的对待"。

7. 商业贿赂有形形色色的表现形式、五花八门的手法和各式各样的内容。按照现行的有关法律法规和规章等规定，商业贿赂的表现形式主要有以下几种：

(1) 给付或者收受回扣；

(2) 赠送或者收受现金或者财物；

(3) 配送证券、股票或者股份；

(4) 提供其他利益或者机会。

8. 建设部与最高人民检察院 2006 年 9 月 7 日联合召开"建设系统商业贿赂违法犯罪典型案例分析暨工作交流会议"，记者从会上获悉，2006 年 1—7 月，全国检察机关共立案侦查工程建设领域商业贿赂案件 1 608 件，占商业贿赂案件总数的 26.31%。在此次会议上，建设部向社会公布了建设系统商业贿赂违法犯罪 20 个典型案例。建设部对上述案例分析了建设系统商业贿赂违法犯罪有如下四个特点。

一是权钱交易，损公肥私。案例中的受贿者大多是政府机关工作人员，他们利用手中的权力，在工程发包、规划审批、城市建设配套费减免、企业资质审批等环节，非法受贿，为他人牟取私利。

二是以小博大，非法获利。行贿者通过贿赂等手段，取得工程承包、规划许可、企业资质等方面的市场竞争优势，用较小的代价换取诸多市场机会，非法获取比贿赂成本高得多的商业利润。

三是手法多样、行为隐蔽。"其中有直接给钱、给物的，也有假借咨询费、信息费、服务费、资助子女就学等方式实施贿赂的。"

四是扰乱市场，危害巨大。这些案件的发生扰乱了建筑、房地产、市政公用市场秩序，破坏了公平竞争的市场环境，严重损害了国家和社会公共利益。

目前建设系统商业贿赂行为仍处于易发、多发时期。这些案件全部发生在权力与资源相对集中、容易发生权钱交易的岗位上，而且发生贿赂的主要原因是对权力运行的监督不到位，对重点岗位及领导干部的管理制约缺位。规章制度不健全或执行不力，存在薄弱环节和漏洞，致使一些不法分子有可乘之机，索贿受贿，牟取非法利益。因此一定要完善相关法律法规，堵塞漏洞。

9. 为有效治理医药购销领域中的商业贿赂行为，规范医药购销秩序，维护人民群众利益，卫生部、国家中医药管理局近日印发了开展治理医药购销领域商业贿赂专项工作的实施意见。实施意见提出,这次专项治理的重点是解决公益性强、与人民群众切身利益密切相关、严重破坏正常医药购销秩序的问题。主要是:医疗机构的领导及有关工作人员,在药品、医用设备、医用耗材等采购活动中,收受生产、经营企业及其经销人员以各种名义给予的财物或回扣的行为;医疗机构的医务人员,在临床诊疗活动中,收受药品、医用设备、医用耗材等生产、经营企业或经销人员以各种名义给予的财物或提成的行为;医疗机构接受药品、医用设备、医用耗材等生产、经营企业或经销人员以各种名义给予的财物,不按照行政事业财务会计制度规定明确如实记载、私设小金库、用于少数人私分的行为;医疗卫生机构有关人员在基建工程、物资采购、医院转制、招标等活动中,收受有关人员以各种名义给予的财物的行为;卫生、中医药行政机关工作人员利用权力,在医药购销和工程招标等活动中,收受有关企业和经销人员以各种名义给予的财物的行为。同时,各级卫生、中医药行政部门要建立行贿企业的"黑名单"制度,并及时上报卫生部和国家中医药管理局。凡列入"黑名单"的企业,两年内取消其参加药品、医用设备、医用耗材招标投标的资格,医疗机构不得采购其产品。

10.商业贿赂案件的查处依赖知情人的举报,知情人有无信心和积极举报至关重要。在一份调查问卷中所列鼓励知情人举报的措施中,通过宣传教育增强人们反贿赂的正义感、给予举报人重奖、对举报人身份严格保密以保护其人身安全,三者都是有效的,但其有效程度并不相同。其中,对举报人身份严格保密,以免其遭受打击报复属于最有效的鼓励举报措施;给予举报人重奖的有效性也较强;而通过宣传教育增强人们反商业贿赂的正义感的有效性一般。因此,强化举报人保护与奖励制度在治理商业贿赂专项斗争中具有重要意义。

11.为切实治理卫生行业商业贿赂行为,很多城市的卫生局都建立了市卫生行业治理商业贿赂专用账户,多数医疗机构都建立了长效的监督机制,在门诊设立医药购销领域商业贿赂专项治理举报箱和举报电话。很多医院与药品生产企业正式签订"药品阳光采购合同",并对医院采购药品的种类和数量作出明确规定。此举有利于阻断医药代表与医生间的销售联系,有效防止医药购销领域的商业贿赂。

(二)申论要求

1.请用不超过200字的篇幅,概括出给定资料所反映的主要问题。

2.用不超过250字的篇幅提出解决给定资料所反映问题的方案。

要求:概括全面,言简意赅。

3.根据上述材料,自选某一角度,自拟题目,写一篇不超过1 200字的文章。

要求:具体可行,条理清楚,语言流畅。

(三)申论回答

1.上述材料主要反映了商业贿赂在企业采购、医药购销、商业供销、工程建设等几方面的表现,突出了商业贿赂的危害:

(1)使市场配置资源的作用失灵,造成经营者之间的不平等竞争,破坏了公平竞争秩序;

(2)造成物价虚高,特别是工程建设、医药购销等垄断企业实行高定价、高回扣,加重了国家和群众的负担,败坏了社会道德和行业风气;

(3)导致部分工作人员接受贿赂,破坏了企事业单位内部管理制度,破坏了国家廉政制度建设。

2.治理商业贿赂,要从以下几个方面入手:

第一,"反商业贿赂需要协同作战",各执法、司法部门要加强配合,通力合作;

第二,制定《反商业贿赂法》;

第三,对存在商业贿赂现象的机构要加强制约;

第四,必须让市场机制进一步发挥作用;

第五,解决损害群众利益的突出问题;

第六,建立严格的市场准入与退出制度;

第七,建立与完善市场主体的信用档案体系;

第八,完善举报制度;

第九,建立健全商业贿赂高发领域的行政监管体系;

第十,构建反商业贿赂的法律体系。

3.作答申论例文

标本兼治,割除腐败的毒瘤

治理商业贿赂是一项复杂而艰巨的任务,既要集中时间开展专项治理,又要从大局和长远出发常抓不懈。商业贿赂发展到一定程度,会严重危害到一个国家的市场经济体制、廉政制度,影响和谐社会的建立。因此必须坚持用发展的思路和改革的办法解决商业贿赂问题,建立健全长效机制。

首先,修订、完善法律法规,建立健全相关制度。针对现行法律规定不够完善,给认定和查处商业贿赂犯罪带来困难的问题,在深入调研的基础上,提出修订《刑法》和《反不正当竞争法》等法律的建议,加快制定《反垄断法》，进一步完善规范市场竞争行为和惩治商业贿赂违法犯罪的法律规定。加强有关立法解释和司法解释工作。有关立法工作应注意与我国批准加入的《联合国反腐败公约》和其他国际条约相衔接，充分发挥法律维护市场秩序、规范交易活动的作用。

建立和完善适合我国国情的企业及个人信用管理制度，实施企业诚信守法提醒制、警示制、公示制。建立健全社会信用联合管理制度，建立部门之间、地区之间有关治理商业贿赂的信息交换机制，实现信息资源共享。完善会计制度，坚决纠正做假账行为。健全金融管理制度，加强票据管理，减少现金交易，加大反洗钱工作力度。

其次，深化体制改革，从源头上防治商业贿赂。推进行政管理体制改革，进一步清理、减少和规范行政审批事项，转变政府职能，规范行政行为。加快金融企业改革，健全金融调控体系，完善金融监管体制和协调机制。全面推行政府采购制度，完善企业投资项目的核准制和备案制，健全政府投资监管体系和国有资产监管制度。推进医疗卫生体制改革和药品生产流通体制改革，缓解看病难看病贵的问题。推进工程建设等行业改革，改善资本结构。深化工程建设市场管理改革，完善工程招标投标制度，开展政府投资建设项目组织实施方式改革试点。推进行业协会、商会管理体制改革，清理规范社团、行业组织和社会中介组织，推动行业组织通过制定行规、行约以及行业标准，对企业等会员行为进行约束。

最后，强化内部管理，建立企业自律机制。企业加强对经营管理和财务等重点人员的管理，加强对生产经营、采购销售等重点环节的监督检查，发现问题要及时纠正。加强企业内控机制和企业文化建设，树立以守法诚信、优质服务为核心的经营理念，制订从业人员行为准则和职业规范，推行反商业贿赂承诺制，严格遵循公平竞争规则。企业坚持依法经营，国有和国有控股企业，尤其是中央企业和中央金融机构，要带头自觉遵守相关法律法规，自觉抵制商业贿赂。

商业贿赂已成为当今破坏市场经济秩序、败坏社会风气的顽疾。治理商业贿赂专项工作是党中央、国务院从战略和全局出发作出的重大决策和部署。准确把握现阶段商业贿赂的特点，积极探索反商业贿赂对策，不仅是维持市场经济秩序的需要，而且也是将反腐败斗争不断引向深入、促进社会健康发展的必然要求。我们要按照中央关于治理商业贿赂专项工作的部署，积极推进、周密部署、精心操作、取得实效，为建设社会主义和谐社会作出新的贡献。

[点评] 这是一则申论考试试题以及比较出色的申论。第一、第二题概括得较全面、准确,措施得力可行。第三题的申论文章,写作者提出标本兼治,打击商业贿赂,割除腐败毒瘤的中心论点,并从修订、完善法律法规,建立健全相关制度;深化体制改革,从源头防治商业贿赂;强化内部管理,建立企业自律机制三个方面进行了充分的论述。文章论证有力,条理清楚,层次分明,文字表达通顺流畅,是一篇较好的申论文章。

二、认知

申论取自于古代汉语,即申而论之的意思。从字面上理解,"申"可以理解成申述、申辩、申明,"论"则是议论、论说、论证。所谓申论也就是对某个问题阐述观点、论述理由,合理地推论材料与材料以及观点与材料之间的逻辑关系。

申论是一种具有综合性、创新性的写作活动,目前已成为一种专用于选拔录用国家公务员的应试文体。这种考试是根据目前机关工作的需要而设定的。在市场经济条件下,要求机关工作人员能从大量反映日常问题的现实材料中去发现问题并解决问题;针对这样的要求,申论考试的任务就是全面考查即将成为公务员的应试者搜集和处理各类日常信息的素质与潜能;所以此文种的写作既要充分体现信息时代的特征,又要适应当今国家公务员实际工作的需要。

《中央机关及其直属机构2009年度考试录用公务员公共科目考试大纲》中明确规定:申论主要通过应试者对给定材料的分析、概括、提炼、加工,测查应试者解决实际问题的能力,以及阅读理解能力、综合分析能力、提出和解决问题能力和文字表达能力。申论材料通常涉及某一个或某几个特定的社会问题或社会现象,要求应试者能够准确理解材料所反映的主要内容,全面分析问题所涉及的各个方面,并能在把握材料主旨和精神的基础上,形成并提出自己的观点、思路或解决方案,准确流畅地用文字形式表达出来。

三、特点

(一)紧扣社会焦点

申论的基本素材都是社会热点问题,而且与政府、公民密切相关。材料主要来自报纸、网络上的新闻消息或通讯,以及一些专业杂志上权威性、学术性和思想性较强的资料。

(二)结合重要理论

掌握党和国家的路线、方针、政策和重大理论是答好申论的基础。如"可持续发展""以人为本""和谐社会的构建"等,都是指导我国目前经济、社会、政治的重要理论。

(三)知识领域广泛

申论所给定的背景材料涵盖了政治、经济、文化、法律、教育和社会生活等诸多方面的内容,涉及范围极其广泛,要求写作者运用所掌握的理论,对给定的这些材料进行认真分析梳理,形成独到的观点与主张。

(四)侧重实际工作能力

由于背景材料的广泛性、繁杂性,并且多为社会热点、难点问题,此种情况下考察应试者的阅读理解能力、综合分析能力、提出问题能力和文字表达能力,并通过分析、概括、论述等方面的题目体现出来,完全能够检查应试者是否具备国家公务员在日常行政工作中必须具备的实际能力。通过这种检验,能有效地选拔高素质的公务员,实现考试的目的。

四、写作过程和写法

申论写作的全部过程,可归纳为阅读资料、概括要点、提出对策、进行论证四个主要环节。

(一)资料的阅读

申论测试所给定的背景资料通常会很长,而且只是稍加整理的"半成品"。因此在阅读理解的过程中,需要思考、分析、概括等各种逻辑思维活动,需要经过多次反反复复的过程才能够准确概括、提炼出主旨,才能为下一步提出解决问题的对策、措施奠定良好的基础。

(二)要点的概括

概括要点是一个承上启下的重要环节。一方面它是阅读资料环节的小结;另一方面,又会直接影响提出对策是否更具针对性,影响到将进行的论证是否有扎实的立论基础。概括要点的目的,在于准确把握住给定资料,以便进一步着手解决问题。

(三)对策的提出

提出对策是申论的关键环节,只有结合给定资料所涉及的范围和条件,才可能提出切实可行的对策方案。这部分主要考查申论写作者思维的开阔程度、探索创新意识、应变能力和解决问题的能力。

（四）论证的进行

进行论证是最后一个环节。申论中,"申"是"论"的前提和基础,"论"是"申"的目的和归结。"申"不清则"论"不明,"申"不足则"论"无立;"申"字当头,"论"字为纲。这一环节通常就是写作一篇完整的论说文的过程。一般由标题和正文论证两部分构成。

1.标题　标题应鲜明地表明你所选的角度,突出文章的论点,力求通过标题吸引读者。例如一篇就企业利益与居民生活的矛盾问题所撰写的申论文章,以《合法与合理》为标题就比以《不能再以环境换发展》为标题要鲜明得多。

2.正文论证　正文应浓墨重彩,淋漓尽致。写作者的知识基础、能力水准、思维品质、文字表达都将在这里得到更全面、更充分的展示。在一定意义上说,这一部分才是真正名副其实的"申论",前面三个环节都是为论证部分做铺垫。是"申论"的核心,而且论证是否有力还关系到方案能否被认可。所以应重点就一个方面从小处着眼,集中笔墨把这一"点"做比较深入的开掘,把意思表达透彻。而在解决问题的对策和处理意见方面可以阐述得具体一些。

五、写作要求

（一）关注社会时事和热点问题,熟悉党的基本理论

考纲明确指出"申论材料通常涉及某一个或某几个特定的社会问题或社会现象",因此写作时必须具备较为丰富的政治、经济、法律、文化等知识,善于把理论和实践联系在一起并能够快速理清阅读材料之间的内在联系。

（二）准确理解材料所反映的主要内容并进行全面分析

由于所给的阅读材料往往是现象与问题的结合,因此写作前必须准确地辨别材料中哪些是"主要内容",哪些是"次要内容"。在文章中把握问题的关键所在,写出有针对性的观点。同时尽可能地把问题或现象的各个方面展开,力争涉及材料的各个方面,力求论述全面而周到。

（三）形成并提出自己的观点、思路或解决方案

申论考试是主观性的考试,没有标准答案,只有评分标准。命题者希望看到写作者能提出自己对社会问题的独特的看法,如果出现千篇一律的观

点、思路或解决方案,则会完全违背其出题目的,所以写作时一定要尽可能地提出较为新颖的观点、思路或解决方案。平时要有意识地培养自己对社会问题的独特视角,力争有创新的灵感。

(四)语言文字表达准确流畅

申论文章看中的不是文字的"优美",而是文字的"准确"。对于写作者而言,不要把精力放在如何使文章优美好看,而是应该注重语言的朴实简明,遣词造句的准确、规范,用语应符合身份,庄重得体,戒除一切空话、套话。只有处理好文章的各处细节,才有可能写出严谨的申论文章。

[**实例**] (一)给定资料

1. 中国遭遇"民工荒",打破了农村剩余劳动力"无限供给"的神话。

在广东东莞首次官方确认民工紧缺以来,随后此波迅及整个珠三角、长三角、环渤海湾地区,并向中西部地区纵深发展,其中尤以珠三角地区为甚。单深圳、东莞两地即缺农民工超过50万人,据有关专家估计,广东省缺农民工近200万人。

长三角地区以宁波为例。据宁波各县(市)区就业管理部门对432家规模较大的企业开展的劳动力需求状况调查显示,这些企业缺的农民工人数为2.9万,这439家企业目前的从业人员为22.95万人,用工缺口达12.6%。

环渤海湾地区以大连、烟台为例。据大连市外来劳动力市场的统计显示,今年1—8月份,本市用工单位共提供岗位数约4.8万个,但该劳动力市场只介绍了1.4万名农民工上岗,至今现有近3.4万个岗位处于空缺状态。据烟台市劳动力市场2004年第二季度职业供求状况分析显示:第二季度全市用人单位提供的各类需求岗位46 830个,比去年同比增加了6.7%,而进入市场报名、求职的人员总计只有40 595人次。

中部地区以湖北武汉、湖南长沙为例。据业内人士估算,单只武汉汉正街缝纫工的缺口在9 000人左右,占总需求量的1/3。据湖南长沙妇联家政服务中心负责人介绍,今年春节以来,该中心保姆市场求职的保姆数量大概减少了70%。

西部地区以新疆为例,新疆地方和生产建设兵团都普遍面临着往年少见的"民工荒"。新疆兵团今年700多万亩棉花丰收在望,需要近40万名摘棉工。仅农七师就需要10万余名外来工,但现在缺口2万余人。据新疆石河子垦区农业局有关负责人透露,该地区本今年预计从内地招收的18万名季节性拾花工,现仅有10万人到位。

2.入秋以来,哈尔滨市的很多酒店门前都多了一张招服务员的告示。某酒店的前台经理告诉我们,这已经是他们酒店今年第三次大规模招服务员了。可虽然招工启事贴出去了好长时间,但前来应聘的外地女孩却寥寥无几。

这位经理说:"我们的服务员很大一部分都是从外县来的,因为外县的小孩过来比较能吃苦,像我们酒店特别忙,本市小孩根本干不了,只能在外县招,但现在属于秋季了,一般回家农忙了,服务员不好找。"

不仅仅酒店的服务员难找,黑龙江省一些工地的建筑工人、企业需要的熟练技工也难觅踪影。在哈尔滨市人才市场,以往热热闹闹的招聘场面不见了,冷清的求职大厅悬挂着各大用工单位的招聘启事,但只有数量有限的几个农民工来打听用工单位的情况。对于这种情况,哈尔滨市农民工免费职业介绍所的工作人员杨女士最有感触。她说:"现在不论大型、中型还是小型酒店,咱们给他挂招聘单子,给她登记上后,很少看到小姑娘来应聘服务员的。从6月份到现在,货站、水果批发市场要招力工,农民工都没有,这一段你更看不到农民工。你看我们这个牌子,是无偿为农民服务的,就这样他们来的都很少。"

3.记者日前对黑龙江省的一些农民工进行了走访调查。很多农民工都对出外打工寻找出路表示失望,他们对工资待遇、劳动条件、劳动保障普遍感到不满。

民工们说:"待遇不好,能像在家似的想吃点啥就吃点啥吗?那不可能。条件不好,睡板铺啥的,现在天气一天比一天凉了,被子还潮,又冷,还怕不开工资。"

有的民工说:"待遇不好,太低。住和吃都不好,我家有两垧地,在家种地比这都强。"

有的农民工甚至说,工资低,条件差他们都可以忍受,而最让他们感觉到伤心的是,干了大半年的活,最后却拿不到一点工资。

民工们说:"打工的,假如给钱给到位也行,多少钱谈好了,一个月五百、三百,最后只给二百,给开就可以了。打工不易,吃的、住的那就都不谈了,工资能保证的很少。不管干啥,得把工资到位。对于我们打工的来讲,哪怕住的睡的是桌椅板凳,吃的稀粥淡饭,那都无所谓了。个别老板就是这样,你到我这儿打工,你干一个月,他找各方面理由把你工资给扣下了。工资不稳定;老板有各方面手段,给你不开工资;我对这个始终不满意。"

城市人的白眼、用工单位的不诚信、工资待遇太低,已经成为农民工告别城市的理由。仅从工资收入来看,据有关部门的统计,从改革开放至今,城市市民的工资待遇翻了几倍,而农民工的工资水平却持续徘徊在很低的水平。而今年国家出台降低农业税税率、对种粮农民实行直接补贴等一系列的优惠政策,很多农民工觉得出来打工还不如在家种地。

(二)申论要求

(1)请用不超过 150 字的篇幅,条文式地概括出给定资料所反映的几个主要问题。

(2)请用不超过 350 字的篇幅,对给定资料所反映的主要问题提出对策。要分条列款地说明,要体现针对性、可操作性和条理性。

(3)请自拟标题,就给定资料所反映的主要问题,用不少于 1 200 字的篇幅进行论述。可全面论述,也可就某一方面重点论述。要求中心明确,论点正确,论据充分,论证深刻,有说服力。

任务 11.2　论　文

一、阅读

[例文]

科技型中小企业管理创新初探

摘要:我国科技型中小企业在经营管理方面存在诸多问题,需要通过不断创新来加以解决,以实现企业的进一步发展。本文在对我国科技型中小企业管理现状进行简要分析的基础上,结合著名学者芮明杰对管理创新的定义,探讨并提出了一系列的管理创新举措。

关键词:科技型中小企业;管理创新;技术创新;制度创新;核心竞争力

一、我国科技型中小企业管理上存在的问题

(一)在管理思想方面,由于很多科技型中小企业的管理者是技术人员出身,大多没有接受过系统科学的管理思想和理论的训练,因而不太精通经营管理之道;加上这类企业受规模和财力等条件的限制,几乎不能外聘到受过专业训练的职业经理人,从而使企业的经营活动很容易陷入困境。

（二）在管理制度方面，很多科技型中小企业深受产权不清和制度不健全之苦。由于我国的特殊国情，主要靠自筹资金建立起来的科技型中小企业，曾经为了寻求政治上的安全感和获得公平的经营环境和优惠的政策，纷纷挂靠国有或集体单位，造成产权不清并进而导致责权不明和利益分配不公等问题。此外，相当一部分科技型中小企业的财会、分配、劳动人事等方面的管理制度也不够健全，管理很不规范，使得企业的经营活动常处于混乱状态。

（三）在管理方式方法方面，很多科技型中小企业实行的是"家族式""泰勒式""军队式"等管理方法。这类方法在企业成长的初期可能会有一定的成效，但随着企业的快速发展，它们具有的先天性缺陷就逐渐显现出来了，成为发展的桎梏。

二、我国科技型中小企业管理创新的举措

我国著名学者芮明杰认为："管理创新是指创造一种新的更有效的资源整合范式，这种范式既可以是新的有效整合资源，以达到企业目标和责任的全过程式管理，也可以是新的具体资源整合及目标制定等方面的细节管理。"

管理创新至少包括以下几种情况："提出一种新的经营思路并加以有效实施"；"创设一个新的组织机构并使之有效运转"；"提出一个新的管理方式方法"；"设计一种新的管理模式"；"进行一项制度的创新"。

基于这一观点，再结合我国科技型中小企业管理现状，笔者认为我国科技型中小企业可以从以下几个方面着手进行管理创新。

（一）走依靠技术创新发展之路，积极构筑企业核心竞争力。技术创新是科技型中小企业赖以生存的手段和方式。目前，我国科技型中小企业的技术创新活动受资金短缺、技术实力不足、风险防范能力弱、缺乏创新动力机制等诸多不利条件的制约。

1. 关于资金短缺问题，科技型中小企业可从以下两个方面着手解决：一是依靠自有资金滚动积累来加大技术创新的资金投入，二是善于利用外部资金。具体办法有：争取科技部的科技型中小企业创新基金、自然科学研究发展基金；申请国债贴息的政策优惠；争取银行等金融机构的给予高新项目的低息贷款；出售产权再租赁融资；吸纳风险投资、创业投资；争取上市发行股票债券筹资等。

2. 关于技术实力不足问题，科技型中小企业一方面要通过实行有效的激励措施来利用好并留住现有人才和招揽新的人才，形成高水平的科研队伍和持续的自主创新能力,从而使企业具有原创性创新能力;另一方面在财力允许并经过充分论证的前提下积极引进更加先进的技术,进而消化吸收、改进提高,实行改进型创新;此外,科技型中小企业还可以通过开展与其他企业的联合攻关及加大与科研院所、高等院校等机构的合作来提高自身技术实力。

3.关于技术创新的风险防范问题,科技型中小企业可以通过加强全员的风险防范意识、完善风险管理体系、增强技术实力、搞好信息收集和创新项目的事前调研论证工作等途径来规避和降低风险。

4.对于主要因产权问题造成的企业缺乏创新动力这一难题,科技型中小企业应借鉴四通、联想等企业解决产权问题的成功经验,结合企业实际,在时机成熟时果断地加以改革;同时,那些有条件的企业可以通过技术入股等手段来激发创新人员的创新激情。

(二)推动企业内部成员学习,探索建立学习型组织。对科技型中小企业而言,知识尤其有关技术、技能的知识具有非常重要的意义。这要求企业积极推动内部成员的学习行为,建立"学习型组织"。从整体上讲,科技型中小企业的知识由两部分构成。一部分是企业中所有或一部分人共享的知识,如企业的规章制度、工作程序、共有价值观和行为准则等;另一部分是个体成员的知识储备,保留在成员的头脑中,并可以再分为两部分:与组织有关并直接为组织所用的部分以及潜在的难以被组织调动和利用的部分。

为了使组织中的知识尽可能多地被利用和发挥作用,企业可采取以下几种途径。

1.大共享的部分。具体有两种方法:一是将个人先进的经验、工作方法和观念等广泛推广宣传,使之上升为共识;二是借助信息沟通过程和决策过程把个别、零散的知识综合加工成为系统知识。

2.扩大个体成员储备的知识。这一途径是基于"分配比例不变而总体增大同样能增加各分配方利益"的原理。鼓励企业成员学习并为之创造条件是该途径的具体实施方法。

3.扩大个体成员知识储备中能为企业所用的部分。具体方法是借助有效的激励手段和优秀的企业文化来改变个人对企业的态度和加大个体与企业的一体化程度。

(三)建立健全企业各项制度,实施规范的制度化管理。鉴于目前相当一部分科技型中小企业实行的仍是"家族式""泰勒式"管理方式,科技型中小企业必须通过逐步建立健全各项制度规范来实行制度化管理。其实质是以科学的制度规范作为组织协作行为的基本约束机制;其实施的前提是建立起科学合理的、完善的制度体系并承认这些制度规范的权威性;其优越性不仅体现在克服了以往管理方式的随机性、易变性、主观性等弱点,使管理具有了精确性、连续性、可靠性和稳定性,而且由于制度化管理依靠的是一整套严密而科学的制度体系,从而充分发挥了管理的科学性。但是,由于纯粹的制度化管理只强调规律、科学和理性,在实施中难以达到理想效果,因此科技型中小企业最好以制度化管理为基本手段,同时辅以文化管理等其他手段。企业文化是一种无形的控制手段,它起作用的力量来源于人们对于归宿感和认同感的需要。具体而言,企业文化是通过一套价值标准来规范成员行为的,由于惧怕受到其他成员的孤立和谴责等惩罚,企业成员会主动调整自己的行为以符合企业的价值观。这就使得依靠企业文化进行管理可以弥补纯粹的制度化管理的不足,实现制度化与人性化的平衡,从而达到理想的管理绩效。因此,科技型中小企业一方面要重新审视传统文化,找到为大多数人普遍珍视的、适应企业管理需要的基本价值观,并将其与时代特点有机结合起来;另一方面要注意中西文化的交汇与兼容,最终建立起具有自身特色的企业文化,并将其用作一种有效管理手段。

(四)重视人力资本的特殊性和重要性,实行人本管理模式。在科技型中小企业中,管理的对象主要是拥有各种技能和技术的"知识工作者",对这类人的管理具有特殊性。加之随着社会的进步和经济的发展,工作已不再单纯的是谋生手段,同时也是个体实现自身价值的方式。因此,科技型中小企业应该积极推行人本管理模式,在充分重视人力资源重要意义的基础上,围绕满足个体需要和促进个体发展来展开管理活动。一般而言,科技型中小企业在实行人本管理模式时,可采取以下措施。

1.在条件允许的情况下,尽其所能提供令成员满意的薪酬和福利待遇及创造和谐的企业文化以满足企业成员的物质和精神需求。

2.通过多种形式的员工参与来激励成员的主动性和创造性。通过实行员工持股制、员工董事制,组建自律性工作小组等,让企业中的人员在不同层次上参与管理的方法正在越来越多的企业中被实践。

3.通过各种形式的培训来促进企业成员的发展。知识经济时代的到来使所有人都必须不断学习,以适应工作需要和实现自身的发展;科技型中小企业要保持和获得持续的创新能力,也必须对其成员进行多种形式的培训。

在岗教育培训、工作轮换、半脱产培训、脱产学习等是企业培训的常见手段,科技型中小企业可根据需要选用合适的培训方式。

（五）实施股份制改造,建立现代企业制度。针对产权不清这一难题,科技型中小企业应该加快企业制度改革步伐,尽快建立现代企业制度,实现经营机制的转换。所谓现代企业制度是指能够适应市场经济体制要求的企业产权制度、组织制度、领导制度(即治理结构)、管理制度(如财会制度、分配制度、劳动人事制度等)以及企业的各种制度环境(如社会保障制度、政府职能的转换等)的统称。其中,产权制度和治理结构是企业制度的核心,需要企业给予高度重视和妥善解决。以四通、联想等为代表的一些科技型企业的成功经验表明,实行股份制改造,组建各种类型的股份制企业是比较符合我国实际的解决产权问题的好方法。科技型中小企业只有在结合实际建立起明晰的产权制度后,企业的利益、管理者的利益才会清晰,企业才有长远的发展动力,进而在此基础上才能够组建出科学的公司治理结构。所谓的公司治理结构是有关所有者、董事会、高级执行人员即高级经理人员和其他利益相关者之间权力分配和制衡关系的一种制度安排,表现为明确界定股东大会、董事会、监事会、经理人员职责和功能的一种企业组织结构。其本质是企业产权安排的具体化,是有关公司控制权和剩余索取权分配的一整套法律、文化和制度性安排。

需要说明的是,企业制度归根到底只不过是提高经营效率的手段,其本身并不值得作为追求的目标。因此,科技型中小企业的制度建设应该从实用出发,应该着重内容,而不是纠缠于形式,毕竟形式是为内容服务的,在环境条件尚不成熟的情况下,即使已经在形式上建立了现代企业制度也不等于这一制度就能正常发挥作用。从这个意义上讲,科技型中小企业建立现代企业制度的行为应该是时机成熟时的水到渠成之举,而不应该是不分青红皂白的盲目之举。

目前,我国的科技型中小企业正在进行第二次创业,它是以市场为导向、效益为中心,以产业规模化、组织集团化、资产股份化、融资多元性、管理现代化、运营国际化为目标的群体创业实践。我国的科技型中小企业必须坚持以制度创新为前提、以技术创性为途径、以管理创新为保证,通过运用好这驱动企业发展的三只轮子来实现二次创业的成功。

参考文献:

[1] 王建华.科技型中小企业的发展[M].北京:经济科学出版社,1996.
[2] 谭力文.管理创新[M].北京:民主与建设出版社,2002.

[3] 林汉川,田东山.WTO与中小企业发展[M].上海:上海财经大学出版
社,2001.
……

[点评] 这是某专科学校管理专业学生的一篇毕业论文。该文主要探讨我国科技型中小企业如果要实现企业的进一步发展必须在经营管理方面不断创新。文章结合著名学者芮明杰对管理创新的定义,探讨并提出了一系列的管理创新举措,具有较强的社会意义和现实价值。论文标题简明扼要、新颖,开口较小,容易切入论点加以议论。正文采用纵式结构,第一部分谈科技型中小企业管理上存在的问题,第二部分针对以上存在的管理问题,顺理成章提出管理创新的一系列措施。论述思路清晰,逻辑性强,行文有条理,文字表达通顺流畅,是一篇很典范的论文,具有很强的借鉴性。

二、认知

(一)基本概念

毕业论文是高等院校毕业生提交的一份有一定的学术价值的文章,从文体上看,毕业论文属于议论文中的学术论文。大学生完成大学学业后需要完成一份标志性作业,这是对学生学习成果的综合性总结,是大学生从事科学研究的最初尝试,是在教师指导下所取得的科研成果的文字记录,是检验学生掌握知识的程度、分析问题和解决问题基本能力的一篇研究性文章。就其内容来讲,大致有三种:一种是解决学科中某一问题的,用自己的研究成果加以回答;一种是只提出学科中某一问题,综合别人已有的结论,指明进一步探讨的方向;还有一种是对所提出的学科中某一问题,用自己的研究成果给予部分的回答。

论文注重对客观事物作理性分析,指出其本质,提出个人的学术见解和解决某一问题的方法和意见。就其形式来讲,毕业论文具有议论文的三大要素,即论点、论据、论证。文章主要以逻辑思维的方式展开论证,强调在事实的基础上,通过严谨的推理过程,得出令人信服的科学结论。

(二)基本特点

1.层次性 毕业论文虽然属于学术论文,但毕业论文与学术论文相比要求比较低。专业学术论文,是指专业人员进行科学研究和表述科研成果

而撰写的论文,一般反映某专业领域的最新学术成果,具有较高的学术价值,对科学事业的发展起一定的推动作用。大学生的毕业论文由于受各种条件的限制,要求相对低一些。这是因为:大学期间主要是学习专业基础理论知识,学生的科研能力还处在培养形成之中,缺乏运用知识独立进行科学研究的训练。

2. 习作性 根据教学计划的规定,在大学阶段的前期,学生要集中精力学好本学科的基础理论、专门知识和基本技能;在大学的最后一个学期,学生要集中精力写好毕业论文。学好专业知识和写好毕业论文是统一的,专业基础知识的学习为写作毕业论文打下坚实的基础;毕业论文的写作是对所学专业基础知识的运用和深化。大学生撰写毕业论文就是运用已有的专业基础知识,独立进行科学研究活动,分析和解决一个理论问题或实际问题,把知识转化为能力的实际训练。写作的主要目的是为了培养学生具有综合运用所学知识解决实际问题的能力,为将来作为专业人员写学术论文做好准备,它实际上是一种习作性的学术论文。

3. 指导性 毕业论文是在导师指导下独立完成的科学研究成果。毕业论文作为大学毕业前的最后一次作业,离不开教师的帮助和指导。对于如何进行科学研究、如何撰写论文等,教师都要给予具体的方法论指导。在学生写作毕业论文的过程中,教师要启发引导学生独立进行工作,注意发挥学生的主动创造精神,帮助学生最后确定题目,指定参考文献和调查线索,审定论文提纲,解答疑难问题,指导学生修改论文初稿,等等。

三、毕业论文写作步骤

大体上分为确定选题、准备资料、拟写提纲、完成初稿、修改定稿等五部分。

(一)确定选题

选题,是毕业论文写作最关键的一步。选题的原则首先是本专业而且自己感兴趣的题目,即所谓的术业有专攻,人或有偏好。在所学的众多专业课程中,因为喜欢,所以学得扎实、深入。写起来也就得心应手,容易写出深刻、有创见的文字。其次选择内容新颖的题目。所谓新颖就是前人未涉及的题目或者前人涉及过但转换一个新的切入点,这样的论题才有意义和价值。

(二)准备资料

选题确定后,就是围绕选题作资料的查找、搜集工作。例如《试论亚洲金融风暴对我国民用商品贸易的影响》这篇文章,搜集材料就必须围绕"亚洲金融风暴""民用商品贸易""中国贸易""中国商品"等关键词进行查找、搜索,只有占有大量的材料才能写出有价值的文字。

(三)拟写提纲

毕业论文的篇幅较长,内容比较复杂,动笔写作时必须先拟一个详细提纲。拟写提纲,其实就是根据材料提炼观点的工作,或者说是根据观点梳理材料的工作。通过提纲的拟写,搭建文章的框架,然后从全局着眼进行材料的选择及组织。

(四)完成初稿

毕业论文初稿的写作是很艰苦的工作阶段。写作一般按照写作提纲,从绪论部分写起,一气呵成;或者按预设的部分,分部分完成。初稿的内容尽量充分丰富,以便为修改定稿提供方便。

(五)修改定稿

修改是毕业论文写作的必经步骤。

(1)修改观点,一是考虑全文的基本观点和分论点是否偏颇、片面或表述得不准确;二是考虑观点有无深意或新意,通过修改使观点不断完善和深化。

(2)修改材料,通过对材料的增、删、改、换,使支持和说明作者观点的材料充分而精练、准确而鲜明。

(3)修改结构,多数是对文章内容的组织安排作部分的调整。

(4)修改语言,包括用词、组句、语法、逻辑等。

四、毕业论文的结构与写法

毕业论文一般由标题、摘要、关键词、正文、参考文献五部分组成。

(一)标题

毕业论文的标题首先应选择内涵丰富,外延较小的题目。论题宜小不宜大。例如下面三个题目:《试论亚洲金融风暴对我国的影响》《试论亚洲金融风暴对我国贸易的影响》《试论亚洲金融风暴对我国民用商品贸易的影响》这三个题目内涵一个比一个丰富,外延一个比一个小,相比较而言,最后一个题目限定最多,题目最小,最容易切入,也最容易深入论述。其次标题应该简短、明确、有概括性。

标题一般有以下三种形式。

1. 揭示论题　这类标题只反映文章所要证明的论题,不涉及作者对问题的看法,一般是在标题的前后加上表明文种的词语,如《……的探讨》《……分析》《试论……》,等等。

2. 揭示论点　这类标题是对文章内容要点的概括,它直接反映作者对问题的看法,如《发掘文化内涵促进旅游产业可持续发展》。

3. 正副标题结合　正标题一般标明论点,副标题注重补充提示或阐释研究的内容和范围,如《创新管理构想——加油站管理的实例分析》。

（二）摘要

摘要是论文内容不加注释和评论的简短陈述,应以第三人称陈述。它应具有独立性,即不阅读论文的全文,就能获知论文的必要信息。摘要一般应说明研究工作目的、实验研究方法、结果和最终结论等,而重点是结果和结论,要求高度概括,简略。中文摘要一般为 250 个字左右。

（三）关键词

关键词是为了文献标引工作,从论文中选取出来用以表示全文主题内容信息的名词性术语。一般每篇论文应选取 3~5 个词作为关键词,关键词间用分号分隔,以显著的字符排在摘要的下方。

（四）正文

正文是论文的核心,包括引论、本论、结论三个部分。

1. 引论　引论,或称为前言、绪论、绪言。它是全篇论文的开场白,一般应阐述选题的缘由,对本课题已有研究情况的评述,本文所要解决的问题,采用的手段、方法,所需要的条件、成果及意义等。

2. 本论　本论是正文的主要部分,是对问题展开分析、对观点加以论证的部分,是全面、详尽、集中、深入地表述研究结果的部分,通常采用递进式、并列式、混合式三种结构形式。

（1）递进式结构。又称为纵式结构或直线推论式结构,论述问题由浅入深,层层深入,环环相扣,各层次之间呈现出层层推进,步步深入的逻辑关系。

（2）并列式结构。又称为横式结构或并列分论式结构,是把从属于论点的若干分论点加以分析、论证,使文章内容呈现齐头并进的格局。

（3）混合式结构是把前两种结构混合使用。可以整体是纵式结构,而局部是横式结构,或者反之,这种结构方式较常用。

3.结论　结论是正文的收束部分,是全文的思想精髓,是文章价值的体现,一般是提出论证结果,指明进一步的研究方向,写明对研究成果的推广与应用前景的展望或具体建议,说明或预测研究成果的意义或其可能产生的影响,概括说明所进行工作的情况和价值,分析其优点和特色,指出创新所在,性能达到何种水平,以及存在的问题和今后的改进方向。结论部分要求简单、明确,篇幅不宜过长。

（五）参考文献

参考文献是毕业论文不可缺少的组成部分。它反映毕业设计及论文的取材来源、材料的广博程度。一份完整的参考文献也是向读者提供了一份有价值的信息资料。专著、研究报告通常的格式为:[序号]主要责任者.文献题名[文献类型标志].出版地:出版者,出版年.例如:

[1]郭正忠.宋代盐业经济史[M].北京:人民出版社,1990.

五、毕业论文的写作要求

对毕业论文的要求,主要从新、深、实、严、达五个方面把握。新指新颖度,即不要照抄别人的东西;深是指毕业论文的学术内容有一定的深度,不是泛泛而谈;实是指内容、材料既要真实又要充实;严指严密度,即结构严谨,表述严密,条理分明,逻辑性强,符合既定格式;达是指语言通顺流利,表达精确无误。文句力求精练简明,深入浅出,通顺易读。

　　[实例]　在自己的专业中,选择一个自己感兴趣的方向,进行深入研究,搜集资料,提炼观点,写作一篇学术小论文。

任务 11.3 课程设计说明书

一、阅读

[例文]

机械制图测绘课程设计说明书

一、前言

在机械制图课程中,制图测绘是一个非常重要的实践环节,在本课程中占有重要地位。测绘就是根据现有部件或装配体画出零件图,再绘制装配图和零件图工作图的过程。装配体测绘主要用于仿制机械设备或进行技术改造,是工程技术人员必须掌握的基本技能。

因此,本次机械制图测绘课程设计希望通过对齿轮油泵的测绘,在零件测绘、草图绘制、装配图和零件图的绘制方面的训练,使我们有一次综合应用所学知识、提高动手能力的机会,并进一步培养和锻炼我们的独立工作的能力,为今后的专业学习打下良好基础。

二、制图测绘课程设计

(一)制图测绘对象

齿轮油泵

(二)制图测绘任务

1.用坐标网格纸绘制齿轮油泵的全套零件草图(标准件除外)。

2.用 A3 图纸绘制齿轮轴零件图。

3.用 A3 图纸绘制齿轮油泵装配图。

(三)制图测绘目的

1.掌握机器零部件的测绘方法和过程。

2.具备绘制零件草图、装配图及零件图的综合能力。

(四)制图测绘要求

1.了解齿轮油泵的用途、工作原理;分析其形状结构、明白零件间的装配关系及各个零件在装配体中的作用。

2.能独立地选用合适的图样表达方法(视图、剖视图、剖面图及其他画法),正确清晰地表达零件和装配体的结构、形状。

3.学会测量工具的使用,掌握测量方法,正确标注尺寸,并根据零件的使用情况确定基本的技术要求。

4.掌握装配体测绘的方法和步骤。

5.通过测绘,进一步了解零件草图、零件图及装配图在生产过程中的作用,并了解装配图中公差配合的选用和标注。

(五)制图测绘时间安排(略)

(六)制图测绘准备工作

1.测绘对象:齿轮油泵。

2.测量工具:内、外卡钳,钢直尺,螺纹规,游标卡尺。

3.绘图工具:丁字尺、图板、绘图仪器和用品。

4.图纸准备:A3 图纸 3 张(备用一张),坐标网格纸 5 张。

(七)制图测绘的方法和步骤

第 1 步:了解齿轮油泵的工作原理

齿轮泵是各种机械润滑和液压系统的输油装置,用来给润滑系统提供压力油,主要用于低压或噪声水平限制不严的场合。

齿轮泵主要由一对齿数相同的齿轮、齿轮轴、端盖(泵盖)和泵体等组成。其原理是:当主动齿轮逆时针转动,从动齿轮顺时针转动时,齿轮啮合区右边的压力降低,油池中的油在大气压力作用下,从进油口进入泵腔内。随着齿轮的转动,齿槽中的油不断沿箭头方向被轮齿带到左边,高压油从出油口送到输油系统,参见下图。

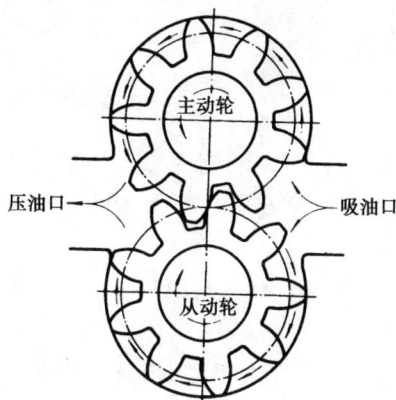

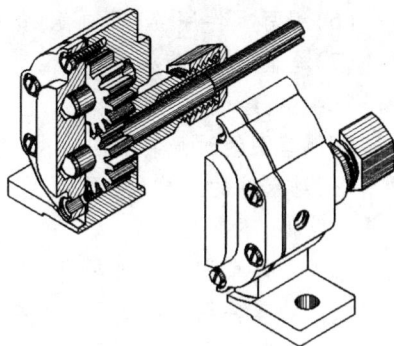

第 2 步:拆卸零件

拆卸过程中要记录拆卸零件的次序、名称,观察分析零件之间的装配位置和装配关系,全面详细地掌握齿轮油泵总体构造和各个零件形状特征及其表面特征(加工面与非加工面,配合面与非配合面)。值得注意的是,油泵上虽无密封纸垫片和填料(已丢失),但作装配图时还必须画出并为其编写序号。

画零件草图:

绘制零件草图就是徒手画图,不可以使用绘图工具和仪器画。绘制零件草图就是根据目测的方法徒手画出的具有完整内容、能表达清楚的零件图。

每张草图都应有图框、标题栏,因是草图,此两项内容可不必按国标的规定,可如上图所示简单注出。

第 3 步:绘制装配图

根据零件草图绘制装配图,采用 A3 图纸。绘制装配图的步骤如下:

(1)测量、计算装配件主要尺寸。如两齿轮中心距尺寸、主动轴至底部的定位尺寸、安装尺寸、总体尺寸等。

(2)画各视图基准位置线,绘制底稿图。底稿图线要求轻淡清晰,以便看图和修改。

(3)检查无误,将底稿图线加粗描深。

(4)画剖面线(相邻两零件的剖面线方向相反,同一个零件在各视图中的剖面线方向相同),标注装配图尺寸。

(5)注写技术要求(参阅后附参考图)。

(6)编写零件序号、明细表、填写标题栏。

(7)全面审查、审核。

第 4 步:绘制零件图

零件草图经过画装配图后,核对了它的结构和大小,因此零件图不能照抄草图,对零件的结构、视图表达、技术要求等内容都需要再加考虑。标准件是外购件,不需要画图。

根据零件草图整理绘制出零件图。本次课程设计采用 A3 纸绘制齿轮轴和泵体的零件图。绘制零件图要求如下:

(1)零件图要采用绘图工具、绘图仪器绘制,图形要规整,图线要符合国家标准规定的要求。

(2)零件图的名称、图纸幅面、比例及材料要求与零件草图要求相同。

第 5 步:全面检查装订成册

按装配图明细表的序号,清点零件图是否按要求齐全,图号、材料、名称、件数是否一致。

核对零件尺寸(此项工作在画装配图时已进行)特别注意零件图和装配图的配合尺寸是否一致,轴向方向的累加尺寸是否一致。全面检查,装订成册。

(八)附注和参考图形(略)

三、课程设计总结

为期一周的机械制图测绘任务在全组同学的共同努力下圆满完成。这是一次真正的考验,整个过程有辛苦也有快乐!有时为了赶进度,整天战斗在绘图桌上,这在以前上课时是不可能体验到的。最困难的是绘制过程,虽然在课堂上已经学过理论,也有一些绘制经验,可那些经验是粗浅的、半生不熟的,比如画装配图时,开始不知道从哪儿入手,标注公差时,不知道该标什么,最后是在老师的指导帮助下才得以完成。这次课程让我们知道了自身太多的不足,更让我们的能力有了很大的提高。

1.通过自己亲自动手拆卸齿轮油泵,真正了解了一些常见工业零件的实际模样和作用,把过去课堂上较虚幻模糊的东西变成了可亲手触摸和亲眼可见的实物。

2.通过独立分析和揣摩齿轮油泵,了解了整个机械的功能和工作原理。

3.熟练掌握了最常见测绘工具的使用方法,并应用于齿轮油泵的各个零件的测量。

4.通过对齿轮油泵上的零件进行观测分析,对零件表面粗糙度、公差以及公差与配合的关系有了一个具体深刻的理解,澄清了原来理论学习时的一些模糊印象。

5.初步掌握了以前从未练习过的徒手绘图。

6.体会到了团结互助是必不可少的。

7.体会到耐心细致的工作作风是办好一件事情的根本保证。

总之,通过本次制图测绘课程的实践锻炼,我们的理论知识和应用知识的能力都有了很大的提高,为今后的专业学习奠定了基础,也指引了今后的学习目标。我们将再接再厉,不断求索。

[点评] 这是一份机械制图测绘课程设计说明书。该设计书全文分三个部分。第一部分是前言;第二部分是课程设计部分,包括测绘对象、测绘任务、测绘目的、测绘要求、测绘时间安排(略)、测绘准备工作、测绘的方

法和步骤、附注和参考图形八个项目;第三部分是课程设计总结。全文格式规范,内容重点突出,说明透彻,用词准确,简练。

二、认知

课程设计是在教师指导下,针对某一门课程让学生独立完成的一份综合性、总结性的作业,是工程技术应用型人才培养目标中的一个重要组成部分,是教学与工程实践的重要结合点。它在培养和提高学生综合应用专业知识分析和解决实际问题的能力,并进行工程技术人员所必需的基本素质训练等方面具有很重要的意义。课程设计的内容包括完成图样绘制和设计说明书写作两个部分,其中课程设计说明书是对课程设计的整个过程进行解释说明的书面材料。

三、课程设计说明书的结构及写作要求

课程设计说明书包括标题、前言、主体、总结四个部分。

1.标题　课程设计说明书的标题原则上由设计内容和课程设计说明书两部分组成。

2.前言　前言一般说明课程设计的来源、背景、目的、意义,简述本课程设计的范围以及要解决的主要问题,阐明本设计的指导思想。通过前言部分可以知晓整个设计意图。

3.主体部分　主体是课程设计的核心部分,占据主要篇幅。一般包括目标、对象、任务、设计思想、原理、数据资料、图表、得出的结论等,但其内容通常根据设计选题不同而不同。

技术开发型的说明书,主体部分一般包括设计思想、设计方法、设计任务、设计过程等,以上内容,可以根据任务所处的阶段不同而有所侧重。

研究型的说明书,重点侧重理论基础的阐述,但必须是建立在实践背景之上,并在实践中获取信息,发现问题,搜集数据和资料,在研究分析的基础上,提出解决实际问题的、富有创见性的结论。

设计说明书的主体部分内容很多,通常分几个部分进行描述说明,在写作上,除了用文字描述外,还要善于利用各种原理图、流程图、表格、曲线等来说明问题,做到条理清晰,图文并茂。

4.总结　课程总结部分主要谈设计过程的体会。在总结中,主要围绕课题设计的整个过程,得到的结论,对今后的学习、工作的帮助等方面来作总结。

四、课程设计说明书的写作要求

（1）选题适度，选择最能帮助课程学习，同时能提高能力并容易驾驭的题目。

（2）内容重点突出，分析说明透彻，对于设计任务、原理、方案、数据等要求详细准确。

（3）文句通顺、简练、用词准确、符号规范、图纸整洁美观。

[实例] 根据自己所在专业选择一门课程，就课程性质并结合学习目的设计一份课程设计说明书。

参考文献

[1] 杨文丰.现代应用文书写作[M].北京:中国人民大学出版社,2003.

[2] 朱晓辉.语文(专业应用模块)[M].北京:中国发展出版社,2009.

[3] 陈才俊.秘书写作学[M].兰州:兰州大学出版社,2003.

[4] 张耀辉.文秘写作[M].北京:高等教育出版社,2006.

[5] 吴绪久.实用写作[M].北京:科学出版社,2005.

[6] 万国邦,戴五焕,王秋梅.应用写作实训教程[M].武汉:武汉大学出版社,2009.

[7] 千惠.实用应用文写作指导与范例全书[M].北京:中国戏剧出版社,2006.

[8] 付晓静,王希文.新编现代应用文写作大全[M].武汉:崇文书局,2009.

[9] 刘金文,范晓梅.应用文写作教程[M].北京:清华大学出版社,2006.

[10] 郭冬.文秘写作实训教程[M].北京:高等教育出版社,2005.

[11] 张玲莉.秘书国家职业资格培训教程[M].北京:中央广播电视大学出版社,2006.

[12] 李振辉.应用文写作实训教程[M].北京:机械工业出版社,2005.

[13] 裴瑞玲.应用文写作[M].北京:机械工业出版社,2005.

[14] 周杰,梁如霞.新编应用写作[M].济南:山东人民出版社,2000.

[15] 张建.应用写作[M].北京:高等教育出版社,2008.

[16] 王崇国.应用文写作[M].北京:高等教育出版社,2009.

[17] 林宗源.应用文写作[M].北京:中国轻工业出版社,2006.

[18] 张建.应用写作[M].北京:高等教育出版社,2005.

[19] 孙沛然.现代经济写作[M].杭州:浙江大学出版社,2002.

[20] 陈少夫.应用写作教程[M].广州:中山大学出版社,2005.

[21] 戴永明.财经应用文写作[M].北京:高等教育出版社,2006.

[22] 孟庆荣,许贵研.应用文写作[M].北京:清华大学出版社,2008.

［23］傅春丹.样板式常用应用文写作［M］.广州:广东高等教育出版社,2005.

［24］徐中玉.应用写作简明教程［M］.北京:高等教育出版社,2007.

［25］张德实.应用写作［M］.北京:高等教育出版社,2004.

［26］欧阳静,刘世权.现代应用文实训［M］.上海:立信会计出版社,2006.

［27］叶坤妮,李佩英.应用写作［M］.长沙:湖南科学出版社,2008.

［28］杨忠慧.应用写作［M］.北京:中国财政经济出版社,2007.

［39］胡江晚.司法文书教程［M］.北京:中国政法大学出版社,2007.

［30］刘世权.应用文写作［M］.重庆:西南师范大学出版社,2008.

［31］程学兰.大学实用写作［M］.武汉:武汉大学出版社,2007.

［32］余国瑞.实用写作［M］.北京:高等教育出版社,2005.

［33］杨春,秦其良.应用文写作教程［M］.北京:机械工业出版社,2007.

［34］陈火胜.应用文写作［M］.北京:化学工业出版社,2009.

［35］吴跃平.应用写作［M］.重庆:重庆大学出版社,2006.

［36］孙波.机械专业毕业设计宝典［M］.西安:西安电子科技大学出版社,2008.